www.ingramcontent.com/pod-product-compliance
Lightning Source LLC
LaVergne TN
LVHW010339070526
838199LV00065B/5759
* 9 7 8 9 3 6 9 0 8 7 9 5 2 *

اردو ادب اور خواتین

(حصہ: 2)

(سہ ماہی 'ثالث' کے خصوصی شمارے سے ماخوذ تانیثی ادب پر مضامین)

مرتب:

اقبال حسن آزاد

© Eqbal Hasan Azad

Urdu Adab aur Khawateen - Part-2 *(Essays)*

by: Eqbal Hasan Azad

Edition: February '2025

Publisher :

Taemeer Publications LLC (Michigan, USA / Hyderabad, India)

ISBN 978-93-6908-795-2

مرتب یاناشر کی پیشگی اجازت کے بغیر اس کتاب کا کوئی بھی حصہ کسی بھی شکل میں بشمول ویب سائٹ پر اَپ لوڈنگ کے لیے استعمال نہ کیا جائے۔ نیز اس کتاب پر کسی بھی قسم کے تنازع کو نمٹانے کا اختیار صرف حیدرآباد (تلنگانہ) کی عدلیہ کو ہوگا۔

© اقبال حسن آزاد

کتاب	:	**اردو ادب اور خواتین (حصہ:2)**
مرتب	:	**اقبال حسن آزاد**
صنف	:	تحقیق وتنقید
بہ تعاون	:	ثالث پبلی کیشنز (مونگیر، بہار ،انڈیا)
ناشر	:	تعمیر پبلی کیشنز (حیدرآباد، انڈیا)
سالِ اشاعت	:	۲۰۲۵ء
صفحات	:	۱۴۲
سرورق ڈیزائن	:	تعمیر ویب ڈیزائن

اردو ادب اور خواتین (حصہ :2) 5 مرتب : اقبال حسن آزاد

فہرست

(۱) طنز و مزاح کی تاریخ میں خواتین قلم کاروں کی خدمات	صالحہ صدیقی	6
(۲) جاں نثار کے 'گھر آنگن' کی عورتیں	ارشد جمیل	24
(۳) تنہائیوں، حیرانیوں کی ترجمان حمیرا رحمن	عظیم اللہ ہاشمی	28
(۴) کشمیری اردو ناولوں میں جنسی استحصال کی عکاسی	محمد سلیمان	31
(۵) ادا جعفری کی ابتدائی دس غزلوں کا عروضی جائزہ	شبیر احمد ڈار	38
(۶) پروین شیر ---ایک نئی نسائی آواز	حارث حمزہ لون	44
(۷) متن کی قرات کے عناصر	عاتکہ ماہین	52
(۸) پروین شاکر کی غزلیہ شاعری---ایک جائزہ	محمد ریحان	57
(۹) مولانا آزاد اور مسلمان عورت	صدف اقبال	62
(۱۰) خواتین کے افسانوں میں احتجاجی صدائیں	شاذیہ تمکین	66
(۱۱) ترنم ریاض کی تخیلاتی تکثیریت	رافد اویس بھٹ	79
(۱۲) کینوس کے رنگوں میں امر ہونے والی امرتا شیر گل	محمد نعیم یاد	90
(۱۳) سکوت سے گویائی تک---اردو شاعرات کا سفر	اسماء شکیل	94
(۱۴) بیدی کے افسانوں میں عورتوں کی نفسیات	فرزانہ	98
(۱۵) ترنم ریاض---ایک حقیقت پسند افسانہ نگار	عرفان رشید	104
(۱۶) قمر جمالی کا ناول 'آتش دان' ایک مطالعہ	جاوید احمد شاہ	110
(۱۷) ذکیہ مشہدی کی افسانوی جہت	ریحانہ بشیر	120
(۱۸) عصمت چغتائی کی فلمی دنیا	شبیر احمد لون	130
(۱۹) معاصر اردو افسانوں میں خواتین کے مسائل	شافعہ بانو	133
(۲۰) ممتاز شیریں کی افسانوی کائنات	عروسہ فاروق	137

● ڈاکٹر صالحہ صدیقی

طنز و مزاح کی تاریخ میں خواتین قلم کاروں کی خدمات

ہنسنا ہنسانا انسانی نفسیات اور اس کی فطرت میں شامل عمل ہے۔ جس کا جنس سے کوئی تعلق نہیں ہے۔ عورت بھی اس سے مستثنیٰ نہیں۔ مزاحیہ ادب (شاعری اور نثر) کی تخلیق بھی مرد یا عورت کسی ایک جنس سے مختص نہیں، جہاں تک بات اس صنف سخن کی ہے تو اردو ادب میں طنز و مزاح کو عموماً یکساں معنوں میں ایک ساتھ استعمال کیا جاتا ہے، حالانکہ طنز و مزاح میں فرق ہے۔ دونوں کی اپنی حدیں ہیں، لیکن اس کے باوجود اکثر ایک دوسرے کے متوازی بھی چل رہے ہوتے ہے اور بعض اوقات تو ان کی سرحدیں ایک دوسرے سے ایسے مل جاتی ہیں کہ ان کو الگ کرنا دشوار ہو جاتا ہے، طنز سے مراد طعنہ، ٹھٹھہ، تمسخر یا رمز کے ساتھ بات کرنا ہے، جب کہ مزاح سے خواش طبعی، مذاق یا ظرافت مراد لیا جاتا ہے۔ اس طرح کہا جا سکتا ہے کہ ایسی تحریریں جو ہنسنے پر مجبور کرے لیکن اس تحریر میں تنقید کو مزاح کا جامہ پہنا دیا جائے تو اسے طنز و مزاح کہتے ہیں۔ یہ اردو کی ایک مقبول صنف لطیفہ ہے۔ جس میں ہنسی مذاق کے پیرائے میں سماج و معاشرے کی حقیقتوں کو فاش کیا جاتا ہے۔

اردو کی اس اہم صنف میں خواتین نے بھی طبع آزمائی کی ہیں۔ اردو ادب میں طنز و مزاح کی تاریخ کا جائزہ لینے پر معلوم ہوتا ہے کہ یوں تو بیسویں صدی سے قبل خواتین کی اس قسم کی تحریریں نظر نہیں آتیں البتہ بیسویں صدی میں جب خواتین میں لکھنے پڑھنے کا عمل بڑھا، ان میں لکھنے کا رجحان فروغ پانے لگا تو انہوں نے مزاحیہ ادب کی طرف بھی توجہ کیں۔ جس کے سبب آزادی کے بعد اس عمل میں اضافہ ہوا اور کئی خواتین نے مزاح نگاری کو بھی اپنایا اور اس میں طبع آزمائی کی۔ خواتین کی مزاحیہ تحریریں شاعری کے علاوہ نثر میں کئی اصناف میں جزوی یا کلی طور پر مزاح پیش کر کے لکھا گیا ہیں۔ جن میں مزاحیہ مضامین، انشائیے، مزاحیہ افسانے، ڈرامے،

ناول، کالم، ادب الاطفال، سفر نامہ، رپورتاژ، خطوط، خاکے وغیرہ سبھی کچھ شامل ہیں۔ان تحاریر کو یا تو پورے یا کچھ مزاحیہ عناصر استعمال کر کے پیش کیا گیا ہے۔ کچھ خواتین نے تو خالص مزاحیہ ادب کو ہی اپنایا ہے۔ جیسے شفیقہ فرحت اور کچھ نے دیگر تحریروں کے ساتھ اس صنف کو اپنایا جب کہ کچھ نے اپنی تحریروں میں مزاح کو داخل کیا ۔ان میں سے چند اہم خواتین کی طنز و مزاح نگاری کی خدمات کا جائزہ یہاں پیش کیا جاتا ہیں۔

آصف جہاں۔مشہور مزاح نگار مرزا فرحت اللہ بیگ کی بھانجی تھی۔ وہ بھی اس میدان میں سیاحت کا شوق رکھتی تھی۔ انہوں نے مختلف موضوعات پر جو مضامین بھی لکھے ہیں۔ان کا ایک ''مجموعہ گل خنداں'' حیدر آباد سے شائع ہو چکا ہے۔اس کے مضامین کے موضوعات گھریلو واقعات ہیں۔جس کے اظہار کے لئے افسانہ کی تکنیک استعمال نہ کرتے ہوئے مضمون نویسی کا رنگ دیا گیا ہے۔اسے مزاح کی دنیا میں خواتین کے ابتدائی نمونے کے طور پر دیکھا جاسکتا ہے۔ معیار کے لحاظ سے یہ بلند پایہ تصنیف نہیں کہی جاسکتی۔لیکن طنز و مزاحیہ ادب میں خواتین کی کاوشوں کے ابتدائی نقوش ہونے کے باعث اس کی اہمیت سے انکار نہیں کیا جاسکتا۔

انیس قدوائی۔مشہور سیاسی رہنما رفیع احمد قدوائی کی بھاوج اور شفیع احمد قدوائی کی بیوی تھی۔اگر چہ اپنی سماجی فلاحی سرگرمیوں کے باعث انہیں لکھنے فرصت نہیں ملتی تھی لیکن اس کے باوجود بھی وہ کچھ نہ کچھ لکھتی رہتی تھی۔ وہ ہلکے پھلکے خاکے، مضامین، مزاحیہ انداز میں لکھتی تھی۔ان کے خاکوں کا مجموعہ اور مزاحیہ مضامین کا مجموعہ ہے۔جس میں ان کی مزاحیہ تحریریں 'کیا مولانا آزاد کبھی بچے تھے'، 'حسن مسرت ہے یا غم'، 'غالب گپ شپ'، 'رسوائیاں'، 'آدھ گھنٹے'، 'بزم ادب میں شوہروں کی قسمیں'، 'یہ مرد' شامل ہیں۔ انیس قدوائی کو طنز و مزاح اور انشائیہ سے دلچسپی اپنے والد ولایت علی بمبوق سے ورثہ میں ملی تھی۔ جو اردو کے مشہور مزاح نگار و انشائیہ نگار ادیب تھے۔انیس قدوائی نے اپنے انشائیے نہایت شگفتہ پر لطف زبان میں لطیف انداز میں طنز و مزاح کی چاشنی میں ڈوبو کر لکھے ہیں۔زندگی کی تلخ حقیقتوں سے فرار کا انہیں یہی راستہ نظر آتا ہے کہ کسی پر ہنسو، اپنے آپ پر ہنسو اور دلی سکون حاصل کرو۔کیا مولانا آزاد بچے تھے۔ میں انہوں نے اپنے خیالات کی اڑان کو کہیں سے کہیں پہنچا دیا اس میں ان کا مزاح عروج پر ہے۔حسن مسرت یا غم یہ مضمون بھی وسعت تخیل کی مثال ہے۔مصنفہ کے ذہن میں جو خیالات آئے جس جس طرح سے انہوں نے دوسروں کو دیکھا یا خود محسوس کیا اور خوش و غم کے جو تصورات ان کے ذہن میں ابھرے اس کا پر لطف بیان اس انشائیہ

میں دیکھنے کو ملتا ہے۔اسی طرح غالب غپ شپ بھی ان کے تخیل کی عمدہ مثال ہے۔غالب کی ذات کو مرکز بنا کر انھوں نے عجیب وغریب انبساط افزا خیالات پیش کئے۔ غالب کے اشعار کا انطباق دور حاضر کے واقعات پر ایک باغ و بہار کیفیت پیدا کرتا ہے۔ رسوائیاں میں رسوائیوں کی مختلف اقسام اور ان سے نبرد آزمائیوں کا بیان دیکھنے کو ملتا ہے۔

''آدھ گھنٹے بزم ادب میں''۔ بیانیہ انشائیہ ہے۔کیا پیش آسکتا ہے اس کا مرکزی خیال ہے۔ بزم ادبیات کو بوالعجبیاں اس کا موضوع ہیں۔شوہروں کی قسمیں اس میں انیس قدوائی نے شوہروں کی ایسی ایسی قسمیں گنوائیں اور ان سے ایسی ایسی صفات ملحق کردیں کہ شاید شیطان بھی انہیں پیش نہ کرسکے۔ یہ مرد بھی اس قسم کا انشائیہ ہے۔سال صدی کیوں نہیں۔ یہ انشائیہ آج کل دہلی کے خواتین نمبر میں شائع ہوا تھا یہ بھی اک پر لطف تحریر ہے۔اس طرح انیس قدوائی نے بہت کم لکھا لیکن جو بھی طنز ومزاح کے پیرائے میں بیان کیا اس سے سماج کی حقیقتوں کا آئینہ پیش کردیا۔

اس فہرست میں ایک اہم نام انیس سلطانہ کا ہے جن کا تعلق بھوپال سے ہے یہ وہاں کی معروف ادیبہ ہیں۔طنز ومزاح سے ان کی فطری دلچسپی تھی۔انھوں نے اس موضوع پر ایک مقالہ بھی لکھا۔(حیدرآباد میں طنز ومزاح کی نشو ونما) جو شائع ہو چکا ہے۔ان کی مزاحیہ تحریریں رسالہ شگوفہ وغیرہ میں باقاعدگی کے ساتھ شائع ہوتی رہتی تھی۔ان کی تحریریں زیادہ تر انشائیہ کی شکل میں ملتی ہے۔(۱)''ہرفن مولا''(شگوفہ سالنامہ جنوری ۱۹۸۸ء ص ۳۰ ۷)انیس سطانہ کا پر لطف انشائیہ ہے۔اس میں ان لوگوں پر طنز ہے جو ہوتے تو کچھ بھی نہیں۔لیکن دعویٰ ہرفن مولا ہونے کا کرتے ہیں، ہر معاملہ میں ٹانگ اڑاتے ہیں۔ یہ دراصل ایک ایسی خاتون کا بیان ہے جو اس صفت کی موصوف تھیں۔ان کی لن ترانیاں سن سن کر مصنفہ کا دماغ بگڑ سا جاتا ہے اور اس سے جو ماحول بنتا ہے کیا کیا حالات پیدا ہوتے ہیں اسی کا بیان ہیں۔ایسی عورتیں معاشرہ میں اکثر و بیشتر نظر آجاتی ہیں۔ جو ڈینگیں مارنے میں مہارت رکھتی ہیں، ان کا ایک اور طنز ومزاح (۲)''اے کاش'' کے عنوان سے ہے جو کتاب نما دہلی۔ اکتوبر ۱۹۸۸ء ص ۵ ۷ میں شائع ہوا۔اس میں غالب کے اس مصرعے ہزاروں خواہشیں ں ایسی کو مرکزی خیال بنایا گیا ہے۔انسان لامحدود تمناؤں آرزؤں خواہشوں کا مرکز ہے اور انسان ہمیشہ یہی سوچتا رہتا ہے، خواہش کرتا رہتا ہے کہ اے کاش ایسا ہو۔اس کی خواہشیں لامحدود ہے، نہ ختم ہونے والی ہے اور ساری زندگی ایک کے بعد دیگر خواہشات میں الجھا رہتا ہے، یہ انسانی حقیقت کے اسی پہلو کی نمائندگی کرتا ہے۔(۳)''اردو رزمیہ کی تلاش''(شگوفہ سالنامہ ۱۹۹۰ء ص ۸۹) یہ

افسانوی انداز کا انشائیہ ہے۔اس میں ان شاعروں پر طنز کیا گیا ہے جو ادبی دنیا میں ہنگامے کھڑے کرتے رہتے ہیں۔اس انشائیہ کے مطابق رزمیہ شاعری کو دنیا کی بہترین شاعری کہا گیا ہے۔اس انشائیہ میں مرزا خواجہ بیگ خاں دل میں ٹھان لیتا ہے کہ باپ دادا رہے ہوں گے اصل ترکستانی، وہ خود تو ہندستانی ہیں اور اردو ان کی مادری زبان ہے۔فارسی گو کہ پدری زبان تھی۔لیکن زبانوں کو پدری ہونے پر کبھی فخر نہ ہوسکا۔اس لئے اردو شاعری کو دنیا کی بہترین شاعری کے مقابلے پر لا کر کھڑا کر دنیا ان کا فرض ہے۔اس عبارت سے فکاہیہ کا آغاز ہوتا ہے اور پھر مختلف واقعات کو پیش کیا گیا ہے۔رزمیہ تخلیق کرنے کے لئے اردو کے مشہور مراثی اور رزمیہ کتابوں جیسے بلّی نامہ وغیرہ کی فراہمی اور مختلف شاعروں کی سرگرمیاں اور ادبی نوک جھونک، اشعار، ان کی تحریک مختلف واقعات وحالات اس میں بیان ہوتے ہیں۔اس طرح پورا انشائیہ ایک خاص ماحول کے ارد گرد گھومتا ہے اور بڑی خوبصورتی سے شاعروں پر طنز کیا گیا ہیں۔ان کا ایک اور طنز مزاح (۴)''خموشی آرزو دارم''۔(شگوفہ، اگست ۱۹۹۱ء ص ۳۹) میں مہنگائی، سیاست، مختلف مشکلات زندگی، الیکشن بازی، ریڈیو پر عجیب قسم کے پروگرام، وغیرہ کئی امور ومسائل کو پیش کیا گیا ہیں۔یہ بھی اہم انشائیہ ہے جو سماج کی حقیقتوں کو مزاحیہ انداز میں منظر عام پر لاتا ہیں۔(۵) چھ دہائیوں کے بعد (شگوفہ، ستمبر ۲۰۰۳ء ص ۲۳) اس میں آزادی کے بعد مختلف حالات کی تبدیلیوں کا بیان مثلاً مہنگائی، آلودگی، ٹی وی پروگرام، ان میں اشتہارات، معاشرتی تبدیلیاں وغیرہ پر پر طنز کیا گیا ہیں۔یہ بھی سماج کی حقیقتوں کا پردہ فاش کرتا ہوا دلچسپ طنز ومزاح ہے، جس کا زبان و بیان انتہائی دلچسپ اور پرلطف ہے۔(۶) یہ تماشا نہ ہوا۔(شگوفہ، جنوری ۲۰۰۴ء ص ۵۹) دوسروں کے گھروں میں وقت بے وقت بال بچوں کے ساتھ جا کر ہڑ بونگ مچانے والے لوگوں پر طنز ہے۔کیسے کیسے حالات پیش آتے ہیں اور لوگوں کی زندگی میں خلل ڈالا جاتا ہے۔اس کا پرلطف بیان، واقعات کی شکل میں ہے۔یہ ایسا مسئلہ ہے گو ہر گھر کی کہانی ہے روزمرہ کی زندگی کے اس واقعہ کو مصنفہ نے بڑے ہی مزاحیہ انداز میں لکھا ہے، اس کا مطالعہ سے اندازہ ہوتا ہے کہ مصنفہ کس قدر باریک بینی سے چھوٹے چھوٹے واقعات پر گہری نظر رکھتی ہیں ان کا انداز وبیان قابل دید ہیں۔(۷) جو خط لکھوں تو۔(شگوفہ، ستمبر ۲۰۰۴ء ص ۲۵) ایک صفحہ پر خط نویسی پر انشائیہ ہے۔(۸) یکے از یاران مہربان (بیگم شاہ جہاں)۔(شگوفہ، دسمبر ۲۰۰۴ء ص ۴۳) ایک خاکہ ہے۔اس میں بھوپال کی حکمراں نواب شاہ جہاں بیگم کا تذکرہ ہے۔یہ بھی انتہائی اہم طنز ومزاح ہے، ان تمام تصنیفات میں مصنفہ کی باریک بینی، مشاہدہ، انداز بیان، زبان، لفظوں کا انتخاب وترتیب اور طنز ومزاح پر ان کی گرفت کا قائل ہونا پڑتا ہیں۔

ثریا صولت حسین کا قلمی نام ثریا صولت حسین اور اصل نام ثریا بانو ہے۔ بنیادی طور پر افسانہ نویس وشاعرہ ہے۔لیکن انہوں نے کچھ مزاحیہ خاکے اور انشائیے بھی لکھے ہیں۔ان کے مجموعہ افسانہ مدوجزر میں کچھ مزاحیہ تحریریں شامل ہیں۔(۱)''مدوجزر'' (مصنفہ، ناگپور۔۱۹۸۶ء) کے بعد ان کا ایک اور افسانوی مجموعہ (۲) ''شیشہ وسنگ'' شائع ہوا۔جس میں ان کی پرانی نئی تحریریں یکجا ہیں۔اسمیں بھی ان کی مزاحیہ تحریریں دیکھنے کو ملتی ہیں۔(مصنفہ،بمبئی ۲۰۱۰ء) (۳) ''نیند پری''، ایک انشائیہ ہے۔جس میں ثریا نے نینداوراس سے وابستہ تصورات وحالات وغیرہ کو مزاحیہ انداز میں پیش کیا ہے۔مختلف افراد کی نیند، بچوں کی بڑوں کی نیند، ذمہ داروں کی نیند، مجبور انسانوں کی نیند، قوموں کی نیند کے بارے میں خیالات پیش کئے ہیں۔اس میں نیند کو بنیاد بنا کر سماجی مسائل کو اجاگر کرنے کی سعی کی گئی ہے۔اسی طرح (۴) ''رنگ بہار'' میں بہار موضوع ہے۔ بہار سے وابستہ تصورات وخیالات، واقعات وغیرہ کو انشائیہ کی صورت میں پیش کیا گیا ہے۔اسی طرح (۵) ''یور آنر'' ان ایک خاکہ ہے۔جس میں ثریا نے اپنے شریک حیات جسٹس قاضی صولت حسین کا خاکہ پرلطف انداز میں پیش کیا ہے۔ان تمام تصانیف سے ان کی طنز مزاح نگاری کا قائل ہونا پڑتا ہے،ان کا انداز بیان پراثر اور شگفتہ ہے۔

جہاں بانو نقوی (حیدرآباد) کا شمار عہد حاضر کی معتبر خواتین ادیبہ میں ہوتا ہے۔ان کا اصل میدان تحقیق وتنقید ہے۔لیکن انہوں نے کچھ مزاحیہ تحریریں بھی لکھی ہیں۔ان کی مزاح نگاری کے انشائیوں میں نمایاں ہوئی ہے۔حالانکہ ان کے انشائیہ تحریروں میں مزاح سے زیادہ مضمون نگاری کا انداز ملتا ہے۔ان کا ایک انشائیہ ''یاد'' (مطبوعہ ایوان اردو حیدرآباد، سالنامہ ۱۹۴۸ء) میں بطور مثال پیش کیا ہے۔یہ ایک ادبی تحریر ہے۔جس میں یاد سے متعلق یادوں اور تصورات کو شگفتہ پرلطف تحریر کے رشتے میں پرو دیا گیا ہے۔اسمیں تصورات خیالات، تخیل کی کی پرواز کے عناصر ہیں۔ان کے انشائیے بھی خواتین طنز ومزاح کی تاریخ میں اہم اضافہ ہیں۔

ڈاکٹر حبیب ضیاء کی مزاحیہ تحریریں مختلف جرائد خصوصاً رسالہ شگوفہ میں شائع ہوتی رہتی ہیں۔ان کے مزاحیہ مضامین انشائیوں وغیرہ کے مجموعے بھی شائع ہوچکے ہیں۔ان کا پہلا مجموعہ ''گویم مشکل'' کافی مقبول ہوا تھا۔ یہ پندرہ مضامین پر مشتمل ہیں۔اس میں گھریلو زندگی، اور مختلف سماجی مسائل پر اظہار خیال ملتا ہے۔حبیب ضیا خالص مزاح کی قائل نہیں۔طنز کے نشتر بھی چلاتی ہیں۔ان کے اسلوب میں نسوانیت کی جھلکیاں نمایاں ہیں۔ان کے کچھ مضامین بے ساختہ داد تحسین وصول کرلیتے ہیں۔جن میں (۱) آئی بلا کو ٹال تو۔(شگوفہ سالنامہ جنوری ۱۹۷۹ء ص ۴۵) اس انشائیہ میں انہوں نے مہمان کو موضوع بنایا ہے۔بن بلائے

یا بلائے مہمانوں سے کس طرح نپٹا جائے اس کی ترکیب حبیب ضیا نے بتائی ہیں۔ بیرونی ممالک سے آنے والے مہمان، سسرالی مہمان، میکے کے مہمان، اور طرح طرح کے مہمانوں کا پر لطف انداز میں ذکر کیا گیا ہے۔ آخر میں وہ کہتی ہیں۔

''اس کے علاوہ مہمان سے قرض مانگنا، اس کے بچوں سے پانی بھرانا، شریک زندگی سے خواہ مخواہ جھگڑا مول لینا۔ یہی مہمان بھگانے کے طریقوں میں چند موثر طریقے ہیں۔'' (ص ۴۷)

بن بلائے مہمانوں پر لکھا یہ دلچسپ انشائیہ انتہائی پر لطف ہے۔ (۲) ہوائی جہاز کا سفر (شگوفہ، سونیر، نومبر ۱۹۸۹ء۔ ص ۵۱) جیسا کہ نام سے ہی واضح ہو جاتا ہے اس مزاحیہ مضمون میں حبیب ضیاء نے ہوائی جہاز کے سفر کو مرکز مزاح بنایا ہے۔ ایک عام مسافر کو ہوائی سفر میں کیا کیا حالات اور مصائب و بوالعجبیوں سے سابقہ پڑتا ہے اور وہ کس طرح گھبراتا اور عجیب عجیب حرکتیں کرتا ہے۔ اس کا پر لطف بیان اس انشائیہ میں کیا گیا ہے۔ اسی طرح (۳) عمر، استدلال اور انتقال (شگوفہ سونیر، نومبر ۱۹۹۹ء۔ ص ۳۱) میں عمر موضوع ہے۔ اس میں خواتین کے اپنی عمر چھپانے کے رویے کو مزاحیہ انداز میں بیان کیا ہے۔ خواتین کس کس طرح اپنی عمر کم بتاتی ہیں اس کا پر لطف بیان اس تحریر میں دیکھنے کو ملتا ہے۔ (۴) شادی خانہ آبادی۔ (شگوفہ اکتوبر ۲۰۰۰ء۔ ص ۹) بھی پر لطف انشائیہ ہے۔ اس کا موضوع شادی ہے۔ جو ایک عام سماجی عمل ہے۔ اس کے بیان میں مصنفہ نے جو جو رنگ آمیزیاں کی ہیں وہ پڑھنے سے تعلق رکھتی ہیں۔ لڑکے لڑکی کے لئے رشتے کی تلاش، مناسب جوڑا پسند کرنے کا عمل، شادی کی تیاریاں، مشکلات حالات سبھی کا دلچسپ بیان ملتا ہے۔ شادی کی تقریب میں جو جو خرافات ہوتے ہیں۔ ہڑ دنگ مچتا ہے اس کا بیان بھی پر لطف ہے۔ یہ انشائیہ شادی کی تیاریوں سے لے کر ودائی تک ہونے والی تمام کارکردگیوں، مسائل اور پیش آنے والے تمام واقعات کا دلچسپ بیان اور مزاح کے پیرائے میں طنز بھی ہیں۔ اس میں مصنفہ کی قابلیت اور ہنرمندی کا قائل ہونا پڑتا ہے۔ (۵) حیدرآباد کی سڑکیں۔ (شگوفہ سالنامہ ۲۰۰۴ء ص ۲۷) بھی ایک پر لطف مضمون ہے۔ اسمیں حیدرآباد کی سڑکیں نشانہ مزاح ہیں۔ ڈاکٹر حبیب ضیاء کے مضامین کا ایک مجموعہ انیس بیس اور ایک جو مژگاں اٹھائیے بھی شائع ہو چکا ہے۔ اس میں ان کے سترہ مضامین ہیں۔ جلسے، ادھ جل گگری چھلکنا جائے، حیدرآباد تہذیب، جو مژگاں اٹھائیے، بچہ باہر گیا ہے وغیرہ انشائیے بھی خوب ہیں۔ ان کے دیگر مضامین میں، (۶) بدیسی مال (شگوفہ، سالنامہ، جنوری ۱۹۸۲ء) اور (۷) جلسے (شگوفہ، اپریل ۱۹۸۳ء) بھی قابل ذکر ہیں۔ مصنفہ نے بہترین انشائیے قلم بند کیے، جو طنز و مزاح کی تاریخ میں انتہائی اہمیت کے حامل ہیں۔

حیدرآباد کی پروفیسر رشید موسوی بھی مزاح نگار ادیبہ ہیں۔ ان کے ہلکے پھلکے مضامین وانشائیے

شگوفہ میں شائع ہوتے رہے ہیں۔ان کا ایک مجموعہ ''کاغذی پیرہن'' شائع ہوا ہے جس میں ان کے مختلف موضوعات پر مزاحیہ تحریریں، مضامین، انشائیے شامل ہیں۔اس میں کل ۲۰ مضامین شامل ہیں۔

رشیدہ قاضی بمبئی کی رہنے والی مزاح نگار ادیبہ ہے بمبئی کی ایک درس گاہ میں پرنسپل کے عہدے پر فائز رہ چکی ہیں۔انہوں نے مزاح نگاری کا میدان پسند کیا۔ پہلے وہ رشیدہ مُلّا کے نام سے لکھا کرتی تھی۔ شادی کے بعد انہوں نے اپنا نام رشیدہ قاضی رکھ لیا۔ان کی مزاحیہ تحریریں مختلف رسائل کی زینت بنیں پھر ان کے انشائیوں کا ایک مجموعہ ''پرواز''، کوکن اردو رائٹرز گلڈ کینیا (۱۹۸۸ء افریقہ نے شائع کیا۔اسے کافی مقبولیت حاصل ہوئی۔رشیدہ قاضی ایک اعلیٰ تعلیم یافتہ اور بمبئی جیسے شہر کی ایک تعلیمی شخصیت ہیں۔ کھلے دل و دماغ کی مالک ہیں۔ان کا مشاہدہ گہرا اور ادب پر ان کی گرفت مضبوط ہے۔(۱)) ''پرواز'' رشیدہ قاضی کی یہ کتاب ۱۹۸۸ء میں شائع ہوئی۔اس میں ان کے انشائیوں میں حقیقت نگاری، عصری حیثیت، سماجی شعور، خیالات کی اڑان، تبسم زیرلب، طنز کی نشتریت، زبان واسلوب کی دلکش خصوصیات موجود ہیں۔اسمیں گائے، سرگذشت آٹو گراف بک کی، ثریا سے زمین پر، سفر یاد آیا، سگ رہ بری بلا ہیں۔قصہ قاضی کا، پیام تعزیت، پلیٹ سے پیٹ تک، بارے بندر کا کچھ بیاں ہوجائے، کرشمہ سازیاں الیکشن کی، سورج نے زباں کھولی، کوّے، افواہ گرم ہے۔ بجیا نے بلی پالی، مسز بھروچہ (خاکہ) شامل ہیں۔ یوسف ناظم نے اس پر لطف دیباچہ لکھا ہے۔ رشیدہ کے انشائیوں میں جا بجا افسانویت کا عنصر دیکھنے کو ملتا ہے۔ اظہار خیالات کرتے کرتے کوئی واقعہ بیان کرجاتی ہیں اور اپنے خیال کی وضاحت کرتی ہیں۔ کہیں کہیں پورا بیان ہی قصہ کی شکل میں پیش ہوتا ہے۔ (۲) ''گائے'' میں انہوں نے اس بے زبان کو نشانہء طنز و مزاح بنایا ہے۔جس قدر خیالات ومحاورات و باتیں اس جانور سے متعلق ہوسکتی ہیں اس انشائیہ میں ان کو بیان کیا گیا ہے۔اسی طرح (۳) ''سگِ رہ بلا ہے'' میں کتوں کا اور ''کوّے'' میں کوّے کا اور ''بارے بندر کا کچھ بیان'' میں بندر کا ذکر ہے۔قصہ قاضی کا میں قاضی مشق مزاح ہے۔ان کے بیانات میں مشگافیاں پڑھتے ہی بنتی ہیں۔(۴) ''سورج نے زباں کھولی'' ایک سائنسی انشائیہ ہے۔افواہ گرم ہے۔کرشمہ زباں الیکشن کی، سماجی بوالعجبیوں پر مبنی ہے۔اس طرح یہ تمام انشائیے انتہائی دلچسپ ہے جس میں مصنفہ نے بڑی ہنرمندی سے ان موضوعات کو بیان کیا ہیں۔

سرور جمال۔ مشہور مزاح نگار احمد جمال کی اہلیہ ہے، محترمہ سرور جمال خود بھی ایک مزاح نگار ہیں۔احمد جمال پاشا کا شمار دور حاضر کے اچھے مزاح نگاروں میں ہوتا ہے۔ان کے ذکر کے بغیر اردو طنز و مزاح کا کوئی جائزہ مکمل نہیں کہا جاسکتا۔ جمال ہم نشیں ڈر من اثر کرو کے مصداق ان کی محبت کے اثرات ان

کی بیگم سرور جمال میں آنے نا گزیر تھے۔ ان کی عربیہ مضامین رسائل میں شائع ہوتے رہے اور دو مجموعے مشق ستم اور مفت کے مشورے شائع بھی ہو چکے ہیں۔ احمد جمال پاشا نے اپنی بیگم کو ترقی پسند ظرافت نگاری سے وابستہ بتایا ہے۔ حالانکہ کئی نقادوں کے نزدیک طنز و مزاح وہ صنف ادب ہے جسے کسی ازم سے وابستہ نہیں کیا جا سکتا جیسے کہ ہنسی کو نہ کسی قوم ملک زبان ادب ازم سے وابستہ کیا جا سکتا ہے۔ بہر حال سرور جمال کے دونوں مجموعے ان کی فکر و فن طنز و مزاح کے نمایندہ ہیں۔ مفت کے مشورے، حرفوں کے بنے، مانگے کی مصیبت، ہمارا شہر ترقی کی راہ پر، وقت کی مار، ایسا بھی تو ہوتا ہے، ملاوٹ کی مصیبت اس کی بہترین مثالیں ہیں۔ ان کے یہاں طنز کا عنصر کم دیکھنے کو ملتا ہے۔ ان کا کینوس گھریلو زندگی اور گرد و پیش کی دنیا تک محدود ہے لیکن انداز بیان کی شگفتگی اور روانی قاری کو غور و فکر پر نہ سہی مسکرانے پر ضرور مجبور کر دیتی ہے۔ مثلاً مفت کے مشورے میں ''ڈاکٹر پوچھتا ہے کیا آپ کے یہاں گائے بھینس یا بکری بلی ہے۔ عورت بولی ڈاکٹر صاحب میں ایک بڑی عمارت کی پانچویں منزل کے ایسے چھوٹے سے کمرے میں رہتی ہوں جسے ڈربہ کہا جائے تو مناسب ہے وہ گائے، بھینس تو کجا مچھر مکھی تک پالنے کی گنجائش نہیں۔''

اس طرح کے طنزیہ اسلوب میں مزاح کے لبادے میں سماجی حقیقتوں کی عکاسی ان کی تحریروں میں بخوبی دیکھا جا سکتا ہیں۔

رشید احمد صدیقی ہمارے مزاحیہ ادب کی بڑی اہم شخصیت گزری ہے۔ ان کا اثر ان کی بیٹی سلمیٰ صدیقی میں آنا حیرت کی بات نہیں۔ سلمیٰ صدیقی نے بہت کم لکھا ہے جو لکھا غنیمت ہے۔ مزاحیہ تحریروں میں ان کی چند انشائیے، خاکے اور ایک چھوٹا سا سوانحی خاکہ نما ناول، سکندر نامہ ان کی اس ادب میں یادگار تحریریں ہیں۔ (۱) ''سلیقہ بھی ایک کلا ہے'' (دور حیات بمبئی۔ آزادی نمبر ۱۹۶۴ء۔ ص ۲۳) ان کی شگفتہ تحریر کی نمایندگی کرتا ہے۔ اس میں انہوں نے سلیقہ کو ایک کلا (فن) بھی بتایا اور ایک روگ بھی کہ جو انسان اسمیں مبتلا ہو جاتا ہے عمر بھر اس میں مبتلا رہتا ہے۔ فلمی ہیروئن سے انٹرویو میں انہوں نے انٹرویو لینے والوں کی بوالعجبیاں بتائی ہیں۔ ان کا قرۃ العین کا خاکہ بھی مزاح لئے ہوئے ہے۔ (۲) سکندر نامہ۔ اسٹار پبلی کیشنز دہلی سلمیٰ کی مزاح نگاری کا شاہکار ہے۔ یہ دراصل سلمیٰ صدیقی کے ایک گھریلو ملازم سکندر کے کردار پر مبنی ہے۔ وہ نہایت سادہ لوح ہے، کنوارا ہے۔ لوگ اسے شادی کے نام پر بے وقوف بناتے ہیں۔ اس کی حرکات سکنات گفتگو، الفاظ تلفظ رویے خیالات سبھی عجیب و غریب ہیں۔ وہ مغل اعظم کو مرغِ اعظم کہتا ہے۔ اچھے خاصے ناموں کا خون کر دیتا ہے۔ واقعات کو غلط کر دیتا ہے اس کی سائیکل پطرس کے افسانے کی سائیکل

کی طرح عجیب ہے وہ گائے کا شوقین ہے لیکن مصرعوں کو غلط سلط واقعات کر دیتا ہے۔ وہ کسی کو برا نہیں سمجھتا ۔طوائفوں کو بھی نہیں۔ اس کی زبان تیکھی ہے۔ وہ اپنی سادہ لوحی سے پریشانیوں کا شکار بن جاتا ہے۔ لیکن وہ دنیا کے مشہور بدھوں کی طرح بڑی گہری باتیں بول جاتا ہے۔ سلمیٰ نے اس سوانحی خاکہ نما ناول میں طنز و مزاح کے ایسے رنگ بھرے ہیں کہ ہمارے ادب میں اس کی مثال مشکل سے ہی ملتی ہے۔ سلمیٰ کا ایک انشائیہ نور جہاں کا لوٹا بھی مزے دار تحریر ہے۔ اس طرح سلمیٰ نے بہت کم تصانیف سے ہی اپنی قلم کی طاقت کا مظاہرہ کیا۔ ان کی تصانیف یقیناً خواتین طنز و مزاح میں اہم اضافہ ہے۔

حیدر آباد سے تعلق رکھنے والی رضیہ صدیقی کا ایک انشائیہ ''ہوئی مدت کہ غالبؔ مر گیا پر یاد آتا ہے'' (شگوفہ اکتوبر ۱۹۸۸ء ص ۱۹) ایک پر لطف انشائیہ ہے۔ اس میں غالبؔ کے اشعار کو دور حاضر کے چند واقعات پر منطبق کر کے مزاح پیدا کیا ہے۔ مثلاً طالب علموں کی بے اطمینانی توڑ پھوڑ پر، الیکشن میں لیڈروں کی حرکات پر انہیں غالبؔ کا یہ شو یاد آتا۔ دہر میں نقش وفا وجہ تسلی نہ ہوا۔ ہے یہ وہ لفظ کہ شرمندہ نہ ہوا۔ جامعہ عثمانیہ کے آرٹس کالج کی سیڑھیوں کے عین اوپر بلور پر عثمانیہ یونیورسٹی کا مونوگرام دیکھ کر یاد آتا ہے۔ دیکھے مجھے جو دیدۂ عبرت نگاہ ہوں۔ ایک لکچرار پی ایچ ڈی کے لئے بار بار گائڈ بدلتے ہیں تو یاد آتا ہے کہ پہچانتا نہیں ہوں ابھی راہبر کو میں وغیرہ کو بڑے پرکشش انداز میں پیش کیا گیا ہے۔

کیہ انجم نئی دہلی کی رہنے والی ہیں ان کا انشائیہ ''بہروپیا''۔ (شگوفہ، جولائی ۱۹۸۱ء ص ۲۹) ایسے لوگوں پر طنز ہے جو کچھ ہیں۔ لیکن ظاہر کچھ اور کرتے ہیں۔ ان میں سادھو سنیاسی رہنا، شاعر سبھی شامل ہیں۔

سعدیہ غوری (ریاض) ان کا انشائیہ ''کاک ٹیل'' (شگوفہ نومبر ۱۹۹۲ء) مختلف ادیبوں کی مزاحیہ تحریروں، کالموں خبروں لطائف وغیرہ پر مشتمل ہے۔ اس میں عبدالمجید سالک کا کالم افکار و حوادث ظریف لکھنوی کے اشعار، احمد ندیم قاسمی کا کالم حرف و حکایت وغیرہ شامل ہیں۔

پروفیسر صادقہ ذکی نے بھی انشائیے، مزاحیہ انداز میں لکھے ہیں۔ ان کا ایک انشائیہ ''عمر رفتہ'' (کتاب نما دہلی، نومبر ۱۹۸۸ء ص ۴۳) مزاح نگاری کا عمدہ نمونہ ہے۔ مصنفہ نے عمر کو مرکز خیال بنا کر تخیلات کا تانا بانا بنا ہے۔ کاروان عمر دھیرے دھیرے اس طرح گزر جاتا ہے کی آہٹ بھی انسان کے کانوں تک نہیں پہنچتی اور نہ مسافر حیات کو اندازہ ہوتا ہے کہ اس کی عمر کی کتنی منزلیں گزر گئی ہیں اور منزل گور کس قدر قریب ہے۔ اس انشائیہ میں مصنفہ ہلکے پھلکے انداز میں اظہار خیال کیا ہے لیکن انداز بیان پر لطف ہے۔

مشہور مصنفہ ناول و افسانہ نویس ڈاکٹر صغریٰ مہدی بھی اپنی مختلف النوع تحریروں میں مزاح سے

کام لیتی ہیں۔ انہوں نے اس کا زیادہ استعمال اپنے سفرناموں میں کیا ہے۔ مشاہدات ابن بطوطی،، سیر کہ دنیا کی غافل، ذرا یہیں پڑوس سے اور دیگر مختصر سفرناموں میں انہوں نے اس طنز و مزاح کا بھرپور استعمال کیا ہے۔ مشاہدات ابن بطوطی، یہ عنوان ہی مضحکہ خیز ہے۔ مشہور سیاح ابن بطوطہ کی تانیث ابن بطوطی کے عنوان سے کر کے انہوں نے اپنے سفرنامہ کی نوعیت صاف ظاہر کر دی ہے۔ ان کے سفرناموں کے مجموعہ سیر کر دنیا کی غافل میں، اور دوسری کتاب میخانوں کا پتہ میں انہوں نے جا بجا حالات کوائف واقعات، ماحول، مناظر، کردار، اعمال، افعال، گفتگو زبان و بیان سبھی میں مزاح کے عناصر داخل کر کے انہیں باغ و بہار بنا دیا ہے۔ اردو میں مزاحیہ سفرنامہ نگاری کے بہترین نمونے تو کیپٹن شفیق الرحمٰن اور ابن انشاء نے پیش کئے ہیں۔ صغریٰ مہدی نے بھی اس طرح کی باتیں اپنے سفرناموں میں داخل کر کے انہیں پرلطف بنایا ہے۔ ان کی مزاح نگاری کی تعریف یوسف ناظم جیسے مزاح نگار نے بھی کی ہے۔ صغریٰ مہدی کی خدمات سے اردو طنز و مزاح کا دامن بلاشبہ وسیع ہوا۔

صالحہ عابد حسین۔ ایک سنجیدہ ادیبہ تھیں لیکن ہر انسان کی طرح وہ بھی حس مزاح، اظہار سے بے گانہ نہیں تھیں۔ انہوں نے بھی کہیں کہیں مزاح کا استعمال اپنی تحریروں میں کیا ہے۔ صالحہ عابد حسین نے ریڈیو پر نشر کرنے کے لئے جو ہلکے پھلکے انداز کے مضامین لکھے ان میں ان کی مزاح نگاری کی جھلکیاں نظر آجاتی ہیں۔ ان میں شماتت ہمسایہ ایک پرلطف تحریر ہے۔ جس میں ہمسایہ موضوع مزاح ہے۔

عصمت چغتائی اردو کے مشہور افسانہ نگار اور ناول نگار ہیں۔ ان کی ہر تحریر چاہے مضمون ہو، انشائیہ ہو، افسانہ ہو، ڈرامہ ہو، مزاح کا رنگ نظر آتا ہیں۔ حالانکہ عصمت نے مزاح نگاری کو اپنا اسلوب نہیں بنایا، لیکن مزاح کے عناصر کو اپنی فکشن میں ضرور داخل کیا۔ لیکن ان کا زیادہ رجحان طنز کی طرف رہا۔ ان کی تحریروں میں طنز مزاح کے مقابلے میں زیادہ استعمال ہو رہے۔ ان کی طنز نگاری کا ادب میں جا بجا ذکر ہوا ہے۔ عصمت چغتائی کی مزاح نگاری کے بارے میں مشہور مزاح نگار خاتون ڈاکٹر شفیقہ فرحت نے لکھا ہے کہ ''افسانے ناول اور ڈراموں میں طنز و مزاح'' کو انتہائی موثر اور خوبصورت انداز میں جگہ دینے والی مصنفاؤں میں پہلا اور اہم نام عصمت چغتائی کا ہے۔ ان کی دنیا بہت وسیع ہے۔ اتر پردیش کا متوسط طبقہ، اور وہاں کا مسلم معاشرہ، بمبئی کی کارہ باری اور فلمی دنیا، حیدرآباد کا دیمک زدہ جاگیردارانہ نظام، کہیں گھٹن ہے کہیں خوف کہیں مریضانہ نفسیات، عصمت کی گہرائیوں تک اتر جانے والی نظر تھی۔ حالات اور کردار کو سمجھنے والی عقل اور سڑتے ہوئے زخموں پر نشتر لگانے والی ہمت اور بے نا کی۔ ان خصوصیات کی بنا پر ان کا افسانوی ادب طنز و مزاح کا بھی ایک

اہم حصّہ بن جاتا ہے۔ان کا شاہکار ناول ٹیڑھی لکیر، اس کی اچھی مثال ہے۔ ناولٹ، معصومہ اور بزدل میں بھی یہ رنگ حاوی ہے۔ اور لاتعداد افسانوں میں بھی انہوں نے طنز کے تیر چلائے ہیں۔ چند اچھے مزاحیہ ڈرامے بھی لکھے ہیں۔اور خالص طنزیہ مضامین بھی۔ڈراموں میں ہلچل اور دلہن کیسی ہے کو بہت شہرت ملی، اور مضامین میں ایک شوہر کی خاطر کو، عصمت چغتائی اپنی تحریر کو خود، ''بلی کے پنجے کے کھرونچوں سے تشبیہ دیا کرتی تھیں''۔(اردو ادب کو خواتین کی دین۔اردو اکیڈمی دہلی۔۱۹۹۴ءص ۲۶)

مشہور ادیبہ، ناول نگار اور افسانہ نویس قرۃ العین حیدر نے خالص مزاحیہ تحریریں تو یادگار نہیں چھوڑیں البتہ ان کے ناولوں اور افسانوں میں مزاح کے عناصر جا بجا ملتے ہیں۔ انہوں نے واقعات، کرداروں اور گفتگو میں ان کا استعمال کیا ہے۔ان کا مزاح بلند، ستھرا، نکھرا ہے۔'' کار جہاں دراز ہے'' میں کئی واقعات انہوں نے مزاحیہ انداز میں لکھے ہیں۔مثلاً جلد اول میں فصل پنجم میں نمبرے پر حکیم الامت اور جھوائی ٹولے کا نسخہ میں انہوں نے لکھا۔

''علامہ اقبال کے لکھنؤ آنے ، وہاں ایک دعوت میں مرغن کھانا کھایا، تو ان میں ان کی طبعیت خراب ہوگئی۔علی محمد خاں راجہ محمود آباد نے ان کی زبردست دعوت کی، وہاں خوب ڈٹ کر شاعر مشرق نے لکھنؤ کا مرغن ماحضر تناول فرمایا، رات کے گیارہ بجے ہلٹن ہوٹل واپس آئے، اپنے پلنگ پر سو رہے۔رات کے ڈھائی بجے جوان کے نالہ ہائے نیم شبی کا وقت تھا، افلاک سے جواب آنے کے بجائے پیٹ میں اٹھا زور کا درد۔شدت کی مروڑ، سرہانے حکیم عبدالوالی کی دوا کا قدح رکھا ہوا تھا آپ اس کی چوگئی خوراک پی گئے۔'' اس سے آگے وہ کہتی ہیں کہ علامہ کی طبیعت کافی خراب ہوجاتی ہے۔ان کا ڈاکٹری علاج ہوتا ہے۔ طبعیت سنبھل جاتی ہے۔ یہ بیان کافی مضحکہ خیز ہے۔اس طرح چوروں کا کلب میں بھی مزاحیہ واقعہ بیان ہوا ہے۔ان کے کئی افسانوں میں بھی مزاح کی چنگاریاں پھوٹتی نظر آتی ہیں۔

اردو طنز و مزاح میں بانو سرتاج نے بھی دست آزمائی کر نہ صرف خواتین کی مزاح نگاری بلکہ مجموعی اردو طنزیہ و مزاحیہ ادب میں ایک منفرد و بلند مقام حاصل کیا۔ان کی مزاحیہ تحریریں، مضامین، انشائیے، خاکے، افسانے، ڈرامے، مقتدر رسائل خصوصاً شگوفہ وغیرہ میں برابر شائع ہوئے۔ ان کے مزاحیہ تحریروں کے دو مجموعے شائع ہوئے جو کافی پسند کئے گئے۔ نقادانِ فن کی رائے ہے کہ قدرت نے بانو سرتاج کو مزاح کا فطری ملکہ عطا کیا تھا۔وہ اپنے افسانوں ڈراموں تحقیقی و تنقیدی تحریروں وغیرہ میں جس طرح سنجیدہ نظر آتی ہیں۔اس کے برعکس اپنی مزاحیہ تحریروں میں وہ زعفران زار کھلاتی نظر آتی ہیں۔ یہ کہنا غلط نہ ہوگا کہ اگر وہ اور

کچھ نہ لکھتی صرف مزاحیہ ادب ہی تخلیق کرتی تب بھی ان کا شمار اردو کی اہم ادبی شخصیتوں میں ہوتا۔ بانو سرتاج جیسی مزاح نگار پر جتنا فخر کیا جائے کم ہے۔ان کی مزاحیہ تصنیف (۱) ترامنون ہوں۔ (نرالی دنیا پبلی کیشنز دہلی، ۲۰۰۴ء) ڈاکٹر بانو سرتاج کے ان مزاحیہ مضامین وانشائیوں کا مجموعہ ہے۔ جو رسالہ شگوفہ وغیرہ میں سن ۲۰۰۰ء تک شائع ہوتے رہے۔اس مجموعہ میں درج ذیل تحریریں شامل ہیں۔ کنوئیں کا مینڈک، مونچھیں، بڑے بے آبرو ہوکر، دیکھن میں چھوٹے لگیں، کتے، نسخہ بلڈ پریشر کا، شکشک دن، چائے، بارے مسافر کا کچھ بیان ہوجائے، داستان ریفریشر کورس، کھانا، پاگل پران، لا نا جوئے شہر کا، دیواریں ہم بھی فسانہ لو کی بھی کہانی، تو کیا نام نہ ہوگا؟، اف یہ بورڈ، آؤ پڑوسن جھگڑا کریں، نہ لکھے نہ پڑھے نام محمد فاضل، تندوری مردہ، بائی صاحب باتھ روم میں ہیں شامل ہیں۔ (۲) ہوا سفید رنگ کا۔ان میں کچھ تحریریں تو مزاحیہ مضمون کے زمرے میں آتی ہیں جب کہ کچھ انشائیوں کے زمرے میں اور کچھ افسانوی انداز میں لکھی گئی ہیں مثلاً '' کنوئیں کا مینڈک'' میں اپنے بیٹے، سہیلی وغیرہ کے واقعات ہیں۔اپنے بیٹے کے ٹیچر بننے کی خواہش، سہیلی سے گفتگو، پھر ایک فلم بچوں کے ساتھ دیکھنے کا واقعہ، اسکول کالجوں میں طلبہ کی ہڑتالیں، آج کل کے بچوں کی آزادخیالی اور والدین کو کنوئیں کا مینڈک بتانے کا واقعہ وغیرہ جیسے مسائل پر روشنی ڈالی گئی ہیں۔اسی طرح ''مونچھیں'' ان کا ایک انشائیہ ہے جس میں وسعت خیال کے ساتھ مونچھوں پر بیانات ملتے ہیں۔اس میں مونچھوں کی قسمیں، انکے بارے میں محاورات شامل ہیں۔ ''بڑے بے آبرو ہوکر'' ان کا مزاحیہ افسانہ ہے۔ اسی طرح ''دیکھین میں چھوٹے لگے'' بھی افسانہ نما انشائیہ ہے۔جس میں افسروں کے رویوں پر طنز کیا گیا ہے۔ان کا ایک اور انشائیہ ''کتے'' ہے۔ جو پطرس کے مشہور انشائیے ''کتے'' کی یاد دلاتا ہے۔اس میں بانو سرتاج نے وہی انداز اختیار کیا ہے جو پطرس کے یہاں ملتا ہیں۔اس انشائیے میں ''کتے'' کی اقسام، عادات وغیرہ کا عمدہ بیان دیکھنے کوملتا ہے۔ بانو سرتاج کے یہ انشائیے طنز ومزاح کی تاریخ میں اہم اضافہ ہے ،ان انشائیوں کے مطالعہ سے ان کی گرفت قلم کا قائل ہونا پڑتا ہیں۔

عطیہ خان مراد آباد یو پی کے رہنے والے سید شاہد علی کی دختر ہیں۔۱۹۲۴ء میں مراد آباد میں پیدا ہوئیں۔ابتدائی ثانوی اور اعلیٰ تعلیم حاصل کی۔لکھنؤ یونیورسٹی سے ایم اے ایڈ کیا۔وہ افسانہ نویس بھی ہیں بعد میں وہ ترک وطن کرکے پاکستان اور لندن چلی گئیں وہیں مقیم ہے۔ان کی مزاحیہ تحریریں رسالہ شگوفہ میں شائع ہوتی رہتی ہیں۔ ''رونا'' (شگوفہ۔نومبر ۲۰۰۲ء ص ۹) ایک انشائیہ ہے۔اس میں افسانوں کا ایک عام فعل رونا موضوع ہے۔ مصنفہ نے اس میں رونا کا عمل، اس کے اثرات ، اس سے متعلق تصورات،

محاورات وغیرہ کو مزاحیہ زبان و اسلوب میں پیش کیا ہے۔ پورا انشائیہ پڑھنے سے تعلق رکھتا ہے۔ ''چار پائی کا مرثیہ'' (شگوفہ، مئی ۲۰۰۳ء) اس فکاہیہ کا موضوع چار پائی ہے۔ جو زندگی میں عام استعمال کی شئے ہے نیند، بیماری اور موت سب اس پر واقع ہوتے ہیں۔ غیر مما لک میں یہ شئے نایاب ہے۔ مصنفہ نے چار پائی اس سے متعلق باتیں، اس کا استعمال اس سے متعلق محاورات وغیرہ کو بڑے شگفتہ انداز میں پیش کیا ہے۔ ان کا انداز بیان نرالا ہوتا ہے۔

فاطمہ تاج حیدر آباد سے تعلق رکھنے والی شاعرہ بھی ہیں اور نثر نگار بھی۔ ان کی مزاحیہ تحریریں رسالہ شگوفہ میں بکثرت شائع ہوئی ہیں۔ وہ مزاح کا فطری ملکہ رکھتی ہیں۔ ان کے موضوعات، واقعات، حالات، کوائف ماحول کردار، ان کی گفتگو وغیرہ اور زبان و اسلوب سبھی میں مزاح شامل ہوتا ہے۔ انہوں نے مضامین، انشایئے اور افسانوی انداز کی تحریریں لکھی ہیں۔ ''خزانہ میری تلاش میں'' ہے۔ (شگوفہ، اکتوبر ۱۹۹۱ء ص ۳۹) افسانہ نما مضمون ہے۔ جس میں ایک خواب کا بیان ہے۔ مصنفہ خواب میں ایک جن کو دیکھتی ہیں۔ جوان پر عاشق ہو جاتا ہے۔ لیکن وہ اپنے شوہر کو دیکھ کر جن کے خزانے کو اور اس کے عشق کو ٹھکرا دیتی ہیں۔ آنکھ کھل جاتی ہے۔ اس تحریر میں مزاح کے عناصر نہ ہونے کے برابر ہیں۔ ''ہم اور ہمارے وہ'' (شگوفہ، نومبر ۱۹۹۱ء ص ۳۹) مختصر سا انشائیہ ہے۔ جس میں اپنے شوہر کو موضوع بنا کر انہوں نے عائلی زندگی میں پیش آنے والی کئی باتوں کا ذکر کیا ہے۔ شوہر کا سلوک، برتاؤ، عادات و اطوار کو پیش کیا ہے۔ افسوس کہ اس تحریر میں بھی مزاح کے عناصر کہیں نظر نہیں آتے۔ یہ ایک بیانیہ ہے اور بس۔ ''ہم اور ہمارے ڈاکٹر'' (شگوفہ، جولائی ۱۹۹۲ء ص ۳۰) اس تحریر میں ڈاکٹر موضوع مزاح ہے۔ اس میں ڈاکٹروں کا مریضوں کے ساتھ سلوک، ان کے مشورے، مریضوں کے علاج کی جانب سے بے پروائی، ان کی فیس طلب، وغیرہ کو اچھے مزاحیہ انداز میں بیان کیا گیا ہے۔ مشاعرہ یا......... (شگوفہ، اکتوبر ۱۹۹۷ء ص ۳۹) مشاعروں کی بوالعجبیاں، شعرا کی حالت، ان کے حلیے، ان کی تحرے، سامعین کی ہڑبونگ، ہوٹنگ، وغیرہ کو مزاحیہ، انداز مین پیش کیا گیا ہے۔ ''خوشی کی تلاش میں'' (شگوفہ، فروری ۲۰۰۸ء ص ۲۵) افسانہ نما تحریر ہے۔ اس میں انسان کی خوشی کی تلاش میں مختلف اشیاء حاصل کرنے، عید کے موقعے پر خریداری، دوکانداروں کی لوٹ وغیرہ کا پر لطف بیان ہے۔ ان کی زبان صاف ستھری اور انداز بیان پرکشش ہوتا ہے، طنز کے پیرائے میں مزاحیہ انداز میں سماج کی نمائندگی کرتی ان کی تصانیف اردو ادب کا اہم سرمایہ ہے۔

نجمہ شہریار (نجمہ محمود) کی مزاحیہ تحریریں نظر سے کم گزری ہیں۔ ان کا ایک انشائیہ ''میں اپنی

مادری زبان میں کیوں لکھتی ہوں'' (شاعرہ بمبئی ، مارچ ۱۹۷۹ء ص ۸۸) نظر سے گزرا ہے۔ یہ انہوں نے محترمہ افسر قریشی (لکچرار۔ عبداللہ گرلز کالج علی گڑھ) کی ترغیب پر لکھا تھا۔ اس میں انہوں نے مادری زبان کو موضوع و مرکز خیالات بنایا اور شگفتہ زبان و اسلوب میں مادری زبان۔ اس کی اہمیت اس کی محبت، اس کے تئیں اپنے فرائض کو بیان کیا ہے۔

نسیمہ تراب الحسن حیدر آباد کی رہنے والی ہیں۔ ان کی مزاحیہ تحریریں رسالہ شگوفہ میں شائع ہوئی ہیں۔ ''ہمارے پڑوسی'' (شگوفہ، ستمبر ۱۹۸۹ء ص ۳۱)۔ اس انشائیہ میں نسیمہ نے پڑوسیوں کو نشانۂ مزاح بنایا ہے۔ پڑوسی سے سماجی زندگی میں نہیں لیکن ہر پڑوسی پسندیدہ نہیں ہوتا۔ حالانکہ پڑوسی سے محبت کی بزرگوں نے تلقین کی ہے۔ لیکن چانکیہ کی نیتی ہے کہ پڑوسی دشمن ہوتا ہے اور پڑوسی کا پڑوسی دوست، آج کل کی حکومتیں اس نیتی (پالیسی) پر عمل کرتی نظر آتی ہیں۔ نسیمہ نے پڑوسی، ان کی اقسام، ان کی عادات و اطوار رویے وغیرہ کو پرلطف انداز میں بیان کیا ہے۔ ''قاضی کے گھر کے چوہے بھی سیانے'' (شگوفہ، اکتوبر ۲۰۰۰ء ص ۱۳) چوہوں کی مصیبت پر پرلطف انداز میں روشنی ڈالی گئی ہے۔

نورالعین علی بنیادی طور پر ڈرامہ نویس ہیں۔ ان کے ڈراموں کے کئی مجموعے شائع ہو چکے ہیں۔ انہوں نے اپنے ڈراموں میں زیادہ تر سنجیدہ اور المیہ موضوعات کو پیش کیا ہے۔ ان کا پہلا مجموعہ ''بہو کی تلاش'' (کتاب کار رام پور) ان کی مزاحیہ تحریروں پر مشتمل ہے۔ ان کی ڈراموں میں انہوں نے واقعات حالات کوائف ماحول، کردار، ان کے اعمال افعال اور گفتگو کو شگفتہ انداز میں بیان کر کے مزاح پیدا کیا ہے۔ ان کی ڈرامہ نویسی کا جائزہ لیا جا چکا ہے۔

ہاجرہ پروین (گلبرگہ) گلبرگہ کرناٹک کی رہنے والی ہیں۔ ان کے کچھ انشائیے شگوفہ میں شائع ہوئے ہیں۔ ''ہیں خواب میں ہنوز جو جاگے ہیں خواب میں'' (شگوفہ، اگست ۲۰۰۲ء ص ۳۳) ایک افسانوی انداز کی تحریر ہے جس میں ایک ماں کے اپنے بیٹے کو کالج میں ایڈمیشن دلانے کے سلسلے میں پیش آنے والی دقتوں پریشانیوں کا پرلطف بیان ہے۔ آج کل بازیچۂ اطفال، کنڈر گارٹن، کانونٹ سے لے کر کالج لیول تک سوائے ڈونیشن کے طالب علموں کو داخلے نہیں ملتے۔ مصنفہ نے قوم کا مستقبل روشن کرنے کا دعوے داروں، تعلیم کو عام کرنے والوں، قومی خدمت کرنے والوں، تعلیمی ادارے چلانے والوں کی اچھی خبر لی ہے اور ان کے دعوؤں کی پول کھول کر رکھ دی ہے۔

خورشید جہاں بہار کی ادیبہ ہیں، مزاح نگاری ان کا پسندیدہ مشغلہ ہے۔ ان کا فکاہیہ ''ٹائم بانڈ پرموشن'' (رسالہ کتاب نما دہلی میں اپریل ۱۹۹۰ء ص ۷۶) شائع ہوا تھا، جس میں انہوں نے نوکری اور

پرموشن کے سلسلے میں پیش آنے والی مشکلات کو بیان کیا ہے۔ موصوفہ ہزاری باغ کے کالج میں لکچرار ہیں۔ ان کی مزاحیہ تحریریں بھی لطف اندوز ہونے کے ساتھ سماجی حقائق کی بھی عکاس ہیں۔

شفیقہ فرحت عہد حاضر کی عظیم مزاح نگار ادیبہ جنہوں نے عمر بھر طنز و مزاح کو اوڑھنا بچھونا بنالیا تھا۔ تمام عمر اسی دشت کی سیاحی میں گزار دی اور اپنی طنز و مزاح نگاری سے اردو مزاحیہ ادب کو مالا مال کر کے دنیا سے رخصت ہوگئیں۔ شفیقہ فرحت نے نہ صرف ہندو پاک بلکہ بیرونی ممالک میں بھی بے پناہ شہرت حاصل کی۔ یہ ناگپور میں پیدا ہوئیں۔ بھوپال میں عمر بسر کی اور اسی سرزمین میں پیوند خاک ہوئیں۔ انہوں نے مضامین انشائیے، افسانے، ڈرامے سبھی کچھ لکھا لیکن جو لکھا مزاحیہ لکھا۔ ان کے مجموعے لو آج ہم بھی، بلا عنوان، گول مال، رانگ نمبر، ٹیڑھا قلم شائع ہو چکے ہیں۔ ملک کے مقتدر رسائل میں ان کی تحریریں شائع ہوچکی ہیں۔ رسالہ شگوفہ میں ان کی بے شمار مزاحیہ تحریریں شائع ہوئی ہیں۔ (۱) ''لو آج ہم بھی'' (مدھیہ پردیش اردو اکیڈیمی بھوپال۔ ۱۹۸۱ء) اس مجموعہ میں شفیقہ کی مزاحیہ تحریروں کا انتخاب شامل ہے اس میں درج ذیل ۱۶ مضامین شامل ہیں۔ جن میں مضامین انشائیے اور افسانہ نما تحریریں ہیں۔ میرے روم میٹ۔ بچپن کہاں کہ، خط لکھیں گے، تماشائے اہل ادب، ہم بھی صاحب جائداد ہوگئے، آئے ہے بے کسی عشق پر رونا غالبؔ، اور لکھنا ناول کا، عہد نامہ جدید، ذرا دھوم سے نکلے، میں نے چاہا تھا کہ اندوہ مکاں سے ، کرسی، حضرت آلو، دعا دیتے ہیں رہزن کو، اور بنانا پروگرام کا، اندیشہ ہائے دور دراز، مقدمہ۔ ''میری روم میٹ'' افسانہ نما تحریر ہے۔ ہوسٹل کی زندگی کا بیان ہے۔ ''بچپن کہاں کہ'' کرکٹ کے کھیل کے کریز پر مبنی ہے، ''خط لکھیں گے'' خط پر انشائیہ ہے۔ ''تماشائے اہل ادب'' میں ادیبوں شاعروں کی بوالعجبیاں اور حرکات پر مبنی ہیں۔ ''ہم بھی صاحب جائیداد ہوگئے'' میں ایک متوسط خاندان کی مالی کی مشکلات کا ذکر ہے۔ ''آئے ہے بے کسی عشق پر رونا غالبؔ'' انشائیہ پُر مزاح ہے ''اور لکھنا ناول کا'' بھی مزاحیہ تحریر ہے۔ ناول نویسی کی مشکلات کا ذکر ہے۔ عہد نامہ جدید ایک پیروڈی ہے۔ جس میں دور حاضر کی خرابیاں موضوع ہیں۔ ذرا دھوم سے نکلے میں غالب کے سلسلے میں ہونے والی تقریبات، مجالس، ادب وغیرہ کا مضحکہ خیز بیان ہے۔ اسی طرح ''اندوہ مکاں'' میں مکانوں کی قلت کا ذکر ہے۔ کرسی ایک انشائیہ ہے۔ جس میں افسر شاہی اور سیاسی لیڈروں کے ہتھ کنڈے موضوع ہیں۔ ''حضرت آلو'' بھی ایک انشائیہ ہے۔ دعا دیتے ہیں رہزن کو، اور بنا پروگرام کا، اندیشہ، مقدمہ بھی پر لطف انشائیے ہیں۔ (۲) رانگ نمبر (نئی آواز دہلی ۱۹۸۸ء) درج ذیل مزاحیہ تحریروں پر مشتمل ہے۔ ہوئے ہم جو لے کے رسوا، ہدایت نامہ جدید سیانے چوہے، ووٹ پکی

سیاہی کا، ملاقات بڑے لوگوں کی، بد اور بدنام، گول مال، ڈھنڈورا، اس شکار سے اس شکار تک، بھولے بھلائیے وعدے، بستر گول، جیک اینڈ جل۔ان تمام تحریروں میں شفیقہ کا مزاح جولانیاں لیتا نظر آتا ہے۔وہ مختلف امور و مسائل پر خیالات کی توسیع کرتی جاتی ہیں اور بات میں بات پیدا کرتی جاتی ہیں۔کہیں بیانیہ مضمون کا انداز ہے تو کہیں خیالات کی اڑان انشائیہ کا اور کہیں افسانہ کا۔اس طرح انھوں نے اپنے انوکھے اسلوب اور انداز بیان اور مشاہدات سے طنز و مزاح میں اہم اضافہ کیا۔

خیر النساء مہدی (بمبئی) مشہور شاعر و نقاد باقر مہدی کی اہلیہ ہیں۔بمبئی میں استاد رہی ہیں۔کبھی کبھی مزاح کے میدان میں چہل قدمی کر لیتی تھی۔ان کے چند انشائیے کتاب نما، شاعر وغیرہ میں شائع ہوئے ان کا ایک قابل ذکر انشائیہ ''بازیچہء اطفال'' ہے۔جو کتاب نما جولائی ۱۹۸۵ء ص ۴۳ میں شائع ہوا۔یہ ان کی نمائندہ مزاحیہ تحریر کہہ سکتے ہے۔اس میں ان کی تخیل کی پرواز، شعور کی لو، یادیں قابل دید ہے۔انھوں نے اپنے مشاہدات کو روانی کے ساتھ پیش کیا ہے۔زندگی کو انہوں نے جس انداز سے دیکھا ان کے ذہن کے پردے پر جو جو تصورات ابھرے انہوں نے اس کی توسیع کی ہے۔خورشید جہاں کی تحریریں یقیناً طنز و مزاح کے باب میں اہم اضافہ ہے۔

رئیسہ محمد حیدرآباد کی رہنے والی ہیں ان کے مزاحیہ انشائیے شگوفہ میں شائع ہوتے رہتے ہیں۔(۱) میچنگ (شگوفہ دسمبر ۱۹۹۹ء ص ۴۳) اس انشائیہ میں انہوں نے آج کل کے فیشن پرستوں میں میچنگ کے مرض کا ذکر کیا ہے۔خواتین میں یہ کریز عام ہے۔وہ سر سے پیر تک ہر شے ایک ہی رنگ کی یا ڈیزائن کی یا ایک طرز کی چاہتی ہیں۔سر کے بال، چہرے کا میک اپ، لباس، ساری، اوڑھنی بلاوز شلوار، سینڈل، اور گلے، کان، ہاتھ، وغیرہ کے زیور موزے بھی میچنگ چاہتی ہیں۔مصنفہ نے اس رویہ پر بڑے تیکھے انداز میں اظہار خیال کیا ہے اپنی باتوں کی وضاحت واقعات کے ذریعے کی ہے۔یہ ہندستانی معاشرے میں خواتین کا بڑا عام رجحان ہے جسے مصنفہ نے بڑے دلچسپ انداز میں رقم کیا ہے(۲) شباہت۔(شگوفہ مئی ۲۰۰۰ء ص ۴۹) میں انہوں نے خواتین اور مردوں میں اس کریز کا ذکر کیا ہے کہ وہ کسی نہ کسی مشہور شخصیت، ایکٹر، ایکٹریس یا ریڑ روغیرہ سے مشابہت پیدا کریں۔کوئی خود کو مدھو بالا، مینا کماری، نوتن، ہیما مالنی، نرگس، وغیرہ سمجھتی ہے تو نوجوان دلیپ کمار، اشوک کمار، راج کپور، شاہ رخ خان، سلمان خان کی مشابہت پیدا کرنا چاہتے ہیں۔سلمان خان نے تیرے نام فلم میں جو بال رکھے تھے۔اس کی نقل بے شمار نوجوانوں نے کی، لباس کا بھی حال ہے مصنفہ نے اس کریز کے خلاف آواز اٹھائی ہے۔(۳) چار بگین ہرے ہرے۔(شگوفہ اپریل ۲۰۱۰ء) بگین پر انشائیہ ہے۔اس طرح رئیسہ محمد نے

عام زندگی کی عام حرکات وسکنات جس کو دیکھتا تو ہر کوئی ہے اسے جیتا بھی ہے لیکن موضوع کم ہی بناتا ہے ۔مصنفہ کی یہ کاوش قابل تحسین ہے۔

حلیمہ فردوس بنگلور کی ادیبہ ہیں ۔ان کی مزاحیہ تحریریں رسالہ شگوفہ وغیرہ میں مسلسل شائع ہوتی رہتی ہیں ۔ وہ پچھلے پندرہ بیس برس سے لکھ رہی ہیں ۔ان کے مزاحیہ مضامین کا ایک مجموعہ بعنوان ''ماشاءاللہ ''شگوفہ پبلی کیشنز حیدرآباد سے شائع ہو چکا ہے ۔حلیمہ فردوس نے محض ہلکے پھلکے موضوعات پر ہی قلم نہیں اٹھایا بلکہ ایسے میدانوں کو بھی سر کیا ہے ۔جن میں فکری عناصر شامل ہیں ۔ جو ایک بیدار ذہن اور گہرے مطالعے کی دین ہے ۔ان کی تصنیفات میں (۱) ''رنگوں کے انتخاب نے'' (شاعر بمبئی ۔ اگست ۱۹۸۲ء) ایک پر لطف انشائیہ ہے جس میں رنگ تخیلات کا مرکز ہے ۔رنگ ، رنگین مزاجی ،رنگوں کا جادو، رنگوں کے محاورات ، رنگوں کی کرامات سبھی پر فکاہیہ انداز میں اظہار خیال ہے ۔اس انشائیہ میں رنگ کو بنیاد بنا کر بے شمار رنگوں کی روشنی میں سماجی مسائل کو منظر عام پر لانے کی سعی کی گئی ہیں ۔(۲) ''آنکھیں'' (شگوفہ ۔جنوری ۱۹۸۷ء) میں آنکھ مرکز خیال ہے ۔ اس میں تخیلات وحقائق کو بڑے ہی پر اثر انداز میں بیان کیا گیا ہے ۔آنکھوں کے کرشمے ، محاورات وغیرہ کا پر لطف بیان دیکھنے کو ملتا ہے ۔اس میں بھی آنکھوں کو مرکزی خیال کی روشنی میں سماج و معاشرے کی حقیقتوں پر طنز ومزاح کی روشنی میں منظر عام پر لانے کی پر زور کوشش کی گئی ہے ۔(۳) ''ہم نے منائی سالگرہ'' (شگوفہ سالنامہ ۔جنوری ۱۹۸۸ء) افسانہ نما انشائیہ ہے ۔جس میں سالگرہ منانے کا پر لطف بیان ہے ۔(۴) '' گائیڈ'' (شگوفہ ۔نومبر ۱۹۸۹ء ص ۵۵) میں گائیڈ کو مرکز خیال بنایا گیا ہے ۔گائیڈ کی مختلف قسمیں جیسے آثار قدیمہ کا گائیڈ ، یونیورسٹی گائیڈ وغیرہ پر پُر لطف تبصرے کئے گئے ہیں ۔(۵) ''گل کاریاں کاتبوں کی'' ۔(شگوفہ سالنامہ ۔۱۹۹۰ء ص ۹۷) میں کاتب نشانہ مزاح ہیں ۔اس طرح حلیمہ فردوس نے نہ صرف اس صنف سخن میں طبع آزمائی کی ہے بلکہ بہترین اپنی بہترین تصانیف سے اردو طنز ومزاح کی تاریخ میں اہم اضافہ بھی کیا ۔ان کا انداز بیان پر اثر ولطف اندوز ہونے کے ساتھ طنز کا نشتر بھی چلتا دکھائی دیتا ہے۔

اب تک کے مطالعہ سے اندازہ ہوتا ہے کہ طنز ومزاح جیسی صنف سخن میں بے شمار خواتین نے انہ صرف اس صنف میں طبع آزمائی کی بلکہ انصاف بھی کیا ،اور بے شمار تحاریر یا تخلیقی سرمائے سے اردو ادب کے دامن کو گرانبار کیا ۔خواتین ہند کی مزاح نگاری آزادی تا حال یقیناً ایک وسیع موضوع ہے جسے چند صفحات میں سمیٹنا ممکن نہیں اس لیے میں نے اس مضمون میں خواتین تخلیق کاروں کی تخلیق کا لب ولباب ،موضوع اور اس میں بیان کردہ بنیادی مقصد کو اپنے زبان میں لکھا ہیں ۔طوالت کی ڈر سے مثالوں سے پرہیز کیا گیا ہیں

۔لیکن میں نے مضمون میں ان تمام تخلیقات کی تفصیلات بتادی ہے، حواشی کا ذکر کردیا گیا ہے تا کہ کوئی طالب علم یا قاری پڑھنا چاہے تو بہ آسانی ان کتابوں تک پہنچ سکے، میں اپنی باتوں کا اختتام علامہ اقبال کے اس شعر کے ساتھ ختم کرنا چاہونگی کہ

وجود زن سے ہے تصویر کائنات میں رنگ   اسی کے ساز سے ہے زندگی کا سوز دروں

◄●►

﴿حواشی﴾

(1) ''رانگ نمبر''، شفیقہ فرحت مکتبہ جامعہ لمیٹیڈ ۔(2)''لوآج ہم بھی'' شفیقہ فرحت: مدھیہ پردیش اردو اکیڈمی بھوپال ۔۱۹۸۱ء۔(3) آدھ گھنٹے بزم ادب میں: انیس قدوائی، مکتبہ جامعہ لمیٹیڈ ۔(4) چہرے جانے انجانے، شفیقہ فرحت۔ مدھیہ پردیش اردو اکیڈمی، بھوپال ۔(5) گول مال: شفیقہ فرحت، مدھیہ پردیش اردو اکیڈمی بھوپال ۔(6) نیم چڑھے: شفیقہ فرحت، مدھیہ پردیش اردو اکیڈمی
بھوپال ۔(7) ٹیڑھا قلم: شفیقہ فرحت، مدھیہ پردیش اردو اکیڈمی بھوپال ۔(8) ہرفن مولا انیس سلطانہ شگوفہ سالنامہ جنوری ۱۹۸۸ء ص ۳۰۷ ۔(9) اے کاش، انیس سلطانہ کے عنوان سے ہے جو کتاب نما دہلی ۔ اکتوبر ۱۹۸۸ء ص ۵۷ ۔(10)'اردو رزمیہ کی تلاش، انیس سلطانہ (شگوفہ سالنامہ ۱۹۹۰ء ص ۸۹)۔
(11)''یاد''، جہاں بانو نقوی :مطبوعہ ایوان اردو حیدرآباد ، سالنامہ ۱۹۴۸ء۔(12) ہوائی جہاز کا سفر، ڈاکٹر حبیب ضیاء ،شگوفہ، سونیر، نومبر ۱۹۸۹ء۔ ص ۱۵ ۔(13)''پرواز''، رشیدہ قاضی کوکن اردو رائٹر زگلڈ کینیا ،۱۹۸۸ء۔۔(14)''سلیقہ بھی ایک کلا ہے''سلمیٰ صدیقی (دور حیات بمبئی ۔آزادی نمبر ۱۹۶۴ء۔ص ۲۳ ۔(15) ہوئی مدت کہ غالب مرگیا پر یاد آتا ہے'' رضیہ صدیقی (شگوفہ اکتوبر ۱۹۸۸ء ص ۱۹)۔(16) میچنگ، رئیسہ محمد، شگوفہ دسمبر ۱۹۹۹ء ص ۴۳ ۔(17) بہروپیا۔ ذکیہ انجم، شگوفہ، جولائی ۱۸۸۱ء ص ۲۹ ۔(18)''لوآج ہم بھی'' شفیقہ فرحت (مدھیہ پردیش اردو اکیڈمی بھوپال ۔۱۹۸۱ء)۔
(19) انشائیہ ''عمر رفتہ'' صادقہ ذکی (کتاب نما دہلی، نومبر ۱۹۸۸ء ص ۷۳)۔
(20) اردو ادب کو خواتین کی دین ۔ اردو اکیڈمی دہلی ۔۱۹۹۴ء ص ۲۶ ۔

◄●►

● **ڈاکٹر ارشد جمیل**

جاں نثار کے ''گھر آنگن'' کی عورت

اردو شاعری کا مزاج ابتدا سے ہی کچھ ایسا رہا ہے کہ یہ تصورات اور تخیلات کی آسمانوں پر اڑانیں بھرتی رہی ،زمین سے اس کے قدم اکھڑے اکھڑے سے رہے ۔ایک عرصے تک عورت کو صرف جنسی تعلقات کی نظر سے ہی دیکھا جاتا رہا،اس پر بے وفائی کا الزام لگانے والے مرد شعراء نے کبھی یہ نہیں سوچا کہ درحقیقت بے وفائی تو خود انھوں نے عورت ذات سے کی ہے ،صرف بیوفائی ہی نہیں بلکہ اس کے ساتھ ناانصافی اور زیادتی تک کی ہے۔مجموعی طور پر اردو غزل کی عورت کا جو تصور عام قاری کے ذہن پر ابھرتا ہے وہ یہ کہ عورت ایک انتہائی خوبصورت شئے ہے جسے اپنے حسن پر غرور کی حد تک ناز ہے،اس کے عشق میں ہزاروں لوگ تڑپ رہے ہیں،اس کی ایک ایک ادا پر جان نچھاور کر رہے ہیں ۔غرض یہ کہ یہ عورت صرف بازاری عورت ہے جس کے بارے میں آپ جو چاہے کہیئے ،جیسے جذبات کا اظہار آپ کو پسند ہو کیجئے ،اس پر دل پھینکئے ،اس سے لپٹ جانے کی جسارت کیجئے ،اس پر دل وجان سے قربان ہو جایئے ، جیتے جی مر جایئے یا مرنے کی تمنا میں زندہ رہ جایئے۔ جب کہ اس کے برعکس ریختی شاعری میں جس عورت کا تصور موجود ہے وہ عورت بازاری عورت نہیں ہے لیکن ریختی شاعری کی یہ عورت بیوی بھی نہیں ہے۔ریختی شاعری میں عورت کی زبان ،عورتوں کا روزمرہ ،عورتوں کی چھیڑ چھاڑ ،عورتوں کا دھول دھپہ تو موجود ہے لیکن اس کی ازدواجی زندگی یہاں بھی ناپید ہے۔اردو مرثیے میں پہلی بار عورت مرد کی بھوکی نگاہوں سے نکل کر اس کے خون کے رشتوں میں جلوہ گر ہوتی ہے،اردو شاعری کو پہلی بار بیوی ،ماں اور بہن کا تصور صنف مرثیہ نے ہی عطا کیا۔لیکن یہ عورتیں بھی تاریخی عورتیں ہیں جن کو ہم عقیدت اور احترام کی نظر سے دیکھتے ہیں ،محبت کی نظر سے نہیں ۔ یہ عورتیں یا عورت کا یہ روپ ہمارے لیے احترام کے قابل ہے پیار کے قابل نہیں ۔جاں نثار اختر نے پہلی بار اردو شاعری کو گھر آنگن میں اتارا ہے اور یہ گھر آنگن جس عورت کا ہے اس کا کوئی مذہب نہیں ہے وہ بیوی ہے صرف ایک بیوی جو کسی ہندو کی بھی ہو سکتی ہے یا کسی مسلمان کی بھی،اس کا گھر ہی اس کے لیے جنت ہے اور اس کے شوہر کی محبت ہی اس کے لیے سب سے بڑی دولت ہے۔

جاں نثار اختر نے یہاں روایت سے انحراف کیا ہے بلکہ انہوں نے ایک نئی روایت کو جنم دیا

ہے۔اردو شاعری میں گھر آنگن کی شاعری بہت کم رہی ہے عجیب بات ہے کہ شاعر اپنی محبوبہ کو جنگل جنگل صحرا صحرا تلاش تو کرتا رہا مگر کبھی وہ اس کو تلاش کرنے وہاں نہیں گیا جہاں وہ پائی جاتی ہے یعنی اپنے گھر آنگن میں ۔اردو شاعری میں اس موضوع سے بے رخی برتنے کی ایک عادت سی رہی ہے ۔ریختی کو میں گھر آنگن کی شاعری نہیں کہوں گا کیوں کہ اس میں زیادہ زور عورت کی زبان کے چٹخارے پن پر ہے،نظر جنسی مسائل پر ہے جنھیں بالعموم نچلی سطح سے دیکھا گیا ہے اس لیے مجھے ریختی میں عورت کی عظمت کے بجائے اس کی رکاکت کا احساس ہوتا ہے۔عام طور پر شاعروں اور ادیبوں نے بیوی اور محبوب کو الگ الگ حیثیت دی ہے بلکہ بیوی کو تو ایک سرے سے ہی قابل قدر نہیں گردانا ہے۔ناول نگار بھی اپنا ناول وہاں ختم کر دیتے ہیں جہاں پر محبوبہ بیوی بن جاتی ہے۔جاں نثار اختر نے ''گھر آنگن'' میں اس بات کو وہیں سے شروع کیا ہے جہاں اکثر ناول نگار اور افسانہ نگار اپنا افسانہ یا ناول ختم کر دیتے ہیں۔لیکن جاں نثار اختر کے لیے وہی ابتدا ہے ازدواجی زندگی کے سکھ دکھ، باہمی رفاقت، پیار اور محبت کا گہرا گداز جس سے اس دنیا کے کروڑوں گھر ایک خوبصورت زندگی سے جگمگاتے ہیں،جنھیں اکثر شاعر و ادیب خاطر میں نہیں لاتے اور نہ ہی اسے اپنی شاعری میں جگہ دیتے ہیں ۔یہی اصل میں جاں نثار اختر کے گھر آنگن کا موضوع ہے جہاں میاں اور بیوی ایک دوسرے کا دکھ درد بانٹ کر جیتے ہیں ۔عورت رہتی تو گھر آنگن میں ہے لیکن اس کی وفا ،ایثار اور خدمت کا نور کائنات کا ہالہ کیے رہتا ہے ،ایسا کرنے میں عورت کے کسی جذبے یا سوچے سمجھے پلان کا دخل نہیں ہوتا کیوں کہ اس کا گھر ہی اس کا وطن ہوتا ہے،اس کا شوہر اس کا عقیدہ ہوتا ہے،اس کے بچے اس کا کارنامہ ہوتے ہیں اور اس طرح عورت کی چھوٹی سی زندگی اپنے محدود دائرے میں ایسی بے پناہ خوشیاں محفوظ رکھتی ہے جس کا مرد کبھی اعتراف نہیں کرتا ،حالانکہ گھر آنگن کا سکھ صرف گھر آنگن میں ہی میسر ہوتا ہے۔درج ذیل بند ملاحظہ فرمائیں۔

میں ان کا سکھی ہات بٹا سکتی ہوں حالات کو ہموار بنا سکتی ہوں
وہ بوجھ اٹھائیں گے اکیلے کب تک میں خود بھی تو کچھ بوجھ اٹھا سکتی ہوں

گھریلو عورت سوسائٹی گرل کی طرح صرف مصنوعی مسکراہٹ ہی نہیں بکھیرتی وہ تو ہنستے ہنستے جھگڑنے لگتی ہے،روتے روتے مسکرانے لگتی ہے، غصے میں بپھر جاتی ہے، پیار میں مٹ جاتی ہے،دو دو پیسے کے لیے کبھی سارے گھر کو سر پر اٹھا لیتی ہے اور کبھی بڑی سے بڑی رقم کو بھی خاطر میں نہیں لاتی ایسی عورت کا پیار حاصل کرنے کے لیے مرد کو کسی ہوٹل میں کمرہ نہیں بک کرانا پڑتا۔ بلکہ جاں نثار اختر کے گھر آنگن کی عورت تو منھ اندھیرے کپڑے سمیٹتے اٹھتی ہے بلکہ اسے اپنے میک اپ سے پہلے چولہا جلانا ہوتا ہے اور اپنے شوہر کے کپڑوں پر استری کرنا ہوتا ہے، وہ مشین پر کپڑے سینے بیٹھتی ہے اور جب شوہر سے گھر کے خرچ پر جھگڑتی ہے تو گھریلو زندگی کی داستان میں ایک نئے باب کا آغاز کرتی ہے، یہ سب وہ صرف اس لیے کرتی ہے کہ آرام کی زندگی بسر کرنے میں

مالی مجبوریاں حائل ہوتی ہیں۔ وہ کسی سے کچھ مانگتی نہیں ہے صرف اپنی خدمت اور ہنر مندی کا نور بانٹتی ہے اور اسی میں سکون پاتی ہے، اپنے گھر آنگن کو محفوظ کرنے کے لیے عورت کیا کچھ کر نہیں گزرتی یہ نیک بخت بیوی شوہر کے قرب کی خوشبو کو زلفوں میں سمیٹ کر صبح سویرے اٹھ کر نہاتی ہے، دن بھر گھر گرہستی کے کاموں میں مصروف رہتی ہے، سینا پرونا کرتی ہے، ہانڈی روٹی کا اہتمام کرتی ہے، شوہر کی راتوں کو سپردگی سے جگمگاتی ہے، اس کے ہاتھوں گدگدایا جانا چاہتی ہے، اس کے لمس کو بے قرار ہوتی ہے۔ یہ ہندوستانی عورت مرد کو صرف اپنا مانتی ہے اور خالص اسی کی ہو کر رہنا چاہتی ہے، جس گھر میں اس کی ڈولی آتی ہے وہاں سے ہی وہ اپنا جنازہ نکلنے کی تمنا کرتی ہے، شوہر کے اداس لمحوں کو اپنی مسکراہٹوں سے سجانے سنوارنے والی اس پر جان چھڑکتی ہوئی آسمان جیسا بڑا دل لیے ہوئے یہ عورت مرد کے جسم کو صرف ایک بیوی ہی نہیں عطا کرتی بلکہ اس کے اندر کی چنچلتا کو ماں کا پیار بھی عطا کرتی ہے۔ درج بالا ان تمام خوبیوں کا حسین امتزاج مندرجہ ذیل بند میں ملاحظہ کریں۔

ہر ایک مصیبت سے بچانے کو تمھیں　　ہر طرح کی بات خود پے لے سکتی ہوں
کہتی ہے کبھی کبھی تو یوں لگتا ہے　　میں ماں کا پیار بھی تمھیں دے سکتی ہوں

عورت کی ان تمام خوبیوں کے باوجود ہمارے شعراء کی توجہ کبھی اس جانب نہیں گئی کہ عورت کا یہ روپ بھی اس قدر خوبصورت ہو سکتا ہے جو بیوی کا روپ کہلاتا ہے۔ اردو شاعری کی اس کمی کو گھر آنگن نے پورا کیا ہے جیسا کہ اس کے نام سے ظاہر ہے کہ اس کی دنیا صرف گھر آنگن تک محدود ہے لیکن یہ آنگن محبت اور وفا کی خوشبوؤں سے مہکا ہوا ہے اس میں عورت کا وہ روپ سامنے آتا ہے جو آرام اور تصنع سے بے نیاز پیار اور وفا کا مجسمہ ہے۔ گھر آنگن کی عورت ایک جانب تو وفا اور ایثار کی دیوی کا دوسرا روپ ہے جو آگ کے شعلوں سے گزر کر موت سے بھی اپنا سہاگ چھیننے کا عزم رکھتی ہے جو حالات کو ہموار بنانے اور اپنے جیون ساتھی کا بوجھ اٹھانے کا حوصلہ رکھتی ہے اور اس کی محبت حاصل کرنے کے لیے ہر تپسیا اور تیاگ کو تیار رہتی ہے اس کا ایک خوبصورت نمونہ درج ذیل شعر میں ملاحظہ فرمائیں۔

جیسے بھی ہوا گذر بسر کر لوں گی　　تم میرے ہو یہ کم نہیں میری تسکین
نیچا نہ کروں گی خود کو سب کے آگے　　اس میں نظر آتی ہے تمھاری توہین

بیوی کی محبت میں بھی کئی طرح کے رنگ شامل ہوتے ہیں وہ شوہر کی ذہنی، فکری اور جسمانی رفاقت بھی کرتی ہے اور اسے ایک ماں یا بہن کی بے لوث محبت کی طرح کا پیار بھی دے سکتی ہے خاص طور پر ماں کا پیار جو دنیا میں اپنی مثال آپ ہے جس میں کوئی لالچ یا صلہ نہیں ہوتا۔ زیر لب میں صفیہ اپنے پریشان حال شوہر کو تسلی دیتے ہوئے اپنے بے لوث پیار کا اظہار بار بار کچھ اس طرح سے کرتی ہے درج ذیل شعر ملاحظہ کریں۔

میں ہی نہ بٹاؤں گی اگر غم ان کا　　غم ان کا بھلا کون بٹائے گا سکھی

میں ہی نہ اگر انھیں بڑھاوا دوں گی ہے کون جو ان کا دل بڑھائے گا سکھی

گھر آنگن کی رباعیوں میں ہندوستانی عورت کا وہ روپ نظر آتا ہے جسے اپنے گھر کا ہر کام کرنے میں روحانی مسرت اور تسکین ملتی ہے۔ صفیہ نے جاں نثار کو نہ صرف ذہنی رفاقت دی بلکہ انھیں ذہنی طور پر متاثر بھی کیا بلکہ جاں نثر اختر کو جینے اور مرنے کا سلیقہ صفیہ ہی نے سکھایا کسی نے کیا خوب کہا ہے۔

نہ کچھ ہم ہنس کے سیکھے ہیں، نہ کچھ ہم رو کے سیکھے ہیں جو کچھ تھوڑا سا سیکھے ہیں، تمھارے ہو کے سیکھے ہیں

گھر آنگن کی رباعیوں میں سوانح عمری کا انداز موجود ہے اس کی سب سے بڑی خصوصیت یہ ہے کہ وہ شاعر کے اپنے دل کی آواز اور اس کی اپنی زندگی کی صدائے بازگشت سنائی دیتی ہے جس میں خاص طور سے صفیہ اختر کے وہ خطوط بھی ہیں جو ''زیرلب'' کے نام سے چھپ چکے ہیں جن میں جاں نثار اختر اور صفیہ اختر کی شخصیت، ان کا ذہن و فکر ان کی جان لیوا بیماری، جاں نثار اختر سے اٹوٹ محبت اور عقیدت، ہجر و فراق کے تذکرے زندگی کے سلسلے کو برقرار رکھنے کے لیے ذریعہ معاش کی پریشانیاں، حالات کی ستم ظریفیاں اور زمانے کی شکایات کے ساتھ انسانی ہمدردی اور لگاؤ کا تذکرہ یہ تمام باتیں زیرلب میں موجود ہیں۔ ایسا معلوم ہوتا ہے کہ ان تمام باتوں کی بنیاد پر کئی رباعیاں جاں نثار اختر نے نظم کی ہیں صفیہ کے ساتھ خدیجہ اختر جنھیں جاں نثار اختر صفیہ اختر کا دوسرا روپ کہتے ہیں ان رباعیوں کی فضا میں سانس لیتی ہوئی نظر آتی ہیں خاص طور سے صفیہ اختر کے احساسات اور جذبات کی آواز بار بار اپنی جانب متوجہ کرتی ہے۔

گھریلو زندگی کی ہر آن بدلتی ہوئی ایسی سینکڑوں تصویریں ہیں جو آپ کو جاں نثار اختر کی شاعری کے دامن میں جھلملاتی ہوئی نظر آتی ہیں۔ جاں نثار اختر لائق تحسین و توصیف ہیں کہ انہوں نے ہندوستانی دماغ کو ایک نئی فکر عطا کی اور ہندوستانی عورت کو ایک نیا رتبہ اور مقام عطا کیا، ان کا یہ نیا تجربہ، اچھوتا مضمون اور دلچسپ انداز بیان اردو شاعری اور تفکر کے لیے سنگ میل کی حیثیت رکھتا ہے، جس کی اتباع اور پیروی کی سخت ضرورت ہے تا کہ اردو ادب اس نئے مضمون سے مالا مال ہو سکے اور شادی شدہ حضرات کو بے کیف زندگی میں کیف کا سامان نصیب ہو سکے۔ جی چاہتا ہے آپ کو کچھ اور رباعیات سناؤں مگر سمجھ میں نہیں آتا کہ کون سی رباعی پیش کروں اور کون سی چھوڑ دوں شاید ہی کوئی رباعی ایسی ہوگی جو دامن پکڑ نہیں کھڑی ہو جاتی اور یہ نہ کہتی ہو کہ پہلے مجھ سے انصاف کر لو پھر آگے بڑھ جانا بہر کیف مضمون کی طوالت کے خوف سے میں اکتفا کرتا ہوں۔ آپ خود ہی گھر آنگن کا مطالعہ کیجیے اور پھر دل پر ہاتھ رکھ کر خود ہی فیصلہ کیجیے کہ میرے بیان میں کہیں مبالغہ سے تو کام نہیں لیا گیا ہے۔

◄ ● ►

• ڈاکٹر عظیم اللہ ہاشمی

تنہائیوں، حیرانیوں کی ترجمان......حمیرا رحمٰن

عصر جدید میں جن شاعرات نے اپنے انفرادی رنگ کو قائم رکھا ہے ان میں ایک معتبر نام حمیرا رحمان ہے، جنہوں نے ۱۹ برس کی عمر میں کراچی سے لیبیا ہجرت کی، پھر وہاں سے لندن کے لئے رخت سفر باندھا، جہاں چند برسوں تک مقیم رہ کر امریکہ کو اپنا وطن ثانی بنایا، جہاں ان کو یہ احساس رہا کہ اپنی زبان اور تہذیب کے چھوٹنے سے دل پر جو خراش پڑتی ہے اس کی چبھن انسان کو زندگی بھر صدمے سے دوچار رکھتی ہے۔اس لیے موصوفہ نے اپنی زبان اور تہذیب کو سینے سے لگائے رکھا۔لہذا دیار غیر میں انہوں نے اردو شاعری کی قندیل کو روشن کر رکھا ہے۔اس قندیل کے اجالے رفتہ رفتہ سرحدوں کو عبور کرتے ہوئے برصغیر کے گلشن ادب پر مثل چاندنی برس رہے ہیں۔ان کا پہلا مجموعہ کلام ''اندمال'' ہے۔اس مجموعے کو ادبی دنیا میں اچھی خاصی شہرت ملی ہے۔اصل فنکار وہی ہے جو کسی بات کو اچھوتے لب ولہجہ میں بیان کرے اور ایسا بیان کرے کہ دل صرف عش عش ہی نہیں کراٹھے بلکہ مانند خوشبو باطن کو مضطرب کر کے قاری کی جمالیاتی حس کو تسکین پہنچائے۔حمیرا رحمان کے اشعار پڑھ کر دل پر جو کیفیت طاری ہوتی ہے اس سے قاری کے من کی انگنائی میں شہنائی بج اٹھتی ہے اور قاری سرور سے شرابور ہو جاتا ہے۔

قیامتیں گزر گئیں روایتوں کی سوچ میں ‏ ‏ خلش جو تھی وہی رہی محبتوں کی سوچ میں
سب کو سطح آب پر کھلتے کنول اچھے لگے ‏ ‏ کس نے دیکھی ہے حمیرا جھیل کی گہرائیاں

کوئی ادیب یا شاعر کسی دوسرے کے غم کو انگیز کرتا ہے اور ردعمل کے طور پر اپنے افکار کو لفظوں کا پیرہن عطا کرتا ہے۔اس طرح وہ قرطاس ادب پر ایک شعری پیکر کو تراشتا ہے۔حمیرا رحمان نے قرطاس ادب پر جس پیکر کو تراشا ہے وہ کومل دل کی مالکہ ہے۔اس کو اپنے محبوب کے درد جدائی کا احساس ہے۔وہ بھی ہجر کے لمحے میں تڑپ اٹھتی ہے۔لیکن پروین شاکر کے برعکس حمیرا رحمان کے تراشیدہ شعری پیکر میں نسائیت زخمی ہو کر اس جذبے کا اظہار کرتی ہے۔

تیری وادی میں تو بکھرے ہیں نوحے ‏ ‏ اس کے گل پاش جزیرے میں بھی ماتم دیکھوں

حمیرا کبھی کبھی ان جوان امنگوں کا بھی ترجمان بنتی ہیں۔لہٰذا خواب کی دھوپ ،سوچ کا بادل، آنکھوں کا معدوم سا کاجل اور جذبات کی ساری ہلچل اپنے محبوب کے نام کرنے والی پیکر کے اڈے جذبات کا احاطہ یوں کرتی ہے۔

جسم کے اندر دھڑکن کا ہوگا نیلام اور وہ پہلی بولی دینے آئے گا
بے چاری مینا نے پنجرے سے اڑنا چاہا دل بھر آیا آنسو اڈے بندھن بول اٹھے

اردو شاعری میں ایک تلازمہ جدائی کا کرب بہت مقبول رہا ہے۔آغاز سے آج تک بہت کم ایسے شعراء اس میدان میں آئے جنہوں نے اس تلازمہ کو نہ برتا ہو خصوصاً شاعرات نے اس موضوع کو زیادہ اپنایا ہے۔ پروین شاکر نے نسائی لب ولہجہ کو ایک وقار بخشا جس کا مثبت اثر یہ ہو کہ ان کے بعد آنے والی شاعرات کی شاعری پر مذکورہ لب و لہجے کی پرورش و پرداخت زورشور سے ہوئی۔ مذکورہ تلازمہ کی ملکہ اعظم پروین شاکر نے بھی زندگی کے اس کرب انگیز لمحے کو ادبی فن پارہ بنایا ہے۔حمیرا رحمان نے اس وراثت کی علمبرداری کی ہے۔

تم نے کیوں دوست نہ آنے کا عہد کر ڈالا لوگ پردیس تو پہلے بھی گئے تھے اتنے

جدائی کا موسم، چاندنی رات اور تنہائی کی بانہوں میں یادوں کی خوشبو برق رفتاری سے بکھرتی ہے۔ان لمحوں میں درد جدائی اور یادوں کی پروائی جب بے لگام ہوتی ہے تو جسم نہیں روح کے انگ انگ میں میٹھا میٹھا درد سا اٹھتا ہے۔کانوں میں ماضی کے سنہرے لمحوں کی سرگوشیاں سیٹی بجاتی ہیں۔اور خاموش یادوں کا سمندر مضطرب ہو اٹھتا ہے۔ان بے چین تموج کو دل کے نہاں خانوں میں دبا کر جینے کا شعور، انسان کو زندگی کی پر پیچ پگڈنڈی پر آٹھوں پہر ملول رکھتا ہے۔خصوصا وہ یادیں جو دل پر زخم کے پھول اگاتی ہوں۔حمیرا رحمان کے یہاں ان پھولوں کی نازک پنکھڑیوں کو حفاظت کے ساتھ دل کے اوراق میں یہ سوچ کر رکھا جاتا ہے کہ:

یہ اپنا اپنا مقدر ہے کس نے کیا پایا کسی کو پھول، کسی کو چمن سے خار ملے

وصل کی حسرت لئے پورے چاند کی رات میں محبوب کے انتظار کا لمحہ، بڑا صبر آزما ہوتا ہے۔ان لمحوں میں ہر آہٹ اور سرسراہٹ محبوب کے قدموں کی چاپ معلوم پڑتی ہے۔لاشعوری طور پر بے چین دل اور منتظر نگاہیں اس جانب اٹھ جاتی ہیں۔ان طرب انگیز لمحوں میں ایک تحیر ہوتا ہے جو اعصاب کے ہر تار میں جھنکار پیدا کرتا ہے۔حمیرا رحمان ان دونوں لمحوں کی شدت کو انگیز کرتی ہیں۔

چارہ گر آئے تو پہلی سی مروت ہی نہ تھی کیا اسی دن کے لیے زخم ہرے تھے اتنے
میں نے تجھ پر آنکھیں موندے کرلیا تھا اعتماد شیشہ یہ ٹوٹا تو ہر سو کرچیاں بکھرا گیا

یاد اپنے دامن میں حسن اور رعنائی لے کر جلوہ افروز ہوتی ہے۔جس کی نرم نرم چھاؤں میں دلبستگی کا وسیلہ پیدا ہوتا ہے۔حمیرا رحمان کے یہاں یہ یادیں جب واپس لوٹتی ہیں اس وقت دل کے آبگینے میں خراش لمحوں کی کرچیاں پیوست ہو جاتی ہیں۔

آج بھی مانوس سی ان خوشبوؤں کی یاد میں　　میری پلکوں پر اتر آتی ہیں کچھ حیرانیاں
کتنی رعنائی تھی کتنا حسن تھا اس یاد میں　　رفتہ رفتہ ذہن جس کو منتشر کرتا گیا
مجھ کو اس کے ٹوٹتے لہجوں میں دو چیزیں ملیں　　چند لمحوں کا سکوں اور عمر کی تنہائیاں

آخری الذکر شعر قاری کے ذہن کو تھوڑی دیر کے لیے الجھاؤ کے گرداب میں غوطہ زن کرتا ہے۔ایسا اس لیے کہ پہلے مصرعے میں ٹوٹتے لہجے سے جو فضا پیدا ہوئی ہے اس کی مناسبت سے مصرعہ ثانی میں عمر کی تنہائیاں ملی ہیں،لیکن چند لمحوں کا سکون خالق شعر کو کیوں ملا؟ بالفرض اگر سکون ملا تو پھر تنہائیوں کا ذکر سوالیہ نشان کھڑا کرتا ہے۔اس سے تذبذب کی کیفیت پیدا ہوتی ہے لیکن یہ تذبذب بارگراں محسوس نہیں ہوتا بلکہ یہ تذبذب چھٹی حس کو بیدار کرنے کی ترغیب دیتا ہے۔بہر حال فکری وسعت،عصری حسیات اور مشاہدے کا عمیق پن مجموعی طور پر ان کی شاعری کو انفرادیت کے حامل بنانے میں معاون ہیں کہ شاعری شدت احساس،غنایت اور تغزل کی چاشنی سے لبریز ہے،جس کو پڑھ کر قتیل شفائی کا یہ شعر ایوان حافظہ میں گونج اٹھتا ہے۔

یوں تصور پہ برستی ہیں پرانی یادیں　　جیسے برسات میں رم جھم کا سماں ہوتا ہے

● ڈاکٹر محمد سلیمان

کشمیری اردو ناولوں میں جنسی استحصال کی عکاسی

وجودِ زن سے اگر تصویرِ کائنات میں رنگ و رونق، خوبصورتی اور چہل پہل قائم ہے۔عورت چراغ بن کر بزم کائنات کو روشن کرتی ہے لیکن پھر بھی چراغ کی روشنی سے مستفید ہونے والے ہی چراغ پر وار کر کے اسے بجھا دیتے ہیں۔عورت ہر دور اور ہر حال میں مرد کا ساتھ دینے کے باوجود بھی طرح طرح کے مسائل اور مصائب سے دوچار ہے اور مرد عورت کا راز داں ہو کر بھی اس کو پامال اور رسوائے زمانہ کرنے کے لئے آمادہ ہے ۔انسان کے تہذیبی پسِ منظر کو اگر غور سے دیکھا جائے تو عورت صدیوں سے سماجی ظلم و ستم اور جبر و استحصال کا شکار رہی ہے۔دنیا میں قدم رکھنے سے پہلے ماں کے بطن سے ہی عورت کے مسائل شروع ہو جاتے ہیں عصرِ حاضر میں مادہ پرستی کا دور دورہ ہے،انسان اشرف المخلوق کے درجہ سے گر کر نہایت خود غرض اور مکار بن گیا ہے۔ ان حالات میں ایک عورت میں احساسِ کمتری،عدم تحفظ اور غیر یقینیت کا ایک احساس پیدا ہوا ہے۔

اٹھارہویں صدی عیسوی کے آخر میں خواتین کے مسائل کو لے کر مغرب میں تانیثیت کی تحریک (Feminism) چلی۔ پھر وقت گزرنے کے ساتھ ساتھ اردو ادب میں بھی تانیثیت کی تحریک کا آغاز ہوا اور خواتین کے مسائل کو اجاگر کیا گیا۔ ہندوستان میں آزادی کے بعد عورتوں کی سماجی ،قانونی ،سیاسی اور تعلیمی حیثیت میں غیر معمولی تبدیلی رونما ہوئی ۔لیکن آج بھی ان کے لئے حالات حوصلہ افزا نہیں ہیں ۔اگر چہ آئین میں خواتین کے لئے برابری کے حقوق اور مواقع کا ذکر کیا گیا ہے۔لیکن بعض حقوق محض رسمی اور کاغذی ہو کر رہ گئے ہیں اور ہر سطح پر خواتین کے ساتھ نا انصافی،حق تلفی،نابرابری اور استحصال جاری ہے۔

کسی بھی سماج میں سماجی حیثیت کے تعین میں معاشی کردار اہم رول ادا کرتا ہے۔ہمارے سماج میں بھی عورتوں کے پچھڑے پن اور ان کے ساتھ ناروا سلوک کی سب سے اہم وجہ معاشی پسماندگی ہے۔اور ان کے اندر یہ احساس پیدا کر دیا جاتا ہے کہ ان کا دائرہ عمل گھر اور اس کی چہار دیواری ہے۔روزگار میں لگی عورتوں کی حالت بھی زیادہ بہتر نہیں ہے۔اول تو روزگار کے میدان میں صرف چودہ فیصد عورتوں کو ہی روزگار حاصل ہے۔ان میں سے بھی بیشتر غیر منظم سیکٹر میں کام کرتی ہیں۔ جہاں انھیں کم تنخواہ پر بدترین حالات میں کام کرنا پڑتا ہے۔

اردو ناول کے آغاز سے لے کر آج تک لکھے گئے ناولوں کا اگر جائزہ لیا جائے تو یہ بات روزِ

روشن کی طرح عیاں ہو جاتی ہے کہ اردو ناول کا ایک خاص موضوع عورت کی سماجی حیثیت اور اس سے منسوب کئی طرح کے مسائل کو ناولوں میں اجاگر کیا گیا ہے۔ڈپٹی نذیر احمد کے پہلے ہی ناول 'مراۃ العروس' کا مقصد عورتوں کی تعلیم کے مواد کو فراہم کرنا تھا اور مجموعی طور پر عورت کو ہی موضوع بنایا۔اس ناول میں انھوں نے خاندان میں عورتوں کی اہمیت پر زور دیا ہے اور یہ سمجھانے کی کوشش کی گئی ہے کہ اچھی تعلیم و تربیت یافتہ لڑکی اپنے چاروں طرف کے ماحول کے لئے کس حد تک فائدہ مند ثابت ہو سکتی ہے۔ جب کہ اس کے برعکس جاہل، پھوہڑ اور بُری تربیت یافتہ لڑکی کس طرح زندگی کو جہنم بنا دیتی ہے۔عبدالحلیم شرر نے زیادہ تاریخی ناول لکھے ہیں اور ان میں عورتوں کے فعال کردار پیش کئے ہیں۔اس کے علاوہ انھوں نے جو معاشرتی ناول لکھے ہیں ان میں بھی جگہ جگہ عورتوں کے مسائل کی عکاسی کی گئی ہے۔جیسے پردہ، بے جوڑ شادی یا بغیر مرضی شادی، کثیر ازدواجی کے مضر اثرات کی نشاندہی کی گئی ہے۔

اس کے بعد ناول نگاروں کی ایک بڑی تعداد نے عورت کے مقام (Status) کو ہندوستان کی سماجی حالت کے تناظر میں اپنے اپنے انداز میں خاص اہمیت دے دی۔مرزا ہادی رسوا، سجاد حسین وغیرہ نے طوائف کی زندگی کو ایک نئے زاوئے کے ساتھ پیش کیا اور یہ دکھایا کہ ایک عورت پیدائشی طور پر طوائف نہیں ہوتی بلکہ سماج کے ستم ظریفانہ حالات ہی اُسے اس دلدل میں پھنسا دیتے ہیں بعد میں سماج بھی اس کے ساتھ نفرت کرتا ہے۔عورتوں کے مصورِ غم راشد الخیری نے سماج کی دبی کچلی عورتوں کی حالت زار کا نقشہ اپنے ناولوں میں کھینچا اور عورت کے ساتھ ہونے والی ناانصافی اور پیش آنے والے ناخوشگوار واقعات و مسائل کو بڑے دردناک انداز میں بیان کیا ہے۔ پریم چند نے ہندوستانی عورت کی زندگی کے تقریباً ہر پہلو کو اپنے ناولوں میں بڑے مؤثر انداز میں پیش کیا۔انھوں نے بیوہ، بے جوڑ شادی، طوائف، تعلیمِ نسواں اور آزادئ نسواں جیسے اہم مسائل کو ضبطِ تحریر میں لایا۔اسی طرح بعد میں بہت سے فکشن نگاروں نے جیسے عصمت چغتائی، سعادت حسن منٹو، راجندر سنگھ بیدی، کرشن چندر وغیرہ اور پاکستان کی کئی خواتین فکشن نگار نے بھی اپنی تخلیقات میں خواتین کے مسائل کو موضوع بنایا، کہ کس طرح ہندوستانی اور پاکستانی تہذیب میں خواتین کو طرح طرح کے مسائل اور مشکلات کا سامنا کرنا پڑتا ہے اور پسماندگی کا شکار ہوتی ہیں۔اردو ناولوں میں عورتوں کے مسائل کی عکاسی کے بارے میں صغرا مہدی رقمطراز ہیں۔

> ”عورت سے متعلق جرائم کی تعداد روز بروز بڑھ رہی ہے۔آج کی عورت کا مسئلہ اس کا تشخص اور اس کی شناخت ہے۔اس کے باوجود کہ قانوناً ان کو ہر طرح کی آزادی ہے۔مگر ان کی راہ میں طرح طرح کی مشکلات ہیں کیونکہ قانون اور سوشل ریلیٹی میں بہت فرق ہے ان مسئلوں کو اردو ناول نگار آج بہت اچھی طرح

پیش کر رہے ہیں۔'' (اردو ناولوں میں عورت کی سماجی حیثیت، ص۱۴۳)

مجموعی طور پر جس طرح اردو ناول کے تناظر میں عورت کی سماجی حیثیت کو پیش کیا گیا بالکل اسی طرح سے یہاں جموں وکشمیر میں لکھے گئے بہت سے اردو ناولوں میں بھی خواتین کے مسائل کو اجاگر کیا گیا ہے اور چند ایک ناول تو مکمل طور پر عورتوں کے مسائل پر ہی محیط ہیں۔ جیسے نعیمہ مہجور کا ناول 'دہشت زادی' اور جوتیشور پتھک کا ناول 'میلی عورت'۔ نعیمہ مہجور کا ناول ایک نیم تاریخی اور سوانحی ناول ہے۔ جس کے متعلق پروفیسر گوپی چند نارنگ لکھتے ہیں۔

> '' اس میں رسم و رواج میں جکڑی پا بہ زنجیر عورت کا درد بھی ہے...... مجھے یقین ہے کہ اس کتاب کو فقط ایک نیم سوانحی ناول کے طور پر نہیں بلکہ عورت کی پسماندگی کے خلاف ایک پُرسوز احتجاجی دستاویز اور وادی کی انسانیت پسند روحانی میراث 'ریشیت' کی درد میں ڈوبی فریاد کے طور پر بھی پڑھا جائے گا۔''
>
> (دہشت زادی، ص۳)

آج کل عورت کا گھر سے باہر نکلنا بہت زیادہ دشوار ہو گیا ہے۔ عورت کی عزت وعصمت کہیں بھی محفوظ نہیں ہے۔ تقریباً ہر دن کا آغاز اخبار میں چھپی سرخیوں کے ان الفاظ سے ہوتا ہے کہ کسی علاقے میں کسی عورت کے ساتھ جنسی تشدد یا اجتماعی عصمت دری کا افسوس ناک واقعہ پیش آیا۔ آج کل مبینہ طور پر یا ڈرا دھمکا کر بسوں، ریل گاڑیوں، ہوٹلوں، دفاتر یا کھیتوں میں عورتوں کو جنسی طور پر ہراساں کیا جاتا ہے۔ پھر یہی عورت جس کی کوئی بھی قصور نہیں ہوتا ہے، گھر سے باہر نکل نہیں پاتی، سماج میں اس کو طرح طرح کے طعنے سُننے پڑتے ہیں غرض جتنے منہ اُتنی باتیں ہوتی ہیں۔ پھر جب سماج میں ان عورتوں کا چلنا پھرنا بھی مشکل ہو جاتا ہے تو کبھی کبھی یہی خواتین تنگ آکر خودکشی کرنے کے لئے مجبور ہو جاتی ہیں۔

حامدی کاشمیری کے ناول 'بلندیوں کے خواب' میں دو تین واقعات ایسے ہیں جن میں عورتوں کے ساتھ جنسی استحصال کی عکاسی کی گئی ہے۔ جس میں سرینگر جموں شاہراہ پر شدید برف باری اور سڑک رابطہ ٹھیک نہ ہونے کی وجہ سے درماندہ مسافروں کا ایک بڑا قافلہ بٹوت کے مقام پر رات گزارنے کے لئے مجبور ہو جاتے ہیں۔ ان میں سے کسی کسی کے ساتھ اپنی بیوی اور بچے بھی تھے۔ مگر ان گردشِ ایام میں بھی چند بدمعاش اور بدکردار ان کی بیویوں کے ساتھ چھیڑ چھاڑ کرتے ہیں اور ان کی عزت وعصمت پر دھاوا بولنا چاہتے ہیں۔ جیسے پریم کمار اور اس کی بیوی اپنی سہیلی کے پاس رات کوٹ کنے کے لئے گئے تو وہاں اس کی سہیلی کے شوہر نے پریم کمار کی بیوی کے ساتھ جنسی زیادتی کرنے کی کوشش کی اور وہ وہاں سے بمشکل اپنی عزت کو بچانے میں کامیاب ہوئی۔ اسی طرح نامدار کی بیوی کے ساتھ بھی کچھ بدمعاش منچلوں نے بہت بدتمیزی کی

اور جب وہ نامدار کی بیوی کو جنسی طور پر ہراساں کر رہے تھے تو کچھ لوگوں نے اس کو بچا لیا۔ ایسے ہی غلام محمد کی بیوی پر بھی ان شرابی اور بدمعاشوں کی نظر پڑی۔ پیش ہے یہ اقتباس:

''شام کو (غلام محمد) اپنے لئے اور بیوی کے لئے کھانا لانے کے لئے بازار گیا تھا اور کسی دوکان پر بیٹھا گپ بازی کر رہا تھا، ادھر اس کی بیوی کے کمرے میں دو آدمی داخل ہوئے شراب کے نشے میں دھت، اور لگے اس سے زبردستی کرنے، اس نے شور مچایا تو ایک آدمی نے بڑھ کر اس کے منہ میں کپڑا ٹھونسنا چاہا، عورت نے اسے کاٹ لیا۔۔۔ کچھ لوگ بعد میں کہہ رہے تھے کہ انھوں نے جبراً عورت کی عصمت لوٹ لی ہے، عورت کے چہرے پر کئی دھبے پڑ گئے تھے۔''

(بلندیوں کے خواب، ص ۱۳۰)

عمر مجید نے بھی اپنے ناول ''یہ بستی یہ لوگ'' میں اس طرح کی کئی مثالیں پیش کی ہے۔ جس میں اکبر اپنے محلے کی معصوم لڑکیوں کو محبت کے جال میں پھنسا کر پھر اُن کا جنسی استحصال کرتا تھا۔ اکبر ان معصوم لڑکیوں کو جسم فروشی کے دھندے میں استعمال کرتا ہے۔ اسی طرح اکبر نے اپنے دوست نذیر کی بہن کو بھی محبت کا جھانسا دے کر، اُس کی عزت وعصمت کا سودا جبار خان کے بیٹے نعیم کے ساتھ ایک ہزار روپے میں طے کیا۔ پیش ہے اسی ناول سے یہ اقتباس:

''نعیم صاحب آمنہ کے لیے ایک ہزار بھی کم ہے۔ چک دادا کے گلاب خان نے مجھے اس کے لیے دو ہزار دئے تھے۔ تم میرے دوست ہو اسی لئے تم سے اتنا کم مانگ رہا ہوں ...... اچھا جیسی تمہاری مرضی۔ لیکن مجھے کب تک انتظار کرنا ہوگا۔ بس۔ اگلی اتوار کی رات کو آمنہ تمہارے کمرے میں پہنچ جائے گی۔''

(یہ بستی یہ لوگ، ص ۱۳۶)

وادی کشمیر میں عسکریت پسند تحریک کے دوران عورت سب سے زیادہ ظلم وزیادتی کا شکار ہوئی۔ عورت گھر کے اندر بھی اور باہر بھی اپنے آپ کو غیر محفوظ سمجھتی تھی ۱۹۹۰ء عسکریت پسند تحریک کے دوران آزادی کی لڑائی لڑنے والوں میں کچھ ایسے لوگ بھی شامل تھے جنھوں نے بندوق کا غلط استعمال کر کے 'تحریک آزادی' کا ناجائز فائدہ اٹھا کر گھناؤنی حرکتیں کرنا شروع کر دیں، لاچار اور بے بس معصوم لڑکیوں کو اپنی ہوس کا نشانہ بنایا گیا، کسی نے لڑکی کو اغوا کر کے اس کے ساتھ شادی رچا لی، اسی طرح بھارتی سیکورٹی فورسز کے حمایت یافتہ حکومت نواز بندوق برداروں کی جانب سے کشمیر میں لوٹ مار، اغوا کاری، ہراساں کرنے اور روپے مانگنے کے سینکڑوں واقعات پیش آئے۔ انھوں نے بھی کسی لڑکی کے گھر والوں کو تنگ کر کے، ان کی لڑکی کے ساتھ زبردستی شادی کر لی۔ جیسے ناول

'دہشت زادی' میں ایک اخوانی نے حمیدہ کی زندگی برباد کر کے اس کو چھوڑ دیا، فائزہ کو اخوانیوں کے ایک سرغنہ کے ڈر کی وجہ سے جموں بھیجا گیا کیونکہ وہ بار باران کو تنگ کر رہا تھا ۔اسی طرح ۱۶ سالہ ایک معصوم جواں سال لڑکی پاشا جو اسد کے گھر میں کام کرتی اور گھر کے ہر فرد کا خیال رکھتی تھی ،صبح سے لے کر شام تک ان کی خدمت کیا کرتی تھی ۔اس گھر میں لوگوں کا تانتا لگا رہتا تھا،اس گھر میں عسکریت پسند بھی اکثر آتے جاتے تھے اور ان میں سے کسی نے پاشا کی عصمت کو تار تار کر دیا اور اسد اس برے فعل پر پردہ ڈالنا چاہتا تھا۔لیکن حیرت کی بات یہ ہے کہ بقولِ ناول نگار جس گھر میں عورتوں کو تعلیم حاصل کرنے پر پابندی عائد کی جاتی تھی اسی گھر میں اتنا بڑا گناہ ہو گیا کہ رونگھٹے کھڑے ہو جاتے ہیں۔ناول نگار اس دل دوز واقعہ کو ان الفاظ میں بیان کرتی ہے:

''کتنا تضاد ہے ہمارے قول و فعل میں جس گھر میں لڑکیوں کو حصولِ تعلیم سے روکا جاتا رہا ہے اسی گھر میں سولہ برس کی غریب اور لاچار لڑکی پیٹ میں کسی کا بچہ پال رہی ہے اور گھر والے کہتے ہیں کہ زور زبردستی کرنے والے کا پتہ نہیں......''

(دہشت زادی،ص ۱۹۹)

جان محمد آزد نے بھی اپنے ناولوں میں عورتوں کے ساتھ جنسی زیادتیوں کے واقعات پیش کی عکاسی کی ہے۔جیسے آپ کے ناول 'کشمیر جاگ اٹھا' میں جاگیر دارانہ دور کے زمیندار کے کارندہ 'حشمت خان' کو ایک وحشی کردار کے طور پر پیش کیا ہے جو ایک درندہ صفت انسان ہے، ماہتاب کو یک وتنہا اور لاچار و بے بس پا کر اس کا جنسی استحصال کرتا رہا۔حشمت خان نے اسے موسلا دھار بارش میں ایک حیوان کی طرح دبوچ لیا،اس کا بچہ روتا رہا، ماہتاب بھی آہ وزاری کرتی رہی لیکن حشمت خان سارے ماحول سے بے خبر ماہتاب کی عصمت کو تار تار کرنے میں مصروف رہا۔پیش ہے اسی ناول سے یہ اقتباس:

''حشمت خان نے اسے بانہوں میں کس لیا۔گردن، گال، آنکھیں ،ناک، ہونٹ ہر اعضاء پر بوسوں کی بارش کی۔ماہتاب فریاد کرتی رہی......'مجھے مار ڈالو۔لیکن مجھے اس طرح تباہ نہ کرو......!''لیکن حشمت خان پاگل بنا ہوا تھا۔یہ ساری باتیں تو اس کا معمول تھیں۔اس نے بے قابو ہو کر بے دردی سے اس کا گریباں کھینچا۔پھرن پھٹ گیا اور سنگ مرمر سے تراشا ہوا بُت اس کے سامنے عریاں ہو گیا۔اس نے اسے اپنی مضبوط بانہوں میں اٹھا لیا اور ٹھنڈی ٹھنڈی زمین پر لٹا دیا!''

(کشمیر جاگ اٹھا،ص ۵۲)

جموں کشمیر میں لکھے گئے ناولوں میں اس طرح کے اور بھی کئی واقعات دیکھنے کو ملتے ہیں۔جیسے 'وادیاں بُلا رہی ہیں'، 'کشمیر جاگ اٹھا'، 'یہ بستی یہ لوگ'، 'اجنبی راستے'، 'بلندیوں کے خواب'، 'میلی عورت'، 'مورتی' وغیرہ ناولوں

میں بعض ایسے واقعات بیان کئے گئے ہیں جن میں عورتوں کے ساتھ جنسی زیادتی کی گئی ہے۔

ترنم ریاض نے ناولٹ 'مورتی' میں بھی عورتوں کے جنسی استحصال کی کئی مثالیں پیش کی ہیں۔ایک بار جب فیصل زنانہ پاگل خانہ کے جیل میں قیدیوں کو کچھ کھانا لے کر گیا تو اس نے وہاں عجیب طرح کا ماحول دیکھا۔اس نے محسوس کیا کہ جیل میں پڑی عورتیں یہاں پر تعینات خدمت گاروں اور سپاہیوں کے ظلم و جبر اور ہوس کا نشانہ بنتی رہی ہیں۔ یہاں تک کہ جیل کے محافظ بھی ان عورتوں کے ساتھ جنسی استحصال کرتے ہیں۔ایک عورت کے ساتھ وہیں تعینات ایک خدمت گار نے جنسی زیادتی کر کے اس کی آبروریزی کی۔جس کی وجہ سے اب اُس کے پیٹ میں اسی خدمت گار کا ناجائز بچہ پل رہا تھا۔وہ چلا چلا کر سب کو کہتی تھی کہ یہ اسی خدمت گار کا بچہ ہے لیکن اس کی کوئی نہیں سُنتا تھا کیونکہ اُسے پاگل قرار دے دیا گیا تھا۔جبکہ اس عورت کی دماغی حالت ٹھیک تھی، اس کو اپنے چچا نے زبردستی پاگل خانے میں بھرتی کروایا تھا۔اسی لئے وہ خدمت گار اپنی کرتوت چھپانے کے لئے فیصل سے کہتا تھا کہ وہ پاگل عورت ہے جو بکواس کرتی ہے۔پیش ہے یہ اقتباس:

> ''وہ دیکھئے......یہ بھی ایک نمونہ ہے۔'' خدمت گار نے ایک جواں سال لڑکی کی طرف اشارہ کیا جو اپنے بڑھے ہوئے پیٹ کا وزن سنبھالنے کی کوشش کرتی پاؤں دُور دُور رکھتی قریب آ رہی تھی۔ ''اوے......حرام جادے......دو جنوں کا کھانا دے نا مجھے......نہیں تو یہ تیرا بچہ جو اٹھائے پھرتی ہوں......مر جائے گا۔'' اُس نے پاس پہنچ کر زمین پر تھوک دیا۔
>
> 'جھوٹ بولتی ہے۔......بے شرم جانے کس کا ہے......اور......''
>
> 'کس کا......کس کا ہے یہ بچہ......شام کو بجلی بجھانے کے بعد تو ہی تو آیا تھا میرے پاس...... (مورتی، ص ۲۷۱)

جوتیشور پتھک کے ناول 'میلی عورت' میں ناول نگار نے ایک دیہات کی سیدھی سادی لڑکی (چندن) کی کہانی پیش کی ہے کہ کس طرح وہ ایک معصوم لڑکی سے طوائف بن جاتی ہے۔اس ناول میں انھوں نے اس بات کا بھی انکشاف کیا ہے کہ ہر طوائف پیدائشی طور پر طوائف نہیں ہوتی۔سماج کے ستم ظریفانہ حالات بھی ان کو طوائف بننے کے لئے مجبور کر دیتے ہیں۔ان میں سے کچھ تو طوائف کی نسل سے ہوتی ہیں اور کچھ ایسی بدنصیب اور بے سہارا لڑکیاں بھی ہوتی ہیں جو اپنی اور اپنے خاندان کی ضروریاتِ زندگی مہیا کرنے کے لئے یہ پیشہ اختیار کرنے پر مجبور ہو جاتی ہیں۔چندن بھی ان ہی لڑکیوں میں سے ایک ہے، جسے ایک مصور (راجن) نے سہارا دینے کا وعدہ کیا۔وہ مصور چندن کو اپنے ساتھ دہلی لے کے جاتا ہے لیکن مصور کے والدین نے اس لڑکی کو

خوبصورت پا کر اسے طوائف سے بھی بدتر بنا دیا اور اسے پیسے کمانے کا ایک ذریعہ بنا کر اس کے جذبات ،احساسات اور خواہشات کو کچل ڈالا۔ اسے مصور (راجن) سے محبت تھی، عشق تھا اور وہ اس کی باعزت بیوی بن کے رہنا چاہتی تھی۔ اس نے ایک باعزت اور خوشحال گھر میں دلہن بن کر جانے کا خواب دیکھا تھا لیکن اسکے سسرال والوں اور شوہر نے تو اسے بازار کی زینت بنا دیا تھا۔ چندن اس گناہوں کے دلدل سے راہِ فرار حاصل کرنے کی پیہم کوشش کرتی رہی۔ جس کے لئے اُس نے راجن سے بھی مدد مانگی تھی اور رو رو کر اُسے فریاد کر رہی تھی کہ مجھے اس دلدل سے کسی طرح نکال دو۔ جیسا کہ اس اقتباس سے بھی ظاہر ہوتا ہے۔

''راجن مجھے اس گہرے کنویں سے نکال دو۔ میں دلدل میں پھنس چکی ہوں۔ میں تمہاری بیوی بن کر رہنا چاہتی ہوں مجھے ننگا نہ کرو، بھگوان کے لیے مجھے ننگا نہ کرو۔'' (میلی عورت، ص ۵۷)

چونکہ جموں کشمیر کے سیاسی ،سماجی اور تاریخی حالات و مسائل ملک کی دیگر ریاستوں سے تھوڑے بہت مختلف ہیں اس لئے یہاں عورتوں کے مسائل بھی تھوڑے مختلف ہیں۔ نعیمہ احمد مہجور نے اپنے ناول میں وادی کشمیر میں عسکری تحریک کے دوران عورتوں کی پسماندگی ، بے کسی اور لاچارگی کو بڑی بے باکی کے ساتھ پیش کیا ہے۔ کہ کس طرح یہاں کی عورت غلاموں جیسی زندگی گزارنے پر مجبور ہے، کس طرح ان کے حقوق پامال کئے جاتے ہیں اور ہر قدم پر مردوں سے اجازت لینی پڑتی ہے اور ان کی خوشنودی حاصل کرنی پڑتی ہے۔ پدرانہ سماج میں مردوں کی بالا دستی سے عورت احساسِ کمتری کا شکار ہوئی ہے اور اس کی حیثیت ،عزت اور وقار کھو گیا ہے۔ اس مضمون کا خاتمہ میں نعیمہ مہجور کے ناول کے اس اقتباس پر کرنا چاہتا ہوں۔:

''وادی میں خواتین کی شرح خواندگی پینسٹھ فی صد سے زائد ہونے کے سرکاری دعویٰ کے باوجود معاشرے میں مرد اور خاتون میں بڑی تفریق موجود ہے عورت مرد کی ذاتی جائیداد تصور کی جاتی ہے وہ کسی جائیداد کی مالک ہے نہ کوئی فیصلہ کرنے کی مجاز ہے اگر کوئی فیصلہ کر بھی لے تو اس میں پہلے خاندان کے مردوں کی رضامندی لازمی ہے۔ اُس کا مالک مرد ہے وہ چاہے والد ہو، بھائی ہو یا اُس کا شوہر میں نے اپنی ساری زندگی کچھ ایسا ہی محسوس کیا۔'' (دہشت زادی، ص ۱۶)

◀◀ ● ▶▶

● شبیر احمد ڈار

ادا جعفری کی ابتدائی دس غزلوں کا عروضی جائزہ

(''غزالاں تم تو واقف ہو'' کے حوالے سے)

ادا جعفری کا شمار اردو کی ممتاز شاعرات میں ہوتا ہے۔ان کی پیدائش 1924ء میں بدایوں میں ہوئی، اسی لیے پہلے پہل اپنے تخلص کے ساتھ بدایونی استعمال کرتی تھیں۔انھوں نے اپنی شاعری کا آغاز تیرہ برس کی عمر میں اس وقت کیا جب ترقی پسند تحریک اپنے عروج پر تھی۔انہوں نے اپنی شاعری کو ترقی پسند تحریک کے اصولوں سے ہم آہنگ کر کے سماجی جبر اور استحصال کو شعری زبان عطا کی۔اس طرح سے انہوں نے اپنی شاعری کے ذریعے ظلم واستبداد کے خلاف احتجاج کیا ہے۔ترقی پسند تحریک اور تقسیم ہند کے اثرات ان کی شاعری میں جگہ جگہ دیکھنے کو ملتے ہیں۔غزلوں کے علاوہ نظمیں اور ہائیکو بھی لکھے ہیں لیکن وہ اپنی شاعری خصوصاً اپنی غزلوں میں ترقی پسندی کے عناصر کو فن پر زیادہ حاوی ہونے بھی نہیں دیتیں۔وہ خیال کے ساتھ ساتھ فنی لوازمات پر بھی اپنی نظر رکھتی ہیں۔حالاں کہ وہ اس چیز کا بھی اعتراف کرتی ہیں کہ ترقی پسند ادب نے انھیں ایک شعور بخشا، زندگی کو نئے انداز اور نئے زاویے سے دیکھنے کے لیے مجبور کیا، انسانی قدروں کی پاسداری اور انسانیت کے تئیں ایک دردمندانہ دل رکھنے پر مجبور کیا۔اس حوالے سے وہ ایک جگہ لکھتی ہیں:۔

''زندگی کے میلے میں شرکت کا احساس مجھے ترقی پسند ادب نے عطا کیا''1

ان کی شاعری میں نسائی حسیت سے متعلق بعض ایسے کوائف بھی ملتے ہیں جن کا اظہار مرد شعراء کے لیے جوئے شیر کے مترادف ہے۔لیکن یہ بات بھی صد فیصد سچ ہے کہ ان کی شاعری کے موضوعات کسی ایک محدود دائرے تک محیط نہیں ہیں۔ان کی شاعری کا کینوس وسیع ہے جس میں زندگی کی رنگینی بھی جلوہ گر ہے جس کا اصل محور تہذیب وتمدن ، سیاست یا مذہب ہی نہیں بلکہ حسن وعشق اور فطرت انسانی بھی ہے۔انھوں نے ابتداء سے ہی اپنی ایک الگ راہ نکالنے کی کوشش کی، جس کی وضاحت وہ اپنے ایک شعری مجموعے ''سازِ سخن بہانہ ہے'' کے دیباچے ''چند باتیں'' میں کچھ یوں کرتی ہیں:۔

''یہ حقیقت ہے کہ آج سے تقریباً چالیس سال پہلے راہروانِ شوق کا ایک کارواں

جدید شاعری کا پرچم ہاتھوں میں لے کر چلا تھا۔اور ایک لڑکی تھی جو بڑے اعتماد اور حوصلے کے ساتھ اس کارواں میں شریک ہوئی تھی۔ مجھے اپنی روایات جتنی عزیز ہے روایتوں سے بغاوت بھی اتنی ہی عزیز رہی ہے۔۔۔۔''2

اداؔ جعفری سے پہلے شاید ہی کسی خواتین شاعرہ کو ادبی حلقوں میں اتنی پزیرائی اور مقبولیت حاصل ہوئی جتنی ان کو ہوئی ہے۔اسی حوالے سے کچھ محققینِ ادب نے انھیں اردو کی پہلی خواتین شاعرہ بھی کہا ہے۔حالاں کہ وہ اتنی صاف گو اور بے باک تھیں کہ انھوں نے خود اس بات کو رد کرتے ہوئے کہا ہے کہ اردو کی پہلی خواتین شاعرہ وہ نہیں بلکہ ماہ لقا چندا ہے۔اداؔ جعفری کی شاعری میں بے ساختگی اور روانی دیکھنے کو ملتی ہے۔موزوں الفاظ اور موثر انداز بیان نے ان کی شاعری میں غنائیت کے عنصر کو مذید بڑھا دیا ہے۔ان کا اپنا ایک الگ ڈکشن اور حسن ادا ہے۔ان کے لکھنے کا انداز بھی باقی خواتین شعرا سے مختلف ہے۔اور یہ ان کا اسلوب ہی ہے جو ان کو باقی شعراء سے الگ کرتا ہے۔انھیں فن پر عبور حاصل ہے۔خاموشی سے موثر الفاظ کے ذریعے نشتر چبھونا جانتی ہیں۔مشہور ماہر عروضی وشاعر اثر لکھنوی سے بھی فیض حاصل کیا ہے۔اسی لیے عروضی نقطۂ نظر سے بھی ان کی شاعری جاندار نظر آتی ہے۔یہاں ''غزالاں تم تو واقف ہو'' جو 1982ء میں منصۂ شہود پر آیا، کی ابتدائی دس غزلوں کا عروضی جائزہ پیش کیا جائے گا۔انھوں نے اس مجموعے کا نام بھی راجہ رام نرائن موزوں کے مشہور شعر پر رکھا۔شعر یوں ہے۔

غزالاں تم تو واقف ہو کہو مجنوں کے مرنے کی دوانہ مر گیا آخر کو ویرانے پہ کیا گزری

راقم نے ان تمام غزلوں میں پہلے مصرع کو بنیاد بنا کر وزن متعین کیا ہے۔اس مجموعے کی پہلی غزل'' آ گے حریمِ غم سے کوئی راستہ نہ تھا'' صفحہ نمبر 25 پر موجود ہے۔

بحر مضارع مثمن	آ گے ح	ری م غم س	ک ئی راس	تانہ تا
اخرب مکفوف محذوف	مفعول	فاعلات	مفاعیل	فاعلن

شعر نمبر 1,2,3,5,6,8,9 کا وزن بحر مضارع مثمن اخرب مکفوف محذوف (مفعول فاعلات مفاعیل فاعلن) ہے۔شعر نمبر 4 اور 7 کے مصرعۂ اولیٰ کا وزن اخرب مکفوف مقصور(مفعول فاعلات مفاعیل فاعلات) ہے جب کہ ان کے ثانی مصرعوں کا وزن اخرب مکفوف محذوف(مفعول فاعلات مفاعیل فاعلن)۔یاد رہے عروض وضرب میں محذوف کی جگہ مقصور لانا جائز ہے۔

'' مطلوب زندگی کو ابھی امتحاں نہیں'' مجموعے کی دوسری غزل ہے جو صفحہ نمبر 32 پر موجود ہے۔اس کا وزن دیکھیں:۔

بحر مضارع مثمن اخرب	مطلوب	زندگی ک	ابی ام ت	حا نہی
مکفوف محذوف	مفعول	فاعلات	مفاعیل	فاعلن

نون غنہ کو تقطیع میں ہمیشہ گرادیا جاتا ہے لیکن عروضیوں نے مصرعے کے آخر پر آنے والے نون غنہ کو مستقل حرف مانا ہے اور اسے تقطیع میں شمار بھی کیا ہے۔اس کی وجہ یہ ہے کہ مقصور کی جگہ محذوب یعنی ایک الف تک بڑھانے کی عروضی اجازت بھی ہے جس سے آہنگ میں کسی قسم کی خلش پیدا نہیں ہوتی۔لیکن تقطیع میں اس نون غنہ کو ساقط کیا گیا ہے اور اس کے ساقط کرنے سے بھی غزل کا بنیادی وزن اثر انداز نہیں ہوتا۔شعر نمبر 1,2,3,4,5,6,7,8 کا وزن بھی مذکورہ بالا ہی ہے اس میں کوئی عروضی تبدیلی عمل میں نہیں آئی ہے۔

اس مجموعے کی تیسری غزل ''پھول صحراؤں میں کھلتے ہوں گے'' صفحہ نمبر 34 پر موجود ہیں۔اس میں کل چھے اشعار ہیں۔اس کا وزن بحر رمل مسدس مخبون محذوف مسکن فاعلاتن فعِلاتن فعلن ہے۔مقطع کے مصرعۂ اولیٰ کا وزن فاعلاتن فعِلاتن فعِلن (بہ حرکت عین) ہے یعنی دوسرے اشعار کی طرح اس کے آخر پر تسکین کا عمل وارد نہیں ہوا ہے۔

شعری مجموعے ''غزالاں تم تو واقف ہو'' کی چوتھی غزل ''مزاج ومرتبۂ چشم نم کو پہچانے'' ہے جو صفحہ نمبر 36 پر موجود ہے اور اس غزل کو ادا جعفری نے 1968 میں لکھا ہے۔غزل بحر مجتث کے ایک خوب صورت آہنگ میں ڈوبتی ہے۔

مجتث مثمن مخبون	مزاج مر	تبۂ چش	م نم ک پہ	چانے
محذوف مسکن	مفاعلن	فعِلاتن	مفاعلن	فعلن

غزل کا تیسرے اور پانچویں شعر میں کوئی عروضی تبدیلی وارد نہیں ہوئی لیکن دوسرے اور تیسرے شعر میں عروض کے رکن پر فعلن (مجتث محذوف مسکن) کی جگہ فعِلن (مجتث محذوف بہ حرکت عین) لایا گیا ہے جس کی عروضی اجازت بھی ہے۔

مجموعے کی پانچویں غزل '' وہ اعتماد خوئے ستم بھی بہانہ ساز'' ہے جو صفحہ نمبر 41 پر موجود ہے۔غزل کی بحر دیکھیں:۔

بحر مضارع مثمن	وہ اعت	مادخوء	ستم بی ب	ہان ساز
اخرب مکفوف مقصور	مفعول	فاعلات	مفاعیل	فاعلان

تیسرے شعر کے دونوں مصرعے اسی وزن میں ڈوبتے ہیں جب کہ شعر نمبر 2,4,5,6 کے مصرعۂ اولیٰ میں ہلکی سی تبدیلی وارد ہوئی ہے اور مقصور کے بجائے محذوف کو لایا ہے گیا جو درست بھی ہے۔

'' کہتے ہیں کہ اب ہم سے خطا کار بہت ہے'' مجموعے کی چھٹی غزل ہے اور صفحہ نمبر 43 پر واقع ہے۔مطلع کے مصرعۂ اولیٰ کا وزن درج ذیل تقطیع میں دیکھیں:۔

ہزج مثمن اخرب	کہتے ہ	کہ اب ہم س	خطا کار	بہت ہیں
مکفوف مقصور	مفعول	مفاعیل	مفاعیل	فعولان

یاد رہے کہ آخر کے نون غنہ کو یہاں شامل تقطیع رکھا گیا ہے اس کی دلیل یہ ہے کہ عروضیوں نے عروض وضرب وعجز کے آخر پر آنے والے نون غنہ کو بطور ایک مستقل حرف مانا ہے۔اس کے گرانے سے بھی وزن میں کوئی خلل واقع نہیں ہوتی ہے۔جس کی مثال پہلے ہی آچکی ہے کہ عروض وضرب میں ایک حرف تک بڑھانے کی اجازت ہے یعنی محذوف کے بجائے مقصور لایا جاسکتا ہے۔یاد رہے اسے اخرب مکفوف مقصور کے بجائے اخرم مکفوف مقصور بھی کہا جاسکتا ہے۔غزل کے مقطع کو چھوڑ کر باقی تمام اشعار یعنی دوسرے، تیسرے اور چوتھے شعر میں اس قاعدے سے فائدہ اٹھا کر شاعرہ نے ان اشعار کا مصرعۂ اولیٰ محذوف اور مصرعۂ ثانی مقصور لایا ہے۔

غزل نمبر سات ''جی نہ چاہا اسے بھلانے کو'' صفحہ نمبر 53 پر موجود ہے۔یہ بحر خفیف کا ایک خوب صورت آہنگ ہے۔میر سے لے کر آج تک اردو کے لگ بھگ تمام شعرا نے اس وزن اپنی غزلیں لکھی ہیں۔اس وزن کے خوب صورت آہنگ ہیں اور اس کے وزن میں کئی رعایتیں کئی گئی ہیں۔صدر وابتدا یعنی فاعلاتن کی جگہ اس کی مخبون شکل فعِلاتن بھی لایا جاسکتا ہے۔اسی طرح عروض وضرب میں فعلن (بہ سکون عین) کی جگہ فعِلن (بہ حرکت عین) یا فعلان (بہ سکون عین) یا فعِلان (بہ حرکت عین) لایا جاسکتا ہے۔یہ فہرست کچھ اس طرح ہے:۔

فاعلاتن مفاعلن فعلن (بہ سکون عین)
فعِلاتن مفاعلن فعلن
فاعلاتن مفاعلن فعِلن (بہ حرکت عین)
فعِلاتن مفاعلن فعِلن
فاعلاتن مفاعلن فعلان (بہ سکون عین)
فعِلاتن مفاعلن فعلان
فاعلاتن مفاعلن فعِلان (عین کے کسرہ یعنی بہ حرکت عین کے ساتھ)
فعِلاتن مفاعلن فعِلان

خفیف مسدس مخبون	جی نہ چاہا	اسے ب لا	نے کو
محذوف مسکن	فاعلاتن	مفاعلن	فعلن

شعر نمبر 1,2,3 اسی آہنگ میں ہیں۔جبکہ چوتھے اور پانچویں مصرعے میں آخر کے نون غنہ کو

تقطیع میں شامل سمجھا گیا ہے۔ مصرعے دیکھیں ع

ریزہ ریزہ بکھر گیا انساں آنسوؤں کو ترس گئیں آنکھیں

فاعلاتن مفاعلن فعلان

اسی طرح مقطع کے رکن عروض میں فعِلن (بہ سکون عین) لایا گیا ہے۔ ع

سانس کی بات ہو کہ آس ادا ساس کی با / ت ہو ک آ / س ادا

فاعلاتن مفاعلن فعِلن

لفظ سانس میں نون کی آواز کو شامل نہیں کیا گیا ہے۔ اس بات سے پتہ چلتا ہے کہ اداؔ جعفری فن عروض کے اسرار و رموز سے اچھی طرح واقف تھیں۔

متذکرہ بالا شعری مجموعے کی آٹھویں غزل ''گفتار میں بے ساختہ پن اب بھی وہی ہے'' صفحہ نمبر 81 پر ہے:۔

ہزج مثمن اخرب گفتار م بے ساخ ت پن اب ب وہی ہے

مکفوف محذوف مفعول مفاعیل مفاعیل فعولن

اس غزل کے شعر نمبر 1,3,4,5,7 اور 8 کا وزن ہزج مثمن اخرب مکفوف مقصور ہے اور شعر نمبر 2 اور 6 کے مصرعۂ اولیٰ کا وزن ہزج مثمن اخرب مکفوف محذوف ہے۔ کیوں کہ یہاں بھی آخری نون غنہ کو شامل تقطیع رکھا گیا ہے، حالاں کہ اس کے رکھنے یا گرانے سے اس کے بنیادی وزن و آہنگ میں کوئی تبدیلی وارد نہیں ہوگی۔

غزل ''یہ حکم ہے تری رایوں میں دوسرا نہ چلے'' بحر خفیف میں ڈوبتی ہے۔ اس کی تقطیع یوں ہوگی:۔

مجتث مثمن یہ حکم ہے ت ررا ہو م دوسرا ن ملے

مخبون محذوف مفاعلن فعِلاتن مفاعلن فعِلن

شعر نمبر 1,24, اور 5 میں کوئی زائد زحاف کا استعمال نہیں کیا گیا ہے اور وزن متذکرہ بالا تقطیع کا ہی ہے جب کہ شعر نمبر 3,6, اور 7 (مقطع) کے مصرعۂ اولیٰ کے آخری رکن پر تسکین کے عمل سے فعِلن (بہ حرکت عین) کے بجائے فعلن (بہ سکون عین) لایا گیا ہے۔ مصرعے کچھ یوں ہیں ع

جمالِ شب مرے خوابوں کی روشنی تک ہے گئے دنوں کے حوالے سے تم کو پہچانا

کدھر سے سنگ چلا تھا اداؔ کہاں پہنچا مفاعلن فعِلاتن مفاعلن فعلن

اس مجموعے کی دسویں غزل ''اوروں سے داستانِ بہار و صبا کہیں'' ہے۔ یہاں پر بھی آخر کے نون غنہ کو تقطیع میں شمار کیا گیا ہے جس سے اس کا وزن مفعول فاعلات مفاعیل فاعلن۔ اس نون غنہ کو ساقط

کرنے کا جواز تو نظر نہیں آتا لیکن اگر اسے ساقط بھی سمجھا جائے تب بھی اس کا بنیادی وزن متاثر نہیں ہوگا۔

مضارع مثمن	اوروس	داستان	بہاروص	باکہیں
اخرب مکفوف مقصور	مفعول	فاعلات	مفاعیل	فاعلان

تقطیع کے آخر پر فاعلات کی جگہ فاعلان اس لیے لکھا گیا ہے تاکہ پہچان رہے کہ آخر کا نون متحرک نہیں بلکہ ساکن ہے کیوں کہ اردو شاعری میں مصرعے کا حرف آخر متحرک نہیں بلکہ ہمیشہ ساکن آتا ہے۔ شعر نمبر ایک کے علاوہ غزل کے باقی چھے اشعار کے مصرعۂ اولیٰ کو مقصور کے بجائے محذوف لایا گیا ہے۔ اسی لیے بہتر ہے کہ تقطیع میں بھی عروض وضرب میں نون غنہ کو ساقط ہی سمجھا جائے۔

القصہ ہم کہہ سکتے ہیں کہ ادا جعفری کو فن عروض پر بھی ملکہ حاصل ہے۔ اپنے خیال کو اوزان کے دائرے میں رہ کر بیان کرنے کا سلیقہ انھیں خوب آتا ہے۔ وہ خیال کے ساتھ ساتھ فن کے اندرونی لوازمات اور محاسن کا خاص خیال رکھتی ہیں۔

◄◄ ● ►►

حوالہ جات:۔

(1):۔ رسالہ نقوش، مدیر جاوید طفیل، شمارہ نمبر 139، ص 674، اردو بازار لاہور
(2):۔ ساز سخن بہانہ ہے، ادا جعفری، ص 10، اشاعت مئی 1982،
ناشر: غالب پبلشرز پوسٹ بکس نمبر 4079، لاہور

● حارث حمزہ لون

پروین شیر......ایک نئی نسائی آواز

پروین شیر ان معدودے چند فنکاروں میں ہیں جن کے فنی و تخلیقی امتیازات کا دائرہ بیک وقت شاعری، مصوری اور موسیقی تک پھیلا ہوا ہے۔ شاعری، موسیقی و مصوری فنون لطیفہ کے تین خوبصورت رنگ ہیں۔ کہا جاتا ہے کہ شاعری اور موسیقی کا چولی دامن کا ساتھ ہے۔ موجودہ عہد میں موسیقی کے سازوں کی لے کچھ زیادہ تیز ہوگئی ہے۔ ہمارا موجودہ عہد ناہموار راستوں کا سفر ہے، جہاں وقت کے ساتھ بہت ساری تبدیلیاں رونما ہوئی ہیں، وہیں اُردو شاعری کا کینوس بھی وسیع نظر آتا ہے۔ کلاسیکی رنگ شاعری کی جگہ نئی فکر کے نئے در وا ہوئے ہیں۔ روایت پسندی سے قطع نظر نئے فکری رویے اور فنی برتاؤ نے جگہ بنانا شروع کی۔ انسانی ضرورت اور وقت کے نئے تقاضوں نے اُردو شاعری میں نئی روح پھونک دی۔ ہجر و وصال سے عبارت اردو شاعری عصری تقاضوں اور پیچیدگیوں سے دوچار نظر آتی ہے۔

اُردو کی نسائی شاعری کے حوالے سے مختلف رنگ اُردو شاعری کی خوبصورتی میں چار چاند لگاتے نظر آتے ہیں۔ ادا جعفری، کشور ناہید، فہمیدہ ریاض، پروین شاکر جہاں اُردو شاعری کے نگار خانے کو سجانے سنوارنے میں پیش پیش نظر آتی ہیں، وہیں اُردو شاعری کے حوالے سے خوبصورت رنگوں کی ملکہ پروین شیر بھی ہیں۔ دوسری شاعرات نے جہاں قلم کی نوک سے اُردو شاعری کی نوک پلک درست کی ہے، وہیں پروین شیر نے قلم کی جگہ بُرش کا استعمال کیا ہے۔ ان کے یہاں مختلف رنگ اپنی روشنی بکھیرتے نظر آتے ہیں۔ بقول وہاب اشرفی:

> ''پروین شیر اُردو کی واحد شاعرہ ہیں جن کا تعلق بیک وقت مصوری اور موسیقی سے بھی ہے۔ وہ اپنے فن مصوری کا مسلسل مظاہرہ کرتی رہتی ہیں، جس کی پذیرائی بین الاقوامی سطح پر ہوتی رہتی ہے۔''
>
> (بحوالہ: رسالہ ''مباحثہ'' مضمون۔ وہاب اشرفی)

پروین شیر کی ذات میں فنون لطیفہ کی تین شاخیں ایک ساتھ جمع ہوگئی ہیں۔ وہ بیک وقت شاعرہ، مصورہ اور اچھی موسیقار ہیں۔ پروین شیر ہندوستان کے شہر پٹنہ میں پیدا ہوئیں۔ انھوں نے سولہ سال کی عمر

میں شاعری اور مصوری شروع کر دی تھی۔ شادی کے بعد وہ اپنے شوہر کے ساتھ کینیڈا چلی آئیں اور پھر یہیں کی ہو کر رہ گئیں۔ پروین نے مصوری کی باقاعدہ تعلیم مانیٹوبا یونیورسٹی (کینڈا) سے حاصل کی۔ ان کی تصاویر کی اب تک لاتعداد نمائشیں امریکا، کینڈا، برطانیہ، فرانس اور انڈیا میں ہو چکی ہیں۔ وہ مصوری کے شعبے میں لاتعداد ایوارڈ حاصل کر چکی ہیں پروین شیر کی ادبی اور ثقافتی خدمات کے اعتراف میں اُن کو ۲۰۰۴ء میں کینڈا کے شہر وینی پگ میں "Women of Distiction Award" سے نوازا گیا۔ بہت کم لوگ ایسے ہوتے ہیں جو ایک سے زیادہ میدانوں میں کامیاب ہو کر دکھاتے ہیں۔ بقول پروین انھوں نے جن تین دوستوں کو اپنا مستقل ساتھی بنا رکھا ہے وہ قلم، موئے قلم اور مضراب یعنی بیک وقت وہ شاعرہ، مصورہ اور موسیقار تینوں ہیں۔ بحیثیت مصورہ بھی انھیں آئل پینٹنگ میڈیا آرٹ میں ایک بڑی حیثیت حاصل ہے۔ پینسل اسکیچ بھی ان کے منہ سے بولتے ہیں۔ انہوں نے کینڈا کی مینی ٹوبا یونیورسٹی کے فائن آرٹس میں اعلیٰ تعلیم حاصل کی ہے اور اب تک وہ پانچ سو کے قریب تصویریں معرض وجود میں لا چکی ہیں۔ کئی مما لک کی آرٹ گیلریوں میں ان کی تصاویر کی نمائش ہو چکی ہے۔ مصوری میں آٹھ ایوارڈ کینڈا میں اور ایک ہندوستان کے National and Provincial Competition میں حاصل کر چکی ہیں۔ اہم مراکز اور اجتماع کے اڈوں پر جگہ جگہ ان کی پینٹنگ دیواروں پر آویزاں نظر آتی ہیں۔

پروین شیر دراصل انسانیت کی علمبردار ہیں۔ وہ انسانی زندگی کی فلاح و بہبود کی خواہاں ہیں۔ ان کے سینے میں ایک دردمند دل ہے جو کبھی جنگ کی ہولناکیوں پر خون کے آنسو روتا ہے، کبھی نسلی عصبیت کا شکار ہوئے لوگوں پر ماتم کناں نظر آتا ہے، کہیں طبقاتی کشمکش کے خلاف، کبھی گمراہ حکمرانوں کی ڈکٹیٹر شپ کے خلاف آواز بلند کرتا ہے۔ ان کی شاعری اور مصوری دونوں عالم امن کے لئے فضا تیار کرتی ہیں، جگہ جگہ احتجاجی صورت دیکھنے کو ملتی ہے۔ انسانیت کے حق میں ان کا یہی مثبت رویہ ان کی شاعری کو آفاقیت بخشتا ہے۔ بقول احمد فراز ''پروین شیر کا دل شاعرانہ، آنکھیں ایک مصورہ کی اور ہاتھ ایک موسیقار کے ہیں''۔

پروین شیر نے اپنے اندر کی تمام خشک سالیوں کو انجمن آرائیوں کے حوالے کر دیا۔ ان کی شاعری کا کینوس اس وقت اور خوبصورت نظر آتا ہے جب وہ بے زبان مظلوم و نادار انسانوں کے احوال کے لئے پیلے اور زرد رنگوں کو اظہار کا ذریعہ بناتی ہیں اور الفاظ کے انتخاب میں بڑی ذہانت سے کام لیتی ہیں۔ استحصالی سماج کی تصویریں ان کے یہاں مختلف زاویوں کے ساتھ پیش کی گئی ہیں۔ انھوں نے جگہ جگہ ظلم کے خلاف کھل کر آواز اٹھائی ہے۔

پروین شیر کا مجموعہ ''کرچیاں'' رنگ برنگے پھولوں کا گلدستہ ہے جس کا ہر پھول اپنی الگ شناخت رکھتا ہے۔ کرچیاں Fragments ۲۰۰۵ء میں کراچی سے سید معراج جامی نے اپنے ادارے سے

شائع کیا تھا، جس میں پروین شیر کی شاعری اور ان کا انگریزی ترجمہ مع پروین شیر کی اعلیٰ درجے کی رنگین مصوری سے مزین ہے۔ مجموعہ ''کرچیاں'' کی نظموں میں کٹھن سوال، قتل، تابوت، تجربہ گاہ، فصلِ گریہ، ہم زاد، قدآوری کا دکھ، اُس رات وغیرہ وغیرہ۔ یہ تمام نظمیں نسائی شاعری کا بھرپور احاطہ کرتی ہیں۔ نظم ''تجربہ گاہ'' بھی عہد حاضر کی بھرپور نمائندگی کرتی ہے، ہمارے موجودہ عہد میں کچھ نہ ہو، تجربہ گاہوں میں روز ہی نت نئے تجربے ہوتے رہتے ہیں۔ انسانی زندگی نئے تلاش میں سرگرم عمل نظر آتی ہے۔ انسان جہاں تباہ کاری کے نئے اسلحے ایجاد کررہا ہے، وہیں اپنے بچاؤ میں بھی پیش پیش ہے۔

پروین شیر نے اپنی اس نظم میں دنیا کو ایک تجربہ پسند حسّیت اور بصیرت کے ساتھ دیکھا ہے جسے ایک دن تباہ ہونا ہے۔ مٹی کے کھنکتے برتنوں کی طرح کھنکتے اور چمکتے ہوئے شاداب چہروں کو ایک دن مٹی ہوجانا ہے۔ چند مثال درج ذیل ہیں۔

یہ دہر ایک لیب (Lab) ہے
سبھی بشر لگے ہوئے ہیں تجربوں کی دوڑ میں
حیات کے شروع سے
سفر آخرت تک
یہ تجربے نئے نئے بہت بلائے جان ہیں

پروین شیر کی ایک مختصر نظم ''کھٹن سوال'' ہے۔ یہ نظم جتنی مختصر ہے اتنی ہی جامع اور پُر اثر ہے۔ اس نظم سے معاشرے کی دکھتی رگوں پر انگلیاں رکھ دی ہیں۔ جہاں انسانی رشتوں کی ناقدری اور پامالی پر نظم ایک ضرب کاری کہی جائے گی۔ نظم ''کٹھن سوال'' واقعی اپنے آپ میں ایک سوال ہے۔ نظم کے چند بند ملاحظہ ہو۔

جب یہ کسی نے مجھ سے پوچھا
دنیا میں کون تمہارا
سب سے سچا، سب سے اچھا دوست بتاؤ
یہ سنتے ہی عقل کے دریا میں میرے ادراک کی کشتی
چکر کھانے لگی بھنور
کوئی جواب نہ پا کر اس کا
سوچ سوچ کر ہوئی نڈھال
عمر میں پہلی بار کسی نے

پوچھا تھا یہ کٹھن سوال !

نظم ''تلاش گمشدہ'' یہ نظم بھی زندگی کی ناہمواریوں سے تعبیر کی جائے گی، خموشی کی ہلکی سی کرن ہی بہت ہوتی ہے، جس کے سہارے انسان غموں کو بھول جاتا ہے۔ اس نظم میں کچھ ایسی ہی صورت نظر آتی ہے جہاں فطرت کے پس منظر میں اپنی بات کہنے کی کوشش کی گئی ہے ۔

مگر اس بار تو جانے کہاں غائب ہوئی ہے وہ
بہت اس کو پکارا، گھر کے ہر کونے میں دیکھا پر
خدا جانے کہاں اس نے بسیرا کر لیا ہے، چھوڑ کر مجھ کو
بہت آزردہ خاطر ہوں، بہت رنجور بیٹھی ہوں
کہیں ایسا نہ ہو وہ راستہ ہی بھول بیٹھی ہو مرے گھر کا
کہاں ڈھونڈوں خوشی تم کو؟

پروین شیر کی نظموں میں جگہ جگہ سوالیہ صورت ابھرتی ہے، وہ عہد حاضر کی بھرپور ترجمانی کرتی ہیں۔ ان کے یہاں معاشرے میں پیش آنے والے بڑے سے بڑے چھوٹے سے چھوٹے واقعات و حادثات پورے طور پر جگہ پاتے ہیں۔ نظم ''قتل'' بھی اپنے اندر بڑی گہرائی اور گیرائی رکھتی ہے۔ انھوں نے انسانی دکھوں کی حنا کے پتوں کے ذریعے وضاحت فرمائی ہے۔ ضرورت زندگی نے انسانی قدروں کو سوکھے پتوں کی طرح ہوا کے رحم و کرم پر چھوڑ رکھا ہے، اب وہ پاؤں کے نیچے آئیں یا پتھر کے نیچے، سب کا مقدر ایک جیسا نہیں ہوتا۔ نظم ''قتل'' علامتی نظم ہے جس میں تخریبی پہلوؤں کو نمایاں کرنے کی کوشش کی گئی ہے۔ حنا کے پتے موجودہ دور کی عورت کی طرح ہیں، مردوں کے استحصالی سماج سے روز ہی اس کا سابقہ پڑتا رہتا ہے۔ چند مصرعے ملاحظہ ہو ۔

حنا کے پتے یہ کہہ رہے ہیں
ہمیں ہمارے گھروں سے تم نے جدا کیا ہے
گھروں سے بے گھر بنا کے تم نے
ہمارے نازک سے جسم کو پتھر میں پیسا
یہ جرم کر کے، یہ قتل کر کے
تمہارے ہاتھ اب، رنگے ہوئے ہیں ہمارے خون سے

نظم ''ہم زاد'' سے اس بات کی وضاحت ہو جاتی ہے کہ واقعی پروین شیر نے اپنی طبع زاد فکر و تخیل کے رنگوں سے لفظوں کو مختلف تخلیقی شیڈس عطا کئے ہیں، مصوری اور پروین شیر آپس میں لازم و ملزوم کی

حیثیت رکھتے ہیں جس کا اعتراف انھوں نے خود ہی کیا ہے ۔

مرا ہم زاد ہے یہ کینوس میرا
میرے سبھی دکھ درد کا ساجھی رہا ہے عمر بھر میری
یہ خود مٹ کر مری پہچان بنتا ہے
مرے دل کے سبھی افسانے اس پر رقم ہیں جیسے
مرا ہم زاد ہو یعنی
مرا ہی دوسرا رخ ہو!

پروین شیر کے یہاں بین الاقوامی مسائل بھی بخوبی جگہ پاتے ہیں۔انھوں نے جگہ جگہ ترقی یافتہ ممالک کے واقعات بھی رقم کیے ہیں۔ وہ اپنے عہد کی اپنے معاشرے کی چشم دید گواہ ہیں۔ مغربی ممالک میں رونما ہونے واقعات و حادثات پر ان کی گہری نظر ہے، تبھی تو ان کے یہاں ''دار الضعفاء'' (House for the old) ایسی نظمیں وجود میں آتی ہیں۔ پروین شیر نے مغرب میں خونی رشتوں کو پامال ہوتے دیکھا ہے، جہاں بوڑھے ماں باپ کو بیکار، بے مصرف سمجھ کر ان کی اپنی اولادیں کرب و تنہائی کی قبر میں زندہ دفن کر کے چلی جاتی ہیں، جن کا کوئی پرسان حال نہیں اور جن کی دیکھ بھال کرائے کے نوکروں کے ذمے رہتی ہے۔ مغرب کی تہذیب یافتہ قوموں کا اپنے بوڑھے ماں باپ کے تئیں ایسا سلوک پروین کو خون کے آنسو رلاتا ہے جس کا ثبوت ''الضعفاء'' نظم میں جا بجا نظر آتا ہے۔

یہ لوگ اس جگہ ہیں جس جگہ
دلوں کو جوڑنے کی کوئی رسم ہی نہیں
وجود ان کے خم ہیں اب اکیلے پن کے بوجھ سے
سسکتی آنکھیں، ڈھونڈتی ہیں، دائیں بائیں
ان سبھی کو جو جہاں کے شور و غل میں کھو گئے
کہ ان کے تھرتھراتے، خستہ حال، خشک ہاتھ بھی
ترس رہے ہیں اب کسی جوان لمس کو

پروین شیر کی یہ نظم ''دار الضعفاء'' کے مطالعہ سے اپنے آنے والے کل کے لئے سوچ کر کانپ ضرور جاتے ہیں۔ یہی وہ لوگ ہیں جو قید تنہائی کاٹ رہے ہیں، جنھوں نے اپنے ماں باپ کے ساتھ یہی سلوک روا رکھا ہوگا۔ نظم ''آخری اسٹیشن''، ''ریٹائرمنٹ'' یہ نظمیں بھی ''دار الضعفاء'' کے بطن سے ہی جنم لیتی

ہیں جہاں ٹوٹتے بکھیرتے رشتوں کی پامالی قدم قدم پر دامن گیر نظر آتی ہے جہاں انسانی زندگیاں ریٹائرمنٹ کے بعد عمر کے آخری سفر پر آخری اسٹیشن کے انتظار میں سرگرم عمل دکھائی دیتے ہیں۔

آخری اسٹیشن آتا ہے
خالی ڈبہ رہ جاتا ہے
تنہائی میں بھیگی آنکھیں
ڈبے کی ہر کھڑکی میں سے جھانک جھانک کر
وقت کی گہری دھند میں کھوئے
سب رشتوں کو
دور سے تکنے کی کوشش کرتی رہتی ہے

پروین شیر نے اپنی نظموں میں اتنا درد سمودیا ہے، کہ پڑھنے والا ان سے متاثر ضرور ہوتا ہے۔ان کی نظموں میں درد ضرور ہے لیکن مایوسی نہیں۔ایسے ہی ان کی نظموں کو پڑھنے سے یہ بات بالکل عیاں ہو جاتی ہے کہ انھیں انسانی نفسیات پر مہارت حاصل ہے، وہ جس کے متعلق نظم لکھتی ہیں اس کی نفسیات کو مدنظر رکھتی ہیں۔یہی وجہ ہے کہ نظموں میں عجب تاثیر پیدا ہوگئی ہے۔اس میں ان کے مطالعہ کے ساتھ ساتھ ان کے مشاہدے اور اظہار بیان پر قدرت کو دخل ہے۔پروین کی نظمیں تابوت، دارالضعفاء، اب کے برس، بے بسی ، اندھیرا، شہر خموشاں، سبھی رشتے معطل ہیں، بے چارگی اور چبھن، شکست خوردگی....!

پروین شیر کا شاعری اور مصوری پر مشتمل مجموعہ ''کرچیاں'' اپنی مثال آپ ہے۔پروین شیر شعر بھی خوبصورت کہتی ہیں، موسیقی سے لگاؤ بھی رکھتی ہیں، مصوری کی جادوگری میں بھی اور نہ معلوم حرف ورنگ وصورت کی کیا کیا دنیائیں بناتی رہتی ہیں۔وہ شاعر کا دل، مصور کی آنکھ اور مطربہ کے ہاتھ رکھتی ہیں، ان سب میں شعر کہنا جان جوکھم کا کام ہے۔ان کی نظمیں ہوں یا غزلیں سب میں ان کا اپنا انداز اپنا اسٹائل نمایاں ہے۔وہ کسی کی پیروی کے بجائے تخلیقی مہارت سے کام لیتی ہیں، اپنے شعور وآگہی سے کام لیتی ہیں نقالی نہیں کرتیں۔یہی ان کا سب سے بڑا کمال ہے۔

پروین شیر کی مخصوص ومنفرد شناخت جہاں ان کے تخلیق کردہ شعری پیکر سے ہوتی ہے، وہیں اس کی بھرپور شعری رونمائی ان کے تخلیقی مصورانہ مزاج کا حصہ کہا جائے گا۔وہ اپنی حسین وزریں آرزوؤں اور تمناؤں کو جذبات اور احساسات کے رنگوں میں ڈھالنے کا ہنر جانتی ہیں۔انھوں نے جہاں نظمیں کہی ہیں، وہیں غزل کے دیار میں بھی اپنی غیر معمولی تخلیقی صلاحیتوں کو عیاں ونہاں کرنے کی بھی کوشش کی ہے۔

حالانکہ غزلوں کی بنسبت وہ نظموں کی طرف زیادہ مائل نظر آتی ہیں ۔اپنی شاعری میں انھوں نے اشارے کنائے کے ذریعہ معاشرے کی بگڑتی بنتی صورت حال کا بخوبی جائزہ لیا ہے۔انھوں نے انتہا پسندی سے قدم قدم پر اجتناب برتنے کی کوشش کی ہے۔ان کی شاعری سلگتی تپتی دھوپ سے ٹھنڈی اور خوشنما چاندنی کا سفر محسوس ہوتی ہے۔ پروین کہتی ہیں۔

قسمت کے پھیر میں کچھ اپنی خطا بھی تھی ۔۔۔ کس منہ سے اب سوال کریں زندگی سے ہم
زمین پیروں تلے ہو یہ اب گماں بھی نہیں ۔۔۔ جو سر اٹھایا تو دیکھا کہ آسماں بھی نہیں
زندگی کی گتھیوں کا کچھ پتہ چلتا نہیں ۔۔۔ اک الجھی دوڑ ہے جس کا سرا ملتا نہیں
میں دوں صبر کے امتحاں اور کتنے ۔۔۔ مرے سر پہ ہیں آسماں اور کتنے

بچوں سے ہمدردی، بچوں سے محبت اور بچوں کا دکھ درد دیکھ کر ان کا دل کانپ کانپ اٹھتا ہے۔ اپنی نظموں میں بچوں کی طرف ان کا غیر معمولی جھکاؤ اور بچوں کی مالی اعانت کے لئے UNICEF کے تحت ان کا سی.ڈی بنانا اور اپنے شعری مجموعے کی ساری آمدنی بچوں کے لئے وقف کر دینا ثابت کرتا ہے کہ وہ دنیائے شعروسخن کی مدر ٹریسا ہیں، جو بچوں کے لئے اپنے دل میں ایک گاڈ مدر اور قومی ماں کے جذبات رکھتی ہیں۔ان کی نظم ''سب سے بڑا دکھ'' کے آخری حصہ کی ایک جھلک ہی ثابت کر دیتی ہے کہ کبھی انسانیت کی مسیحا اور خاص طور پر بچوں کی تو آپ واقعتاً ہی مدر ٹریسا ہیں۔

یہ سب دکھ ہیں
ایک سے بڑھ کر ایک....مگر جو
سب سے گہرا دکھ
پروین نے اپنی آنکھوں سے دیکھا ہے
وہ ہے
ایک بھکارن بچی کے اس پھول سے تازہ چہرے پر
ٹھنڈی سی، بجھی بجھی سی، بوڑھی آنکھیں!

لہذا کہا جا سکتا ہے کہ پروین شیر ایک فطری فنکارہ ہیں۔ وہ بہت اچھی شاعرہ، بہترین مصورہ اور کامل موسیقار ہیں، یہ گونا گوں صفت یقیناً خدا کی دین ہے۔ وہ اپنے سینے میں ایک درد دل مندر رکھتی ہیں۔ یہی وجہ ہے کہ دوسروں کا دکھ درد اور اذیت دیکھ کر وہ تڑپ جاتی ہیں، جہاں جہاں بھی ظلم ہوتا ہے اس کا ردعمل پروین شیر کی آنکھوں سے ٹپکتے اشکوں سے ظاہر ہوتا ہے۔ یہی اشک کبھی کبھی کسی شعر میں ڈھل کر ان کے قلم

سے نمودار ہوتے ہیں اور کبھی کبھی کسی رنگ میں ڈھل کر ان کے برش کی زبان سے بولنے لگتے ہیں۔

پروین شیر کے نئے شعری اور مصوری کے مجموعے ''بے کرانیاں'' شامل ہے۔ سال ۲۰۰۸ء نئی دہلی میں جشن ریختہ کی جانب سے ان کی نئی کتاب کی رسم اجرا کا اہتمام کیا گیا اور اس کی رونمائی اردو ادب کے صف اول کے نقاد پروفیسر گوپی چند نارنگ صاحب نے فرمائی۔ نارنگ صاحب نے اپنے صدارتی خطبے میں ''بے کرانیاں'' پر گفتگو کرتے ہوئے فرمایا کہ ستاروں اور سیاروں کے علاوہ کیا ہے Space میں، دوسرے Satellite نہیں ہیں؟ بالکل ہیں، اور سب بے کراں ہیں۔ اس کے بعد نارنگ صاحب نے پروین شیر کی نظموں کی خصوصیت بیان کرتے ہوئے ان کی نظم ''بے کراں'' سامعین کو سنائی۔ انہوں نے فرمایا کہ موجود اور نامور کو پروین شیر نے اپنی نظم ''بے کراں'' میں برتا ہے۔ یہاں پوری نظم کے بجائے اس کے کچھ اشعار ذیل میں درج کئے جاتے ہیں:

زندگی سے پرے/زندگی گامزن ہے کہاں
یہ تسلسل کہیں/ختم ہوتا نہیں
ایک پل بھی ٹھہرتا نہیں
ہانپتی زندگی
دوڑتی ہی چلی جا رہی ہے یہاں
پاؤں چھلنی ہوئے ہیں مگر/دور تک
بے کرانی میں ڈوبا ہوا
کتنے نقش قدم اوڑھ کر/جا رہا ہے نہ جانے کہاں راستہ

الغرض پروین شیر نے جس طرح اپنے نسائی افکار سے ہماری شاعری میں جگہ بنائی، وہ ایک مثال ہے۔ ہر چند دونوں فن بظاہر ایک دوسرے سے گہرے تعلق کے حامل ہیں، شاعری تصور اور فکر و خیال کو الفاظ میں منتقل کرنے کا فن ہے، تو مصوری اپنے خیال و فکر یا تصور کو تصویر کرنے کا ہنر۔ مگر دونوں کا کام ہرگز آسان نہیں کہ صرف لفظوں کو کسی وزن میں جوڑ دینا شاعری نہیں، اسی طرح برش سے رنگوں کے ذریعے کچھ بنا دینے کا نام مصوری نہیں۔ یہ تو چیز دیگر است والا فن ہے۔

◄◄ ● ►►

● عاتکہ ماہین

متن کی قرأت کے عناصر

قوموں کی ترقی کا انحصار ان کی زبان پر ہوتا ہے اور زبان چونکہ ایک زندہ شئے ہے، ردّ و قبول کی صلاحیت رکھتی ہے لہذا اس میں جدّت واقع ہونا ناگزیر ہے۔ تمام زبانوں کے کچھ اصول و قواعد مقرر ہوتے ہیں لیکن محض قواعد کی بنا پر زبانیں ارتقاء پذیر نہیں ہوتیں بلکہ عوام کے ذریعہ بولے جانے والے کچھ الفاظ جو چلن میں آجاتے ہیں زبان کو وسعت دینے میں اہم رول ادا کرتے ہیں۔ کسی بھی زبان میں تغیر و تبدیلی کا عمل اس زبان کے بولنے والوں کی وجہ سے واقع ہوتا ہے۔ لہذا زبان کے رکھوالوں پر یہ ذمہ داری عائد ہوتی ہے کہ اپنی زبان کو لکھنے، پڑھنے کا صحیح طریقہ اختیار کریں۔

متن کے لئے ضروری ہے کہ وہ تحریری شکل میں موجود ہو۔ متن خواہ شعر ہو یا نثر اس کی اہمیت تبھی ہوگی جب کہ اس کو پڑھا جائے۔ متن کی صحیح قرأت کی ضرورت اس لئے ہے کہ انسان کا تعلق پہلے آواز سے قائم ہوتا ہے۔ تحریر کا مرحلہ اس کے بعد کا ہے۔ ایک عمدہ لکھی ہوئی تحریر میں گرچہ تحریر کی تمام خوبیاں موجود ہوں مواد اچھا ہو، خوش خط بھی ہو۔ لیکن اگر اس کو کسی محفل میں پڑھنے کی ضرورت پیش آگئی اور متن کو صحیح طریقے سے نہیں پڑھا گیا تذکیر و تانیث کا خیال نہیں رکھا گیا، لہجے کے اتار چڑھاؤ پر توجہ نہ دی گئی اور تلفظ کی ادائیگی درست نہ ہوسکی تو تحریر کی تمام خوبیاں پیش کش کی خامیوں کی وجہ سے پس منظر میں چلی جائیں گی۔ اسی طرح قاری کسی عبارت سے صحیح معنوں میں اسی وقت لطف اندوز ہوسکتا ہے جب کہ وہ عبارت کو صحیح ڈھنگ سے پڑھنے پر قادر ہو۔ درج ذیل عناصر کو ملحوظ رکھتے ہوئے بہتر طریقے سے متن کی قرأت کی جاسکتی ہے۔

آواز، لہجہ، تلفظ، روزمرّہ اور محاورہ سے واقفیت، رموز اوقاف اور غیر ضروری الفاظ سے اجتناب۔:

اردو کے حروف تہجّی میں ہر حرف کی ایک مخصوص آواز ہے اور متن کی صحیح قرأت کے لئے ان آوازوں کی پہچان رکھنا بہت ضروری ہے۔ مثلاً ٹ، ڈ، ڑ وغیرہ خالص اردو کے حروف ہیں۔ عربی کے حروف تہجّی میں یہ حروف شامل نہیں ہیں۔ لہذا عربی والے ان آوازوں کو ادا نہیں کر سکتے لیکن اردو پڑھنے والا اگر "جو دل ہی ٹوٹ گیا، کیا ہوں شعر تر پیدا" اس مصرعے کو اس طرح ادا کرے "جو دل ہی توت گیا، کیا ہوں شعر تر پیدا" تو یہ مناسب نہیں۔ بعض علاقائی بولی بولنے والے "ش" اور "س" میں "ز" اور "ج" میں فرق نہیں کر پاتے اور ان حروف کو یکساں پڑھتے

ہیں۔آواز کے سلسلے میں ایک اور قابل ذکر بات یہ ہے کہ اگر متن کی بلند خوانی درکار ہے تو ایسی صورت میں قاری کی آواز بھی صاف اور بلند ہونی چاہیے۔آواز کی لڑکھڑاہٹ یا دھیمے پن سے گفتگو کا اثر زائل ہو جاتا ہے۔

لفظ کی ادائیگی کرتے ہوئے اس کے حروف کے مخارج اور اعراب کا شعور ہونا بھی ضروری ہے کہ کون سا حرف ساکن ہے کون سا متحرک ہے اور اگر متحرک ہے تو زبر، زیر، یا پیش ہے۔اس کے علاوہ کس لکھے ہوئے حرف کی حیثیت غیر ملفوظی ہے اور کس غیر مکتوب حرف کی حیثیت ملفوظی ہے۔یعنی حروف کے حذف و اضافہ کا کیا مقام ہے نیز لفظ کا لہجہ کیا ہے اس کی کیفیت کیا ہے۔مثال کے طور پر فانی بدایونی کا شعر ہے۔

اک معمّا ہے سمجھنے کا نہ سمجھانے کا　　زندگی کاہے کو ہے؟ خواب ہے دیوانے کا

(کلیات فانی؛ فانی بدایونی، ص ۴۵)

مذکورہ مثال میں لفظ خواب میں ''واؤ'' کی حیثیت غیر ملفوظی ہے۔لفظ کی کیفیت کے سلسلے میں میر تقی میر کا یہ شعر ہے۔

عشق ہمارا آہ نہ پوچھو کیا کیا رنگ بدلتا ہے　　خون ہوا، دل داغ ہوا، پھر درد ہوا، پھر غم ہے اب

(کلیات میر، جلد اول، دیوان پنجم: میر تقی میر، ص ۷۵۱)

مذکورہ مثال میں خون ہونا، دل داغ ہونا، درد اور غم تمام الفاظ تکلیف کے اظہار کے لئے مستعمل ہیں۔لیکن ان کی کیفیات مختلف ہیں۔جیسے جیسے تکلیف کی شدت میں کمی آرہی ہے لفظوں کی شدت میں بھی بالترتیب ایک ایک درجے کمی واقع ہو رہی ہے۔لہٰذا لہجہ میں زیر و بم پیدا کرنے کے لئے لفظ کی کیفیت کا شعور رکھنا بھی ضروری ہے۔

تمام حروف کے مخارج بھی یکساں نہیں ہوتے۔لفظ مخرج اسم ظرف ہے جس کے معنی ہے نکلنے کی جگہ۔مختلف حروف کی بیچ منھ کے مختلف حصوں سے ہوتی ہے۔مثلاً زبان، تالو، حلق، لب، ناک، وغیرہ سے حروف کی آواز نکلتی ہے۔حلق سے نکلنے والے حروف ''ح''، ''ع'' وغیرہ حروف حلقی کہلاتے ہیں۔متن کو بہتر طریقے سے پڑھنے کے لئے ضروری ہے کہ مخارج کی درست ادائیگی کا دھیان رکھا جائے۔بعض حروف ایسے ہیں جن کا مخرج عربی زبان میں کچھ اور ہے لیکن اردو زبان نے اس کے اصل مخرج کو قبول نہیں کیا۔مثال کے طور پر ''ث''، ''ص''، ''ض'' وغیرہ۔''ث'' کی ادائیگی اہل عرب زبان کو دانت سے ملا کر کرتے ہیں۔جبکہ اردو میں ''ث'' کے لئے بھی ''س'' کی آواز مستعمل ہے۔اگر اردو کی عبارت پڑھتے ہوئے ''ث'' کی ادائیگی عربوں کے انداز میں کی جائے تو غیر فصیح ہوگا۔مثال:

تجھے آباء سے اپنے کوئی نسبت ہو نہیں سکتی　　کہ تو گفتار، وہ کردار، تو ثابت، وہ سیّارا

(بانگ درا؛ علامہ اقبال، ص ۱۹۸)

تلفظ کا ایک اہم جز لفظ کا اعراب ہے۔بعض الفاظ غلط اعراب کے ساتھ زبان زد خاص و عام ہو چکے ہیں اور اہل زبان نے ان کو مستند قرار دیتے ہوئے اسی طرح پڑھنے کی اجازت دی ہے۔جیسے کہ لفظ نشتر ہے یہ نیشتر کا مخفف ہے۔اس کا درست اعراب ''ن'' کے کسرہ کے ساتھ نشتر ہونا چاہئے تھا لیکن اس کو ''ن'' کے فتحہ کے ساتھ ہی پڑھنے کی رخصت ہے۔بعض الفاظ غلط اعراب کے ساتھ صرف عوام میں رائج ہیں۔اہل زبان نے ان کو مستند قرار نہیں دیا ہے۔مثلاً صبح ''ص'' کے ضمہ اور ''ب'' ساکن کے ساتھ درست ہے لیکن بیشتر لوگ صبح ''ص'' کے ضمہ اور ''ب'' کے فتحہ کے ساتھ پڑھتے ہیں جو کہ درست نہیں ہے۔اسی طرح لفظ نَشاط کو نِشاط پڑھا جاتا ہے۔لہذا متن کی قرأت کے سلسلے میں اس طرح کے الفاظ کی تحقیق کر لینی چاہیے۔

اردو زبان مختلف زبانوں کے میل سے بنی ہے۔عربی، فارسی اور انگریزی کے بہت سے الفاظ اردو زبان میں داخل ہو کر اس کا حصہ ہو گئے ہیں۔لیکن ان کی قرأت کے وقت ضروری نہیں ہے کہ انھیں زبانوں کے اصول و قواعد کا انطباق کیا جائے، وہی لہجہ اور وہی تلفظ اختیار کیا جائے جو ان کی اپنی زبان کے ہیں بلکہ اردو کا اپنا مزاج ہے۔دوسری زبانوں کے الفاظ کو اپناتے ہوئے ان کو اپنے مزاج کے مطابق ڈھال لیتی ہے۔اردو زبان میں شامل غیر زبان کے بعض لفظوں کی جمع بناتے ہوئے بھی ان زبانوں کے قواعد کا خیال نہیں رکھا جاتا۔جیسے کہ لفظ موبائل کثرت استعمال کی وجہ سے اردو زبان کا مستقل حصہ ہو چکا ہے۔اس کی جمع اردو میں انگریزی قاعدے کے مطابق موبائلس نہ استعمال کر کے ''ی'' اور ''ن'' یا ''و'' اور ''ن'' کے اضافہ کے ساتھ استعمال کیا جائے گا۔مثلاً اگر جملہ اس طرح ادا کیا جائے۔

''ایک کمرے میں چار لوگ تھے اور چاروں اپنے اپنے موبائلس میں مصروف تھے'' تو یہ جملہ غیر فصیح ہوگا۔

اردو میں بیشتر الفاظ ایسے بھی ہیں جن کے لکھنے کا طریقہ ایک ہی ہے۔لیکن ان کے معنی مختلف ہیں۔سِرّ بمعنی راز، سَر بمعنی کسی چیز کا بالائی حصہ، سُر بمعنی آواز۔اسی طرح ملک، مَلَک، مِلک تینوں الفاظ کے معنی مختلف ہیں۔چونکہ اردو میں اعراب واضح کر کے نہیں لکھا جاتا ایسی صورت میں قاری کو سیاق و سباق سے اندازہ لگانا ہوگا۔

متن پڑھتے وقت لب ولہجہ کا خیال رکھنا بھی ضروری ہے۔آواز کے زیر و بم سے لہجے کی تشکیل ہوتی ہے نیز آوازوں کے مناسب اتار چڑھاؤ سے خوبصورت آہنگ پیدا ہوتا ہے۔لہجے کے سپاٹ پن سے متن کی خوش آہنگی مجروح ہوتی ہے۔علاوہ ازیں ایک ہی جملے کو اگر لہجہ بدل کر پڑھا جائے تو اس سے معنی میں بھی تبدیلی واقع ہوتی ہے۔یعنی مختلف لہجوں کے استعمال سے ایک ہی متن سے مختلف معنی برآمد کئے جا سکتے ہیں۔ایک جملہ ہے۔

''بازار جانا ہے''۔اس کو اگر سیدھے سادے انداز میں پڑھا جائے تو گویا بازار جانے کی اطلاع دی جا رہی ہے۔دوسری صورت اس کی یہ ہے کہ۔

''بازار جانا ہے۔'' لفظ بازار پر زور دے کر پڑھا جائے تو سرزنش کی کیفیت پیدا ہو رہی ہے۔

''بازار جانا ہے؟'' اگر استفہامیہ انداز میں پڑھا جائے تو گویا سوال کیا جا رہا ہے۔

لہجے کے تغیرات سے متن میں موجود حیرت و استعجاب، غصہ، خوشی و غم کی کیفیات کو آسانی سے سمجھا سکتا ہے۔ بعض الفاظ زیادہ زور دے کر پڑھے جانے کا تقاضہ کرتے ہیں اور بعض الفاظ ایسے ہوتے ہیں جن پہ زیادہ زور دینے کی ضرورت نہیں ہوتی۔

شعر یا نثر کی قرأت کرتے وقت اس کے فقروں کے درمیان غیر ضروری فصل پیدا کر دیا جائے تو اس سے بھی معنی کی تفہیم میں دشواری پیدا ہوتی ہے اور قرأت کا حسن بھی برقرار نہیں رہتا۔ مثال:

جو میں سر بسجدہ ہوا کبھی تو زمیں سے آنے لگی صدا　　　ترا دل تو ہے صنم آشنا تجھے کیا ملے گا نماز میں

(بانگ درا؛ علامہ اقبال، ص ۳۲۱)

مذکورہ شعر کی قرأت کرتے وقت ''جو میں سر بسجدہ ہوا کبھی'' کے بعد فاصلہ درکار ہے اور اگر اس کو ملا کر پڑھ دیا جائے تو شعر کا حسن غارت ہو جائے گا۔ اسی طرح اگر دو الفاظ کے درمیان زیادہ فصل درکار ہے اور کم فاصلہ کر کے پڑھا گیا تو بھی متن کی قرأت درست نہ ہوگی اور صحیح مفہوم تک رسائی بھی نہیں ہو سکے گی۔ مثال:

لے سانس بھی آہستہ کہ نازک ہے بہت کام　　　آفاق کی اس کارگہ شیشہ گری کا

(کلیات میر؛ میر تقی میر، ص ۱۷)

مذکورہ شعر میں لے اور سانس دو الگ الگ الفاظ ہیں اور دونوں کے درمیاں فاصلہ کا محل ہے۔ لیکن اگر لے اور کر پڑھ دیا جائے ''لے سا'' تو یہ ایک نئے لفظ کی صورت میں سامنے آئے گا جو کہ مہمل ہے۔ متن کی صحیح قرأت کے لئے ضروری ہے کہ قاری کو اپنی زبان میں رائج روزمرّہ و محاورہ سے بھی واقفیت حاصل ہو۔ روزمرہ بیان کے اس طریقے کو کہتے ہیں جو اہل زبان کے نزدیک مستند ہو۔ مثلاً آنکھ میں درد ہے، اگر اس کو اس طرح پڑھا جائے چشم میں درد ہے تو یہ روزمرّہ کے خلاف ہوگا۔ محاورہ اس کلام کو کہتے ہیں جس سے حقیقی معنی کے بجائے مجازی معنی مراد لئے جائیں، مثلاً کان کھڑے کرنا بمعنی ہوشیار ہونا، چوکنا ہونا۔ محاوروں کا استعمال ان کی اصل شکل میں ہی ہوتا ہے اگر اس میں تحریف کر دی جائے تو یہ زبان کا عیب ہوگا۔

بعض اوقات جملے بہت طویل ہوتے ہیں ایسی صورت میں یہ قید ہرگز نہیں ہے کہ ایک طویل جملے کو ایک ہی سانس میں ادا کیا جائے۔ بلکہ ٹھہر ٹھہر کر آہستہ پڑھنے سے جملے کی ادائیگی کو ممکن بنایا جا سکتا ہے۔ اس کے لئے مختلف رموز و اوقاف رائج ہیں۔ جن کے استعمال سے عبارت کو پڑھنا اور سمجھنا قدرے آسان ہو جاتا ہے۔ رموز، رمز کی جمع ہے بمعنی علامت اور اوقاف، وقف کی جمع ہے بمعنی ٹھہرنا، ان ٹھہرنے کی علامات کا استعمال بھی الگ الگ ہے۔

سکتہ	comma	،
وقفہ	semi colon	؛
رابطہ	colon	:
ختمہ	full stop	۔
سوالیہ	sign of introgation	؟
ندائیہ، فجائیہ	sign of exclamation	!
قوسین	Brackets	()
واوین	Inverted commas	‘‘ ’’

متن کی قرأت میں غیر ضروری لفظوں کا استعمال بھی عبارت کو بوجھل بنا دیتا ہے اور سادہ سے متن میں پیچیدگی پیدا ہو جاتی ہے۔مثلاً وہی کے بجائے وہ ہی اور سبھی کے بجائے سب ہی کا استعمال زبان پر گراں گزرتا ہے۔اس لئے قاری کی یہ کوشش ہونی چاہئے کہ زائد لفظوں کے استعمال سے گریز کرے مثلاً ایک جملہ ہے۔

’’وہ اگر چہ مصروف نہیں تھے،مگر وہ میرے پاس نہیں بیٹھے۔‘‘

اس جملے کو اگر اس طرح پڑھا جائے کہ’’وہ مصروف نہیں تھے مگر میرے پاس نہیں بیٹھے‘‘تو بہتر ہوگا۔اس طرح زائد الفاظ کے نکال دینے سے زبان میں روانی پیدا ہو جاتی ہے لڑکھڑاہٹ یا گرانی محسوس نہیں ہوتی اور قرأت میں تکرار کا عیب بھی باقی نہیں رہتا۔

غرض یہ کہ ادب کا مطالعہ انسانی ذہن کو تازگی عطا کرتا ہے اور اس کے علم میں اضافے کا باعث بھی ہوتا ہے۔لیکن ان فوائد کا حصول اسی صورت میں ممکن ہے جبکہ ادبی متون کے تمام معانی و مفاہیم قاری پر روشن ہوں۔متن کی درست قرأت کے بغیر اس کے معانی و مفاہیم تک رسائی ناممکن ہے۔لہذا متن کی قرأت کے سلسلے میں مذکورہ نکات کو پیش نظر رکھتے ہوئے بہت حد تک قرأت کی دشواریوں سے نبرد آزما ہوا جا سکتا ہے۔

◀◀ ● ▶▶

معاون کتب:۔ ا۔اردو کیسے لکھیں (صحیح املا)؛ رشید حسن خاں، مکتبہ جامعہ،نئی دہلی ۱۹۷۵

۲۔انشا اور تلفظ؛ رشید حسن خاں، مکتبہ جامعہ،نئی دہلی، ۲۰۱۱،

۳۔حسن تلفظ: ممتاز احمد عباسی، عباسی لیتھو آرٹ پریس، کراچی، بار اول ۱۹۷۲،

۴۔اصلاح تلفظ و املا: طالب الہاشمی، لاہور

● محمد ریحان

پروین شاکر کی غزلیہ شاعری: ایک مختصر جائزہ

پروین شاکر پاکستان کے شہر کراچی میں نومبر ۱۹۵۲ء کو پیدا ہوئیں۔ ان کے والد کا نام سید شاکر حسن تھا۔ ان کا خانوادہ صاحبان علم وادب کا خانوادہ تھا۔ ان کے خاندان میں کئی نامور شعرا اور ادباء پیدا ہوئے۔ جن میں بہار حسین آبادی کی شخصیت نہایت بلند ہے۔ آپ کے نانا حسن عسکری ایک اچھا ادبی ذوق رکھنے والے انسان تھے۔ انہوں نے بچپن میں پروین شاکر کو کئی شعرا کے کلام سے روشنا کروایا۔ پروین شاکر ایک ذہین طالبہ تھیں۔ دوران تعلیم وہ اردو کے ادبی مباحثوں میں حصہ لیتی رہیں۔ اس کے ساتھ ساتھ ریڈیو پاکستان کے مختلف ادبی وعلمی پروگراموں میں شرکت کرتی رہیں۔ انگریزی زبان وادب میں گریجویشن کیا۔ اور بعد میں جامعہ کراچی سے ایم۔ اے۔ (انگریزی) کی ڈگری حاصل کی۔ وہ استاد کی حیثیت سے نو سال تک درس وتدریس کے شعبہ سے وابستہ رہیں۔ اور پھر بعد میں آپ نے سرکاری ملازمت اختیار کر لی۔ ۱۹۸۶ء کو کسٹم ڈیپارٹمنٹ، سی. بی. آر. اسلام آباد میں سکریٹری دوم کے طور پر اپنی خدمات انجام دینے لگیں۔ ۱۹۹۰ء میں ٹرینٹی کالج جو امریکہ سے منسلک تھا سے تعلیم حاصل کی ۱۹۹۱ء میں ہاورڈ یونیورسٹی سے پبلک ایڈمنسٹریشن میں ماسٹر کی ڈگری حاصل کی۔ پروین شاکر کی شادی ڈاکٹر نصیر علی سے ہوئی جن سے بعد میں طلاق واقع ہوگئی۔

پروین شاکر نے اردو شاعری کو ایک منفرد لب ولہجہ اور احساس عطا کیا۔ ان کی شاعری اپنے عہد کی خوبصورت آئینہ اور ماضی کی روایت کا تسلسل ہے۔ پروین شاکر کی شاعری کا سب سے اہم حوالہ محبت اور نسوانی جذبات واحساسات کی عکاسی ہے۔ وہ اپنی شاعری میں ایک مکمل نسائی حیثیت کی تشکیل کرتی نظر آتی ہیں۔ نسائیت صرف یہ نہیں ہے کہ گھر، آنگن، اور سنگھار کی بات کی جائے بلکہ نسوانی جذبات کی مکمل تصویر کشی، خوشبو، رنگ لمس، موسموں کی رنگینی اور رشتوں کے ذائقوں کا بیان ہے۔ اور پروین شاکر کی شاعری ان نسوانی کیفیات کا با کمال اظہار ہے، پروین شاکر بنیادی طور پر غزل کی شاعرہ ہیں۔ ان کی غزلیں بڑی شگفتہ اور بے ساختہ ہوتی ہیں۔ پروین شاکر کے یہاں روایتی شاعری کا تتبع بھی ہے مگر زیادہ تر اپنی ذاتی محرومیوں اور مایوسیوں کا بیان ہے۔ لیکن ان محرومیوں کی بدولت ان کے یہاں بیزاری کا رویہ نہیں ملتا بلکہ وہ زندگی کے مختلف تجربات سے زندگی کے نئے سلیقے اور انداز اخذ کرتی ہیں۔ انہوں نے ذاتی غم کے علاوہ روح عصر کے حالات اور غم کو بھی اپنی

شاعری میں پیش کیا ہے۔ وہ معاشرے میں عورت کے کرب کی صحیح نمائندگی کرنے والی شاعرہ ہیں۔ بلکہ پروین شاکر اپنی شاعری میں حقوق نسواں کی سچی علم بردار اور صنف نازک کے جذبات واحساسات کی خوبصورت ترجمان ہیں۔ غزل میں ان کی انفرادیت کا سبب ان کی موضوعاتی جدت ہے۔ انہوں نے نسوانی جذبات و احساسات کو حقیقی انداز میں پیش کیا ہے۔ ان کے یہاں چاہت، رفاقت، ملاقات، جدائی، فراق، جذبے اور احساسات نئے انداز میں دکھائی دیتے ہیں۔ انہوں نے بھرپور طریقے سے نسوانی احساسات کا اظہار کیا ہے۔ انہوں نے عشق جسمانی اور محسوساتی کیفیت کا بیان بڑی خوبصورتی سے کیا ہے۔

اس نے جلتی ہوئی پیشانی پر جب ہاتھ رکھا روح تک آگئی تاثیر مسیحائی کی
ہم تو سمجھے تھے کہ ایک زخم ہے بھر جائیگا کیا خبر تھی کہ رگ جاں میں اتر جائیگا
جس طرح خواب میرے ہوگئے ریزہ ریزہ اس طرح سے نہ ٹوٹ کر بکھرے کوئی
میں سوچتی ہوں کہ مجھ میں کمی تھی کس شئے کی کہ سب کا ہو کے رہا وہ، بس ایک مرا نہ ہوا

درد اور تکلیف کی شدت محبوب کی قربت کی بدولت کم ہوجاتی ہے۔ پروین شاکر ایک ایسی عورت کو اپنی شاعری میں پیش کرتی ہیں جس کی تمام تھکن اور درد محبت کے پھاہے کا طلبگار ہے۔ جس طرح دوا مریض پر اثر کرتی ہے۔ مریض عشق کے لیے محبت کا حصول اور اس کا قرب مسیحائی کا سبب بنتا ہے۔ پروین شاکر کے لیے یہ جذبہ اس لیے بھی شدید رہا کہ وہ اپنی محبت کے حصول سے محروم رہیں، لیکن اپنی شاعری میں وہ اس کا شدید اظہار تصوراتی لمس کی صورت میں کرتی ہیں۔ پروین شاکر کی شاعری میں کربناک موڑ اس وقت آتا ہے جب ان کے شوہر نصیر علی خان سے ان کی علاحدگی ہوجاتی ہے۔ اور جب وہ اس موضوع پر اظہار خیال کرتی ہیں تو ان کے بیان میں بہت تلخی آجاتی ہے اور اس علاحدگی کا دکھ بہت نمایاں ہوجاتا ہے۔

کمال ضبط سے خود کو بھی آزماؤنگی میں اپنے ہاتھ سے اس کی دلہن سجاؤنگی
سپرد کر کے اسے روشنی کے ہاتھوں میں میں اپنے گھر کے اندھیروں میں لوٹ آؤنگی
بدن کے کرب کو وہ بھی نہ سمجھ پائیگا میں دل میں روؤنگی آنکھوں میں مسکراؤنگی
وہ کیا گیا کہ رفاقت کے سارے لطف گئے میں کس سے روٹھوں گی اور کس کو مناؤنگی
وہ ایک رشتہ ہے نام بھی نہیں لیکن میں اب بھی اس کے اشارہ پر سر جھکاؤنگی
جواز ڈھونڈھ رہا تھا وہ نئی محبت کا وہ کہہ رہا تھا میں اس کو بھول جاؤنگی

درج بالا اشعار میں پروین شاکر حسن کے حسنی اور لمسی کیفیات کا بیان کرتے ہوئے اردو شاعری کی روایت سے انحراف کرتی ہوئی نظر آرہی ہیں۔ محبت میں گذرے ہوئے لمحے اور محبوب کے وجود کا احساس، حسن کا بیان، اور عشقیہ جذبات کی پیش کش بھی روایتی انداز سے مختلف ہے، محبت میں معاملہ بندی کا

بیان کچھ اس انداز سے کرتی ہیں۔ جس میں ایک عورت کے گہرے جذبے اور تاثرات جھلکتے ہیں۔ یہاں بھی محبوب سے فریب میں گذرے ہوئے لمحوں کی عکاسی چلتی پھرتی تصویر کے مانند سامنے آتی ہے، جس میں اداسیوں اور تنہائیوں کے نوحے بھی ہیں اور امید رجائیت کی کرنیں بھی۔ پروین شاکر کی شاعری میں ان کا وسیع مطالعہ، ان کے ذاتی تجربات، شدت جذبات اور مشاہدے کی گہرائی جھلکتی ہے۔

وہ بے خوف شاعرہ ہیں، انہوں نے اپنے کومل جذبات کا برملا اظہار کیا ہے لیکن محبت میں پیش آنے والے وہ معاملات جن میں محبوب کی بے وفائی کا ذکر ہو اور جس میں جسمانی لذت کا اظہار بے باک انداز میں کیا گیا ہو وہ بھی ان کی اہم خصوصیت ہے، پروین شاکر نے شاعری میں اپنی حقیقتی ذات کو پیش کیا ہے۔ انہوں نے وہی سب کچھ لکھا ہے جو ان کی ذات ان سے لکھوا رہی ہے۔

کو بہ کو پھیل گئی بات شناسائی کی　　اس نے خوشبو کی طرح میری پذیرائی کی
کیسے کہہ دوں کہ مجھے چھوڑ دیا ہے اس نے　　بات تو سچ ہے مگر بات ہے رسوائی کی
وہ کہیں بھی گیا لوٹا تو میرے پاس آیا　　بس یہی بات ہے اچھی میرے ہرجائی کی
اب بھی برسات کی راتوں میں بدن ٹوٹتا ہے　　جاگ اٹھتی ہیں عجب خواہشیں انگڑائی کی

پروین شاکر کے لفظوں کی آواز خوشبو اور ذائقہ وہی لوگ محسوس کر سکتے ہیں جو گداز دل رکھتے ہیں۔ انہوں نے اپنی شاعری میں عورت کے احساسات کو نہ صرف جمالیاتی حسن سے نوازا بلکہ ان کے لیے ادب میں اپنا مقام پیدا کرنے کے لیے راہ بھی ہموار کی۔ جو شاعری پروین شاکر نے کی ہے، میں سمجھتا ہوں کہ ان سے پہلے اردو ادب میں خواتین شاعرات نے یہ لب و لہجہ کبھی نہیں اپنایا تھا۔ ''صد برگ'' تک پہنچتے پہنچتے پروین شاکر کی محبت روایتی تصویر کو چھوڑ کر حقیقت کے قالب میں ڈھل کر سامنے آتی ہے۔ سماجی شعور، عصری تجربات اور ذاتی غم ان کی غزل کا پیکر پیش کرتے ہیں۔ یہاں نسائی جذبات خوابوں کی دنیا سے نکل کر حقیقت کی زندگی سے آنکھ ملاتے ہوئے نظر آتے ہیں، قرب محبوب کے دلنواز لمحوں کی خواہش اور آرزو ان کی شاعری میں جابجا نظر آتی ہے۔ لیکن ہجر کی بدولت ان کی شاعری میں ایک تڑپ اور سوز و گداز پایا جاتا ہے۔ ہجر و فراق کی بدولت وہ درد میں تڑپتی ہیں اور غم جاناں و غم دوراں کی بدولت ان کی آنکھوں سے آنسو کی قطاریں بھی رواں ہوتی نظر آتی ہیں۔ آنسو بہانا بھی نسوانی جذبات کی عکاسی ہے کہ ان کی آنکھ سے ڈھلکے ہوئے آنسوان کی نسوانی بصیرت اور احساسات کی ترجمانی کرتے ہیں، وہ قلبی واردات کا اظہار کرنے میں ذرا بھی تکلف سے کام نہیں لیتی ہیں۔ وہ محبت میں وارفتگی اور شدت کی خواہاں ہیں۔ اس لیے وہ کہتی ہیں:

میں اس کی کھوج میں دیوانہ وار پھرتی رہی　　اسی لگن سے کبھی مجھ کو ڈھونڈھتا وہ بھی
گلی کے موڑ پہ دیکھا اسے تو کیسی خوشی　　کسی کے واسطے ہوگا رکا ہوا وہ بھی

شاعری کے ذریعہ اگرچہ پروین شاکر نے اظہار ذات کو ممکن بنایا مگر اپنے خیالات کا اظہار کرتے کرتے ماحول اور آس پاس بکھرے ہوئے زمانے کے درد کو بھی شعروں میں پیش کیا اور اپنی ذات میں چھپے درد وغم کو بھی صفحہ قرطاس پر بکھیرا اور ان خوابوں کا بھی ذکر کیا جن کی کبھی تعبیر نہ ملی۔ انہوں نے اپنے حسین جذبوں اور اچھوتے خیالوں کو بڑے نرم و نازک لفظوں میں بیان کیا ہے۔ اسی طرح انسانی احساسات وجذبات کی عکاسی بھی بڑے نفاست سے کرتی نظر آتی ہیں۔ مختصر یہ کہ وہ عورت کے جذبات و احساسات کی خوبصورت مصوری کرتی ہیں اور ان کی شاعری میں جذبوں کی ایسی تصویر کشی ہے جو چلتی پھرتی اور حرکت کرتی محبت کی شدت میں سانس لیتی نظر آتی ہے

پروین شاکر کے یہاں ایک نوجوان لڑکی کے جذبات سے لیکر ایک شادی شدہ عورت اور پھر ایک ماں کی نسائی کیفیت کا بھرپور اظہار نہایت ہنرمندی سے دیکھنے کو ملتا ہے۔ ان کے یہاں جس عورت کا کردار سامنے آتا ہے وہ مسلسل ارتقا پذیر ہے۔ ایک کم عمر لڑکی جو گھر میں ازدواجی زندگی کے خواب بنتی ہے، محبت میں ناکامیابی کے بعد مشرقی اقدار کے لیے اپنے والدین کی مرضی سے شادی کرتی ہے مگر شادی کا انجام ناکامی پر ہوتا ہے۔ اپنے بیٹے کو اپنی خوشیوں کا محور بناتی ہے اور زمانے کی گردشوں کو برداشت کرتی ہے۔ یوں ان کی شاعری میں عورت کے حوالے سے ہر رنگ ملتا ہے جو فطری بھی ہے اور پرتاثیر بھی۔ غرض یہ کہ پروین شاکر نسائی کیفیات کے محاکات نگاری بھرپور انداز میں شاعری میں پیش کرتی ہیں۔ پروین شاکر نے اپنی کیفیات کا اظہار ''صد برگ'' کے دیباچے میں بعنوان ''رزق ہوا'' میں کچھ اس طرح سے کیا ہے۔

> ''لیکن جس معاشرے میں قدروں کے نمبر منسوخ ہو چکے ہوں اور درہم خداری، دینار عزت نفس، کوڑیوں کے بھی مول نہ نکلیں، وہاں نیکی کی نصرت کو کون آئے؟ وہاں کی سماعتیں بہری اور بصارتیں اندھی ہو جاتی ہیں...... اور میرا گناہ یہ ہے کہ میں ایک ایسے قبیلے میں پیدا ہوئی جہاں ایسی سوچ رکھنا جرائم میں شامل ہے، مگر قبیلے والوں سے بھول یہ ہوئی کہ انہوں نے مجھے پیدا ہوتے ہی زمین میں نہیں گاڑا (اور اب مجھے دیوار میں چن دینا ان کے لیے اخلاقی طور پر اتنا آسان نہیں رہا۔) مگر وہ اپنی بھول سے بے خبر نہیں، سو اب میں ہوں اور ہونے کی مجبوری کا یہ اندھا کنواں جس کے گرد گھومتے گھومتے میرے پاؤں پتھر کے ہو گئے ہیں اور آنکھیں پانی کی...... کیونکہ میں نے اور لڑکیوں کی طرح کھوپے پہننے سے انکار کر دیا تھا۔ اور انکار کرنے کا انجام اچھا نہیں ہوا۔''

پروین شاکر کی شاعری کے اس مختصر سے جائزے سے یہ بات عیاں ہو جاتی ہے کہ وہ اپنی

غزلوں میں اپنے نازک احساسات پر اپنے شاعرانہ خلوص اور انتہائی متاثر کن لہجے میں شیریں تغزل اور دلکش ترنم میں پیش کر دینے کے ہنر سے بخوبی واقف ہیں۔ ان کے شاعری پڑھنے کا انداز بھی بہت دلکش اور نرالا ہے۔ ان کی شاعری اعلیٰ اسلوب اور عمدہ خیالات کا حسین امتزاج ہے۔ ان کے احساسات کی نیرنگی نے ان کے خیالات میں واقعیت پیدا کر دیتے ہیں۔ انہوں نے قدیم اشاروں میں بھی نئے گوشے پیدا کر دیے ہیں۔ جس نے ان کی غزل کو روایتی ہونے سے بچالیا۔ ان کی شاعری کے مطالعے سے یہ واضح ہو جاتا ہے کہ شروع سے ہی ان کی یہ کوشش رہی ہے کہ شاعری میں ان کی عوامی شناخت کے ساتھ ساتھ ان کی انفرادیت بھی قائم رہے۔ چوبیس (۲۴) سال کی عمر میں کوئی ادب کی دنیا میں داخل ہو اور چوالیس (۴۴) سال کی عمر میں اس دار فانی سے کوچ کر جائے اور ادب کی دنیا پر ایسی گہری چھاپ چھوڑ جائے کہ آنے والے شاعروں کے لیے نئے راستے کھل جائیں۔ ایسا کم ہی ہوتا ہے۔ پروین شاکر ادب کی دنیا کا ایک ایسا معتبر نام ہے جنہوں نے نہ صرف مستقبل میں آنے والی شاعرات پر اپنا اثر ڈالا بلکہ ہم عصر شاعرات کو بھی وہ مضمون چننے پر مجبور کر دیا جو اردو شاعری میں ممنوع نہیں شاعری کی دسترس سے باہر سمجھے جاتے تھے۔

● صدف اقبال

مولانا آزاد اور مسلمان عورت

مولانا ابوالکلام آزاد کی زندگی انتہائی مصروف ترین زندگی رہی۔ انہوں نے عملی سیاست میں حصہ لیا۔ پر جوش صحافت کی اور جنگ آزادی کے سپہ سالار رہے۔ اپنی زندگی کے آخری دس برسوں میں وہ ملک کے وزیر تعلیم رہے اور ہندوستان کے تعلیمی نظام کو ایک مستحکم بھی کیا اور اسے زمانے کے لحاظ سے بہترین بھی بنایا۔ ان سب کے باوجود خواتین کے تعلق سے مولانا آزاد کی کوئی نہ تو کوئی مستقل کتاب نظر آتی ہے اور نہ ہی انہوں نے اپنے خطبات میں خواتین کے حوالے سے بطور خاص کوئی گفتگو کی ہے۔ ترجمان القرآن کی تفسیر کی پہلی جلد میں انہوں نے احکام الٰہی کی روشنی میں خواتین کے زمانی مقام کے تعیئن پر کچھ گفتگو کی ہے جو بہت حد تک تشنہ ہے اور جدید عورت کے مسائل سے ان کا بہت گہرا تعلق نظر نہیں آتا۔ مجموعی طور پر مولانا آزاد کی بعض گفتگو اور تحریروں سے یہ اندازہ لگایا جاسکتا ہے کہ مسلمان عورت کے بارے میں وہ ایک متوازن رائے رکھتے تھے لیکن یورپین تحریک نسواں سے متفق نہ تھے۔ اس ضمن میں مولانا آزاد کی ایک ترجمہ شدہ کتاب کافی اہم ہے۔ یہ کتاب مصری عالم فرید وجدی نے عربی میں ''مراۃ المسلمہ '' کے عنوان سے لکھی جس کا مولانا آزاد نے ''مسلمان عورت'' کے نام سے اردو میں ترجمہ کیا۔ مولانا نے عورتوں کے مسائل کو مدنظر رکھتے ہوئے اس کتاب کا انتخاب کیا، یہ اس بات کا اظہار ہے کہ مسلمان عورتوں کے لیے اس کتاب میں پیش کردہ نظریات سے مولانا آزاد بہت حد تک اتفاق رکھتے تھے۔ اس عربی کتاب کا ترجمہ بقول ناشر بہت حد تک آزاد ترجمہ ہے اور اس میں مولانا نے بعض مقامات پر اپنے خیالات کی شمولیت اس کتاب کی قدر و قیمت میں بہت حد تک اضافہ کر دیا ہے۔ اس کتاب کی تمہید میں اظہار خیال کرتے ہوئے مولانا رقم طراز ہیں؛

> ''عورتوں کی آزادی کا مسئلہ دراصل ایک معرکتہ الآرا مسئلہ ہے۔ یورپ کا طرز عمل گرچہ اس کی تائید میں ہے لیکن جمہور کی آواز نہایت سختی سے اس کی مخالف ہے۔ ایک بڑی باریک بین جماعت موجود ہے جو اس آزادی کو نفرت کی نگاہ سے دیکھتی ہے اور اس خطرناک زمانہ کی یقین کے ساتھ منتظر ہے جو اس آزادی کا لازمی نتیجہ یعنی تمدن اور معاشرت کی بنیادیں متزلزل کر دے گا۔''

اس اقتباس سے یہ پتہ چلتا ہے کہ ہندوستانی معاشرے میں ایسے باریک بین لوگ، ایسی

جماعت موجود ہیں جو باریک بینی اور دوراندیشی سے عورتوں کی آزادی کی انتہا پسندی کو دیکھ رہا ہے اور ان جماعتوں کے تجزیے کے مطابق جو آزادی عورتوں کو یورپ میں دی جا رہی ہے وہ تمدنی اداروں اور سماجی استحکام کے لیے انتہائی خطرناک ہے۔ ایسی آزادی سماجی ڈھانچے اور مذہبی نظام کو متزلزل کر سکتی ہے اور یہ نہ سماج کے حق میں ہے اور نہ ہی عورتوں کے حق میں۔ یہ اندازہ لگانا مشکل ہے کہ مولانا کے زمانہ میں یورپ میں عورتوں کو کیا آزادی حاصل تھی، یا اس عہد میں یورپ میں عورتوں کی آزادی کو سماج کا ایک بڑا طبقہ واقعی مشتبہ نظر سے دیکھتا تھا؟ اگر ایسا ہوتا تو بعض ایسے واقعات بھی بطور مثال پیش کیے جاتے جو آج بھی ہندوستانی معاشرے میں عورتوں کے ساتھ ہو رہے ہیں۔ ہم تو یہ دیکھتے ہیں کہ ۱۹۳۳ء میں ہی ورجینیا وولف نے اپنے کمرے کی تنہائی کا ذکر کر کے تانیثیت کی بحث کو ادب اور فکر کی مرکزی بحث میں شامل کر دیا تھا۔

مولانا آزاد نے چوں کہ عورتوں کے تعلق سے براہ راست کوئی نظریہ پیش نہیں کیا اور ایک کتاب کے ترجمہ سے اپنے خیالات کی ترجمانی کی ہے اس لیے ہم حق بجانب ہیں کہ مولانا کی فکر کے اس پہلو کو جس کا تعلق عورتوں کے سماجی، سیاسی اور اخلاقی پہلو سے ہے اسی کتاب کی روشنی میں دیکھیں۔ یہ کتاب مندرجہ ذیل حصوں میں منقسم ہے اور ان ہی ذیلی موضوعات سے بحث کرتی ہے۔

عورت کیا ہے؟ عورت کے قدرتی فرائض کیا ہیں؟ کیا مرد اور عورت جسمانی طاقت میں مساوی ہیں؟ کیا عورتیں عملی دنیا میں مردوں کے ساتھ شریک ہو سکتیں ہیں؟ کیا عورت کو مردوں سے پردہ کرنا چاہئے؟ کیا پردہ عورتوں کے لیے غلامی کی علامت اور آزادی کے منافی ہے؟ کیا پردہ عورتوں کی ترقی اور کمال میں مانع ہے؟ کیا پردہ کا عالمی اثر زائل ہو سکتا ہے؟ کیا موجودہ مادی مدنیت کی عورتیں کامل عورتیں ہیں؟ مسلمان عورت کی تعلیم کا احسن طریقہ کیا ہے؟

درج بالا دس سوالات پر غور کریں تو ظاہر ہوگا کہ ان ایک تو عورت کی جسمانی قوت کے تعلق سے سوالات ہیں، دوسرے اس کے ذہنی استعداد کا جائزہ لیا گیا ہے اور تیسرے پردہ کے تعلق سے مختلف صورت حال میں اس کی اہمیت یا غیر اہم ہونے پر غور کیا گیا ہے۔ ساتھ ہی یہ سوال بھی موجود ہے۔ جس میں مسلمان عورت کی تعلیم پر خاص توجہ دی گئی ہے، یعنی عورت اور مسلمان عورت میں تفریق موجود ہے۔ ان سوالات کے دائرے مولانا آزاد کے عہد کے مزاج کے عین مطابق ہیں۔ اس وقت ہندوستانی سماج، خاص طور سے ہندوستانی مسلم سماج بہت حد تک دقیانوسیت کا حامل تھا۔ یہ ضرور ہے کہ ایک ایلیٹ کلاس اپنی زندگی ان قسم کے سوالات کے دائرے سے باہر جی رہا تھا لیکن عام مسلمان گھروں میں عورت کے تعلق سے اس قسم کے سوالات ہی موجود نہیں تھے۔ اس دور میں اگر کسی عام مسلمان سے یہ سوال کرتا کہ بھائی ذرا یہ بتانا کیا عورتیں مردوں کے ساتھ آفس میں کام کر سکتی ہیں؟ تو وہ شخص یا تو مسکرا کر آگے بڑھ جاتا یا انتہائی غضبناک ہو کر سوال کرنے والے کو دیکھنے لگتا کہ یہ پاگل کیا پوچھ رہا ہے عورت جو کہ پردے کی بو بو

ہے وہ بھلا مرد کے ساتھ آفس میں کام کرے گی۔ یہ ایک حقیقت ہے آج بھی گاؤں دیہاتوں میں عورتوں کو ناقص العقل ہی سمجھا جاتا ہے جسے صرف پردے کی گٹھری میں باندھ کر گھر کی چار دیواری میں قید رکھنا عین ثواب ہے۔ اس لحاظ سے دیکھیں تو مولانا کے زمانے میں ایسے سوالات قائم کرنا ہی اپنے آپ میں ایک انقلابی قدم ہے۔

اب آیئے اس سوال کا جواب مذکورہ کتاب میں تلاش کرتے ہیں کہ عورت کیا ہے؟ اور عورت کے قدرتی فرائض کیا ہیں؟

کتاب میں اس کا جواب کچھ یوں دیا گیا ہے:

> ''عورت کو قدرت نے جس غرض کے لیے مخلوق کیا ہے وہ غرض نوع انسانی کی تکثیر اور اس کی حفاظت وتربیت ہے۔ پس اس حقیقت سے اس کا قدرتی فرض یہ ہے کہ اس اہم فرض کی انجام دہی کے لیے کوشش کرتی رہے۔''

اس اقتباس سے اس میں موجود ایک خاص قسم کی راسخ العقیدگی کا اندازہ تو ہو جاتا ہے جس میں عورت کو تولید نسل کی ایک مشین سمجھا جاتا ہے۔ حالانکہ نوع انسانی کی تکثیر کے لیے مرد کی بھی اتنی ہی ضرورت ہے جتنی عورت کی۔ اور نوع انسانی کی حفاظت کی تربیت میں مرد کا بھی اتنا ہی حصہ ہونا چاہئے جتنا عورت کا۔ اور اس مقصد کے برآوری کے لیے جدوجہد اور کوشش مرد پر بھی فرض ہے، صرف عورت پر نہیں۔ اسلامی تعلیمات میں عورت پر ہی یک ذمہ داری نہیں دی گئی ہے لیکن یہاں صاف نظر آتا ہے کہ مولانا بہت حد تک عہد وسطی کے نظریات کے قائل نظر آتے ہیں۔ ممکن ہے مولانا آزاد اس نظریے کے قائل نہ ہوں اور بطور ٹسٹ رن انہوں نے اس کتاب کے ذریعہ عورت کے متعلق قائم کردہ پرانے نظریات پر سماج کو از سرنو غور وفکر کی دعوت دی ہو کیوں کہ اس عہد میں عورت فکری مکالمے سے پوری طرح باہر تھی۔ اس لیے میں حسن ظن کو قائم رکھتے ہوئے مولانا کی اس کاوش کو مثبت نظر سے دیکھوں گی۔ پہلے سوال کے جواب میں عورت کی فطرت کے تعین کے سلسلے میں عورت کے حاملہ ہونے، وضع حمل اور بچے کے تربیت کے زمانے کو شامل کیا گیا اور یہ سمجھانے کی کوشش کی گئی ہے کہ ان ادوار میں عورت دنیاوی یا مردوں کی طرح باہری کاموں کے لائق نہیں رہتی۔ ظاہر اگر آج کے تناظر میں اس استدلال کو دیکھیں تو بے معنی نظر آئیں گے۔ ایک کارپوریٹ قانون نے حاملہ عورت اور وضع حمل کے لیے عورت کے لیے بہت سی آسانی پیدا کر دی ہے اور بچوں کی پرورش اور پرداخت صرف عورت کی ذمہ داری نہیں رہ گئی ہے۔ اس لیے اس قسم کی منطق کی بنیاد پر عورت کو گھر کی چار دیواری تک محدود نہیں کیا جاسکتا۔

ایک سوال یہ بھی قائم کیا گیا ہے کہ کیا عورت اور مرد جسمانی اور دماغی طور پر برابر ہیں؟ کتاب میں مختلف حوالوں سے یہ ثابت کرنے کی کوشش کی گئی ہے کہ عورت جسمانی طور پر مرد سے کمزور ہے۔ سوال یہ ہے کہ ایک مرد اور ایک عورت کو کن بنیادوں پر پرکھا جائے گا۔ مثلاً ''اگر لیلٰی علی باکسر اور محلے کے غنڈے حنیف بھائی کو بھڑا دیا جائے تو

ظاہر ہے حنیف بھائی لیلٰی علی ایک گھونسے سے گھٹنوں اٹھ نہیں پائیں گے۔ جسمانی کمزوری کوئی یونیورسل حقیقت نہیں۔ جسم کو لڑنے کے لائق بنانا پڑتا ہے۔ مرد ہمارے معاشرے میں جسمانی کام کرتا ہے۔ باہر جاتا ہے۔ ورزش کرتا ہے اس لیے وہ کسی حد تک عورت کے مقابلے پھرتیلا ہو جاتا ہے۔ اگر کوئی عورت ورزش معمول بنا لے۔ کراٹے سیکھ لے، تو اس کی تیزی کے آگے بہت سے مرد دم توڑ دیں گے اسی طرح دماغی سطح پر اس کتاب میں عورت کو کمزور ثابت کرنے کی کوشش کی گئی۔ ظاہر یہ بات بھی غلط ہے اور انسانی دماغ کا وزن مرد اور عورت کے مقابلے میں کم یا زیادہ نہیں بلکہ یکساں ہی ہے۔ اصل چیز یہ ہے کہ اس دماغ سے کتنا کام لیا جا رہا ہے۔ جہاں کام لیا جاتا ہے وہاں عورتیں نوبل انعام بھی حاصل کرتی ہیں۔ بہترین مصنف، عمدہ ڈاکٹر، لاجواب مصور، بے مثال سائنسداں عورتیں بھی ہوئی ہیں۔ سوال یہ ہے کہ مولانا آزاد جو نہ صرف یہ کہ اپنے عہد کے بدلتے مزاج سے باخبر تھے بلکہ اپنے خیالات میں پروگریسیو بھی تھے۔ ان کے ترجمان القران سے کئی راسخ العقیدہ مولویوں نے اختلاف کیا کیوں کہ آزاد نے قرآن کی تفسیر جدید عہد کے تقاضوں کے مطابق کی۔ ان سب کے باوجود مولانا آزاد نے ترجمے کے لیے ایک ایسی کتاب کا انتخاب کیوں کیا جس میں زیادہ تر خیالات راسخ العقیدہ مولوی کی خوشنودی کے لیے ہیں۔

ساری کتاب محض عورت کے روایتی تصور کے اردگرد گھومتی ہو ایسا بھی نہیں ہے۔ اس کتاب میں عورت کی محدود آزادی، علم حاصل کرنے اور پردے کا ایک خاص طریقہ کار اختیار کرنے کی سفارش موجود ہے۔ لیکن ساری کتاب اوپر پیش کردہ سوالات کے اردگرد گھومتی ہے جس میں زیادہ تر جوابات آج کی عورت کے مزاج سے مطابقت نہیں رکھتے۔ چوں کہ مولانا آزاد کا مخصوص مذہبی گھرانے میں پیدا ہوئے، پرورش پائی اور اسلام کے ایک مخصوص نظریے سے وابستہ رہے اس لیے عورت کے تعلق سے ان کے خیالات میں ایک قسم کی دقیانوسیت پائی جاتی ہے۔ ایک طرف وہ عورتوں کے تعلیمی معیار کی بلندی کے حق میں ہیں دوسری طرف وہ عورت کو تولید نسل کی مشین بھی سمجھتے ہیں اور عورت کی تعلیم کا سب سے عمدہ مصرف یہ سمجھتے ہیں کہ وہ بال بچوں کی تربیت گھر پر کرتی رہے۔ ان کے خیالات سے یہ بھی علم ہوتا ہے کہ عورت کے پردہ کی پابندی ضروری ہے۔ حالانکہ ترجمان القران کی تفسیر میں وہ بعض آئتوں کی تفسیر کے بیان میں انقلابی خیالات کا اظہار کرتے ہیں۔ خاص طور سے سیاسی اور معاشی تفسیر ان سے بہتر شاید ہی کوئی کر پایا ہو۔ اسی جگہ جب وہ عورت کی معاشی جدوجہد کا ذکر کرتے ہیں تو باہر سے زیادہ انہیں گھر میں عورت کا مقام زیادہ معتبر نظر آتا ہے۔

◀◀ ● ▶▶

• شاذیہ تمکین

خواتین کے افسانوں میں احتجاجی صدائیں

بدلتے ہوئے متحرک مشرقی معاشرے کے ایک بڑے اور حسّاس طبقے نے جدیدیت کے طوفانی سمندر میں غوطے لگا کر نایاب موتیوں کی تلاش تو ضرور کر لی ہے مگر اس آلودہ سمندر کی زہریلی عناصر سے بھی متاثر ہوئے بنا نہیں رہ پایا۔ جس کی بدولت اس بڑے گروپ کا متاثر کن بڑا طبقہ انتہا پسند ذہنیت کا شکار نظر آتا ہے۔ علاوہ از ایں ایک بڑا گروہ ایسا بھی موجود ہے جس نے اپنی حسّاسیت کے بل بوتے غالب اور مغلوب طبقے کے مابین توازن برقرار رکھتے ہوئے آلودہ معاشرے کے blocked نبض کی شناخت کر لی ہے۔ اس blockage کے وجوہات کا بھی علم رکھتے ہیں اور اسے سرے سے ختم کرنے کی مہم میں سرگردانِ عمل ہیں۔ ایسی حسّاس طبیعت رکھنے والے لوگ دیگر سماجی مسائل کے ساتھ ساتھ صنفی ناہمواری کا بھی شدید احساس رکھتے ہیں۔ اس ناہمواری کی معدومیت کے لیے بھی کوساں نظر آتے ہیں۔ اس کے ساتھ ساتھ انتہا پسند طبقہ چند ایسی بیجا مطالبات کا متقاضی ہے جس سے سماجی نظام کی اصل خوبصورتی کے زائل ہونے کا خدسہ پیدا ہوتا ہے۔ اس طرح کی چند ایک منفی تصورات کی وجہ سے ہم پورے نظامِ جدیدیت کی روسیاہی نہیں کر سکتے۔ کیوں کہ وسیع دائرے میں پھیلے ہوئے جدید درخت کے سائے تلے حیات انسانی کا ہر مظلوم طبقہ اپنے وجودی تحفظ کے تئیں مطمئن نظر آتا ہے۔ ایسی کمزور زندگیوں کی آواز بننے اور انھیں مظلومیت کے کھندک سے آزاد کرانے کی مہم میں قلم کے غازی پیش پیش رہے ہیں۔ انہوں نے اپنے قلم کے ذریعہ مظلومیت کی روداد ایسی سنائی ہے کہ آج دنیا کے کونے کونے میں ہر انسان اپنے رگوں میں دوڑتے ہوئے خون کے احتجاجی رنگ کو محسوس کر سکتا ہے۔ ہر زبان کے ادب میں اس احتجاجی سُرخی کی جھلک نمایاں نظر آتی ہے۔ اردو زبان میں بھی ایسے موضوعات کی بھرمار ہے۔ دیگر لکھاریوں کی طرح خواتین افسانہ نگاروں نے بھی اپنے افسانوں میں ایسے موضوعات پر قلم چلا کر اپنی ہی مظلوم ہم جنسی آہوں کو احتجاجی زبان عطا کرنے کی کوشش کی ہے۔ ان میں مذہب سے جُڑے ہوئے متنوع موضوعات خاصی اہمیت کے حامل ہیں جنہیں خواتین افسانہ نگاروں نے صفحۂ قرطاس پر بکھیر دیا ہے۔ ان میں سے چند ایک موضوعات پر مبنی افسانوں کا تجزیہ کر کے رُخِ معاشرہ پر آویزاں پردے کو نوچ کر کراہیت آمیز شبیہ کا نظارہ کرنے کی کوشش

کریں گے۔

آج کا روشن خیال حال اس سچائی کا بہتر شعور رکھتا ہے کہ مرد اساس سماج نے اپنی سہولت کو مدِ نظر رکھتے ہوئے مذہبی قوانین میں تصرّف پیدا کر دیا ہے۔ باندیوں کے متعلق بھی قرآنی احکامات اپنے مفاد کے حساب سے استعمال کیے جاتے ہیں۔ لونڈیوں کے بارے میں قرآن میں کئی ایک جگہ وضاحت کی گئی ہے:

''اور اگر تمہیں اندیشہ ہو کہ تم یتیم لڑکیوں کے بارے میں انصاف نہ کر سکو گے تو ان خواتین سے نکاح کرو جو تمہارے لیے پسندیدہ اور حلال ہوں ۔دو دو اور تین تین اور چار چار پھر اگر تمہیں اندیشہ ہو کہ تم عدل نہیں کر سکو گے تو صرف ایک ہی خاتون سے یا وہ کنیزیں جو تمہاری ملکیت میں آئی ہوں۔''

(النساء،۴:۳)

''اور تم میں سے جو کوئی استطاعت نہ رکھتا ہو کہ آزاد مسلمان عورتوں سے نکاح کر سکے تو اُن مسلمان کنیزوں سے نکاح کر لے جو تمہاری ملکیت میں ہیں۔''

(النساء،۴:۲۵)

اللہ نے قرآن کریم میں اجازت تو دے رکھی ہے کہ جس طرح تمہیں اپنی بیوی کے پاس جانے میں ہچکچاہٹ محسوس نہیں ہوتی اسی طرح شرعاً تمہاری ملکیت میں آنے والی لونڈی پر تمہارا پورا حق ہے،اس سے لذت اٹھانے میں تمہیں کوئی شرمندگی محسوس نہیں ہونی چاہیے۔مگر یہاں باندی کے معنی اور اس سے مالک کے لذت اندوز ہونے کی شرطوں کو سمجھ لینا ضروری ہے،لونڈی، غلام، اسلام کے دورِ اوّل میں یا تو وہ لوگ تھے جو معاشرے میں صدیوں سے غالب طبقے کی مغلوبیت میں غلامی کی زندگی جیتے آرہے تھے،جن کے ساتھ جانوروں سے بھی بدتر سلوک ہوا کرتا تھا،جن کے پاس کوئی اختیار نہیں تھا،نہ ہی وہ اپنی پسندیدہ زندگی جی سکتے تھے،بازار میں ان کی بولی لگائی جاتی تھی،ان کو خریدنے والے ان کے مالک ومختار آقا بن جاتے تھے جو انہیں ہر طرح سے استعمال میں لاتے تھے،اس طرح لونڈی و غلام کا ایک الگ نچلا طبقہ معاشرے میں موجود تھا جو اپنے غالب طبقے کے ذریعہ اتنا دبایا چلا گیا تھا کہ سماج میں اس کی حیثیت نہ کے برابر رہ گئی تھی،اس غلامی کی لعنت کو اسلام نے ختم کیا اور کسی آزاد کو زر خرید غلام بنانا گناہِ کبیرہ قرار دیا۔اس طرح سے اسلام نے ایسی غلامی کا خاتمہ کیا۔

ایک اور طرح کی لونڈی اور غلام کا بھی رواج تھا۔ یہ وہ لوگ تھے جن سے مسلمانوں نے جہاد کی شکل میں جنگیں لڑیں اور فتح حاصل کیں۔ان میں جنگی قیدی کا مسئلہ بھی سامنے آیا۔قیدیوں کا تبادلہ نہیں کیا جا سکتا تھا کیوں کہ مسلمانوں میں کوئی بھی کافروں کے قیدی نہیں ہوئے تھے۔ یہاں قرآن پھر ایک حکم

صادر کرتا ہے۔

''جب ان کو اچھی طرح کچل ڈالو تو اب خوب مضبوط قید و بند سے گرفتار کرو (پھر اختیار ہے) کہ خواہ احسان رکھ کر چھوڑ دو یا فدیہ لے کر۔''

(سورۃ محمد، ۴۷:۵)

مگر کبھی ایسا بھی ہوتا تھا کہ ان غلاموں کے پاس بطور فدیہ دینے کے لیے کچھ نہیں ہوتا تھا۔ اور دوسری صورت کہ ان پر احسان کر کے چھوڑ دینا بھی کبھی کبھی نقصان دہ ثابت ہوتا کہ وہی لوگ آزاد ہو کر پھر ترقیٔ اسلام میں راہ کی رُکاوٹ بن جاتے۔ ان غلاموں میں سے کچھ ایسے بھی ہوتے تھے جو واپس جانے سے انکار کرتے تھے۔ ایسی حالت میں انہیں قتل کرنے کا بھی کوئی حکم نہیں تھا کہ انہیں اسلام کی طرف سے امان مل چکا تھا۔ اب انہیں جان و مال، عزت و مذہب کا تحفظ دینا مسلمانوں کا فرضِ عین تھا۔ ایک طریقہ یہ ہو سکتا تھا کہ انہیں لونڈی یا غلام بنا کر سر چھپانے کے لیے گھر، عزت ڈھانکنے کے لیے کپڑا اور بھوک مٹانے کے لیے کھانا فراہم کیا جائے۔ ان سے صرف نوکروں جیسا کام لے سکتے ہیں۔ اور جو خواتین، بیوہ، کنواری بالغ لڑکیاں ہیں ان سے وہ شخص جوان کا شرعاً مالک ہے، متمتع ہو سکتا ہے اور چاہے تو موقع و محل کی مناسبت سے انہیں آزاد کر کے ثوابِ دارین حاصل کر سکتا ہے۔ ان دونوں صورتوں میں اصل مقصد ان کا تحفظ ہی ہے۔ ایسے غلاموں کے ساتھ حسن سلوک سے پیش آنا اسد ضروری قرار دیا گیا تھا۔ ارشاد نبوی ﷺ ہے:

''بیشک تمہارے بھائی تمہارے خدمت گار ہیں جن کو اللہ نے تمہارا زیر دست کر دیا، سو جس کا بھائی اس کا زیر دست (ماتحت) ہو تو اس کو وہی کھانا کھلائے جو خود کھاتا ہے اور وہی لباس پہنائے جیسے خود پہنتا ہے اور ان کی طاقت سے زیادہ کی تکلیف نہ دو پھر اگر ان کو ان کی طاقت سے زیادہ کی تکلیف دو تو خود بھی ان کی مدد کرو۔'' (صحیح بخاری، ۱:۳۴۶)

آپ ﷺ کی ان باتوں سے صاف واضح ہوتا ہے کہ ان غلاموں کے ساتھ اسلام نے کس طرح کا سلوک روا رکھنے کا حکم دیا ہے۔ نہ آج ایسا غلامانہ طبقہ موجود ہے اور نہ ہی اس طرح کی جنگیں لڑی جاتی ہیں ، تو پھر آج کے معاشرے میں ایسے غلاموں کا تصوّر بھی نہیں کیا جا سکتا۔ لونڈی و باندی کے حق میں قرآن کی ان آیتوں کو اپنے جنسی بھوک مٹانے کی صورت میں استعمال کرنا گناہِ عظیم ہے۔ عصمت چغتائی نے اپنے کئی افسانوں میں باندیوں کے ساتھ نوابوں کے so called جائز حقوق پر روشنی ڈالی ہے۔ ان کا ایک افسانہ ''باندی'' اس نوابی طریقے کی وضاحت کرتا ہے کہ کس طرح لونڈیوں کے ساتھ ناجائز رشتوں کو مذہب کا سہارا لے کر جائز قرار دیا جاتا تھا اور بڑے ہی حاکمانہ اور غالبانہ انداز اپناتے ہوئے باندیوں

کا جنسی استحصال کیا جاتا تھا اور اس وحشیانہ عمل میں خاندان کی بزرگ خواتین بھی پیش پیش رہتی تھیں، نئی نئی لڑکیوں کو ان کے مفلس و نادار والدین سے خرید کر تراش خراش کر کے اپنے شوہروں اور بیٹوں کی شہوانی خواہشات کی تکمیلیت کے عمل کو تازگی بخشنا اپنا فرض عین سمجھتی تھیں۔ اس افسانے کا ایک اقتباس ایسی خواتین کے فرائض کی وضاحت کرتا ہے:

''محل کی پالٹیکس میں مردوں کا کوئی دخل نہیں ہوتا۔ پیاری مائیں جب مناسب سمجھتی ہیں چاق و چوبند باندیاں پیر دبانے کو مہیا کر دیتی ہیں جب اسے صحت کے لیے مضرو بے کار سمجھتی ہیں دوسرے کاٹھ کباڑ کی طرح مرمت کے لیے بھجوا دیتی ہیں۔ عوض پر دوسری آ جاتی ہیں۔ باندیوں سے جسم کا رشتہ ہوتا ہے شریف آدمی دل کا سودا نہیں کر بیٹھتے۔''

(''عصمت چغتائی کے افسانے'' افسانہ ''باندی'' ص۔۱۴۲)

ایک خاتون کو دوسری خاتون پر اس قدر ظلم ڈھاتے ہوئے انہیں ذرّہ برابر بھی شرمندگی محسوس نہیں ہوتی، کیوں کہ اس طرح کے اعمال کا ایک طویل زمانہ شاہد بن چکا تھا۔ اب یہ سب ان کے لیے ضروری اور اہم رواج میں شامل ہو گیا تھا، بس اب انہیں اہم کردار نبھاتے ہوئے اس رسمی تکمیلیت کی دوڑ میں شامل ہو جانا تھا۔ اس افسانے میں دیگر لونڈیوں کی طرح لونڈی حلیمہ کے ساتھ بھی باوجود سید ہونے کے وہی سب کیا گیا کیوں کہ اس کی ماں نے جھولی بھر اناج کی خاطر اسے دُلہن بیگم کے ہاتھوں بیچ دیا تھا۔ دُلہن بیگم حلیمہ کو اپنے چھوٹے بیٹے چھمن میاں کے لیے تیار کرتی ہیں۔ مگر اس افسانے میں چھمن میاں کا کردار روایتی نوابانا کردار کی تضاد کے طور پر سامنے آتا ہے۔ اُسے بہتیرا یہ سمجھانے کی کوشش کی جاتی ہے کہ شادی سے پہلے لونڈیوں سے جنسی لذت فراہم کرنا گناہ نہیں ہے، ہمارا مذہب ہمیں اس کی اجازت دیتا ہے کہ ہم اپنی لونڈیوں سے متمتع کر سکتے ہیں۔ بڑے بھائی افضل میاں کو جب پتہ چلتا ہے کہ چھمن میاں لونڈیوں کے نام سے ہی لعن طعن بکنا شروع کر دیتے ہیں تو وہ انہیں مذہب کا حوالہ دے کر سمجھانے آتے ہیں۔ افضل میاں اور چھمن میاں کی درمیانی گفتگو ملاحظہ کیجیے:

''بکواس مت کیجیے ایسی کوئی بات نہیں اصل میں مجھے ایسی باتیں پسند نہیں، میرا مطلب ہے بغیر نکاح ناجائز ہے۔''

''مگر سرکار باندی تو جائز ہے۔''

''بالکل جائز نہیں۔''

''اس کا یہ مطلب ہوا کہ ہمارے جدامجد سب کے سب حرام

کار تھے۔ایک آپ پیدا ہوئے ہیں متقی پرہیز گار۔''

''میرا خیال ہے کہ......''

'' آپ کا خیال سالا کچھ نہیں، کبھی ارکانِ دین کا مطالعہ فرمایا ہے؟''

''نہیں تو مگر...... یہ بات عقل میں نہیں آتی۔''

''پتھر پڑ گئے ہیں آپ کی عقل مبارک پر۔''

''مگر قانوناً جرم ہے۔''

''ہم یہ کافروں کے قانون کو نہیں مانتے، ہم خدا ذوالجلال والکرام کے حکم پر سر تسلیم خم کرتے ہیں۔تمہاری مرضی تم کو جگ ہنسائی کا شوق ہے تو کون روک سکتا ہے۔''

''جہالت سب جہالت کی باتیں ہیں۔''

''ہمارے قبلہ و کعبہ جاہل تھے؟''

''ہوں گے مجھے کیا پتہ۔''

''ابے کیوں گھاس کھا گئے ہو...... بزرگوں نے کچھ سوچ سمجھ کر ہی رواج بنایا اب تک ہمارے خاندانوں میں اسی پر عمل ہوتا چلا آیا ہے جوان لڑکے بے راہ نہیں ہوتے بری لتوں سے بچتے ہیں صحت اچھی رہتی ہے۔''

''یہ سب حرام کاری کو جائز بنانے کے ہتھکنڈے ہیں۔''

''تم کفر بک رہے ہو...... مذہب کے توہین۔''

''ارے جایئے بڑے مذہب والے آئے۔ مذہب کی بس ایک ہی بات دل پر نقش ہے۔''

(''عصمت چغتائی کے افسانے''افسانہ''باندی''ص۔۱۳۰۔۱۳۱)

ان مکالموں سے یہ ثابت ہوتا ہے کہ مذہب کے متعلق کتنی غلط فہمیاں رائج کر دی گئی تھیں، جہالت کی انتہا تو دیکھیے کہ لونڈیوں سے جنسی تعلق پیدانہ کرنا رسوائی کا باعث ہوتا ہے۔نوابوں کے طبقے میں ''جوان لڑکوں کی بے راہ روی کے وجوہات'' کو الگ طرح سے ڈیفائن کیا جاتا تھا۔گھر پہ ہی عیش کا سامان مہیا کر دیا جائے تو جوان لڑکا اپنی ضروریات کی تکمیل کے لیے باہر جانے کی ضرورت محسوس نہیں کرے گا۔اور بری لتوں سے بچ جائے گا۔ایسے ناجائز طریقوں سے ان کی صحت بھی اچھی رہے گی، مطلب جہالت کی انتہا ہے۔اس لیے نوابوں کے یہاں اپنے بیٹوں کو بری لت سے بچانے اور صحت یاب رکھنے کے لیے لونڈیوں کا

انتظام اتنا ہی ضروری قرار دیا جاتا تھا جتنا زندہ رہنے کے لیے سانسوں کی ضرورت ہوتی ہے، اگر نواب زادہ ایسا نہ کرے تو پورے معاشرے میں رسوائی ہوتی ہے۔ اس افسانے میں چھمن میاں لونڈی حلیمہ سے تعلقات بنانے سے انکار کر دیتے ہیں جس کے لیے ان کی والدہ محترمہ اس طرح اظہارِ افسوس کرتی ہیں:

''میں تو عاجز ہوں اس لڑکے سے۔ اٹھارہ انیس کا ہونے کو آیا کیا مجال جو کسی لونڈی باندی کو چھیڑا ہو، کہ چٹکی بھری ہو، ہمارے بھائی تو ادھر دس بارہ کے ہوئے اور خرمستیاں شروع کر دیں۔ سولہ سترہ کے ہوئے اور پھیل پڑے۔''

(''عصمت چغتائی کے افسانے'' افسانہ 'باندی'' ص۔۱۲۷)

اس سے بھی بڑی کم ظرفی دیکھیے جب چھمن میاں اور حلیمہ میں ناجائز تعلقات بن جاتے ہیں تو والدہ صاحبہ دو رکعت نفل شکرانے کے پڑھتی ہیں۔ اس طرح مذہب کی آڑ میں عیاشی کرنے کو جائز قرار دیا جاتا ہے۔ لیکن یہ باتیں چھمن میاں کی سمجھ سے باہر تھیں۔ انہوں نے جتنی بھی علمی اور ادبی کتابیں پڑھی تھیں سبھی میں بغیر شادی کئے کسی خاتون سے تعلقات بنانے والے کو زانی یا بدکار کہا جاتا ہے۔ گھر والوں کی بے طرح کوششوں سے چھمن میاں لونڈی حلیمہ کی دامِ محبت میں گرفتار تو ہو جاتے ہیں مگر دوسرے نوابوں کی طرح ان کی یہ محبت وقتی نہیں رہتی، اس کے ساتھ وہ پوری زندگی گزارنے کا بھی مصمم ارادہ کر لیتے ہیں، اپنی روشن خیال پھوپھو فرخندہ نواب کے ذریعہ پولیس کی مدد سے اپنی حاملہ حلیمہ کو بے رحم نوابوں کے چنگل سے آزاد کراتے ہیں، اور اتنی بڑی موروثی جائداد کو ٹھوکر مار کر اپنی حلیمہ کے ساتھ ایک مفلسانہ مگر باعزت زندگی گزارتے ہیں۔

خواجہ الطاف حسین حالی کا کہنا تھا ''پھر و اس طرف کو ہوا ہو جدھر کی'' انہوں نے ایسے ہی نہیں کہہ دیا تھا۔ ان کے سامنے مسلمانوں کا ایک طویل سفر روز روشن کی طرح عیاں تھا، جو اپنے عروج و زوال کی کہانی اپنے دامن میں سمیٹے ہوئے تھا، عروج کے وجوہات اور زوال کے اسباب، باشعور اور روشن خیال ذہن رکھنے والے ہی سمجھ سکتے تھے۔ سرسید اور حالی جیسے دوراندیش مفکر ہی یہ کہہ سکتے تھے کہ ہمیں وقت کے تقاضے کو مدنظر رکھتے ہوئے ترقی کی راہ طے کرنی ہے ورنہ پچھڑے رہنے والوں میں ہمارا شمار ہونے لگے گا۔ ایسے مفکروں کی مخالفت ہوئی کیوں کہ وہ مسلمانوں کی روایتی اور دقیانوسی روش کو بدلنا چاہتے تھے، اسی میں اس قوم کی بھلائی تھی، مگر ایک دور میں عروج کی انتہا کو چھونے والی قوم آج تنزلی کا شکار ہے۔ صرف جاہ وجلال، حشمت و ثروت، تعلیم و تربیت ہی نہیں بلکہ شعوری طور پر بھی مفلوج ہوگئی ہے۔ اس قوم کی سب سے بڑی خرابی یہی ہے کہ وہ کسی بھی طرح کا بدلاؤ پسند نہیں کرتی۔ بدلتی ہوئی رتوں کے ساتھ چلنے کے لیے آپ کو بھی اپنے ذہن کو بدلنا پڑے گا۔ برّصغیر کی گنگا جمنی تہذیب کے پروردہ یہاں کے لوگ کسی بھی میدان میں اپنے خالص پن کو برقرار نہیں رکھ پائے۔ وہ چاہے پہناوا ہو یا کھان پان، لب ولہجہ ہو یا زبان و بیان، مذہب ہو یا تہذیب

زندگی کے ہر گوشے میں ایک دوسرے کے طور طریق کی آمیزش کا تجربہ ہر کوئی بہ آسانی محسوس کر سکتا ہے۔ دیگر میدانوں کی طرح برصغیر کے مسلمانوں نے دوسرے مذاہب کے مثبت پہلوؤں کے ساتھ منفی اثرات بھی جانے انجانے قبول کر لیا۔ اسلام نے تعلیم کے معاملے میں مرد یا خاتون کی کوئی تخصیص نہیں کی۔ ہر کوئی تعلیم حاصل کرنے کا حق رکھتا ہے۔ مگر یہاں کی مسلم قوم میں آج بھی یہ دیکھا جاتا ہے کہ صرف تعلیم نہیں زندگی کو بہتر بنانے والے دیگر معاملوں میں بھی خاتون کو کمتر گردانتے ہوئے اسے اس کے حق سے محروم کر دیا جاتا ہے۔ غزالہ قمر اعجاز نے اپنے افسانے ''دُھند'' میں اسی مدعے کو آٹھایا ہے اور اس کے برے نتائج پر بھی روشنی ڈالی ہے۔ پروفیسر حنا جو اس افسانے کی راوی کی والدہ ہیں گلناز بیگم کے انگریزی سیکھنے کے جنون کو دیکھتے ہوئے ان کی والدہ سے کہتی ہیں کہ گلناز پڑھنے میں تیز ہیں اور انہیں تعلیم دلائی جائے، بدلتے ہوئے زمانے کے ساتھ خود میں بھی بدلاؤ لایا جانا ضروری ہے، تو یہ سن کر گلناز بیگم کی والدہ غصے میں بپھر جاتی ہیں اور کہتی ہیں:

> ''تا کہ دو چار کتابیں پڑھ کر بڑوں سے بات کرنے کی تمیز اور تہذیب بھی بھول جائے......اور بحث کے لیے بڑوں کے سامنے کھڑی ہو جائے......ہم بدلتے ہیں زمانہ۔ گلناز کو ہم نے وہ تمام تعلیم و تربیت دی ہے جو اس کی زندگی بہتر بنا سکے۔ ہمارے یہاں کے مرد عورتوں کی کمائی پر گزارہ نہیں کرتے۔''
>
> (افسانوی مجموعہ ''چاند میرا ہے'' افسانہ ''دُھند'' ص۔۱۴۹)

پروفیسر حنا کو یہ سن کر بہت افسوس ہوتا ہے اور ان کے یہ جملے ان کی دوراندیشی اور روشن خیالی کا مظاہرہ کرتے ہیں کہ:

> ''مسلمانوں میں سب سے بڑی خرابی یہی ہے کہ کسی بھی تبدیلی کو وہ بہت جلد اور بہت آسانی سے قبول نہیں کرتا۔۔۔ بلکہ روایت اور اصول کی آڑ میں آنے والی نسلوں کو دوسروں سے بہت پیچھے کر دیتا ہے۔ ہر تبدیلی کے منفی اثرات اس پر اس طرح حاوی ہو جاتے ہیں کہ مثبت پہلو اجاگر ہی نہیں ہو پاتے......''
>
> (افسانوی مجموعہ ''چاند میرا ہے'' افسانہ ''دُھند'' ص۔۱۴۹۔۱۵۰)

اسلم شیرازی جو اس افسانے میں گلناز بیگم کے چچازاد اور منگیتر بھی ہیں، لندن میں مقیم ہیں، اس لیے گلناز بیگم پروفیسر حنا سے انگریزی سیکھ رہی ہیں کہ وہ اپنے شوہر سے انگریزی میں بات کر پائیں۔ مگر چونکہ گلناز بیگم کو روایتی روش کی پیروی کرتے ہوئے تعلیم سے محروم رکھا گیا اس لیے لندن کی آب و ہوا کے شیدائی اسلم شیرازی صاحب نے انہیں اپنی بیوی بنانا اپنی شان کے خلاف سمجھا اور وہیں ایک گوری میم سے شادی رچا لی۔ ۲۵ سال بعد اس افسانے کی راوی اپنی والدہ کے کہنے پر گلناز بیگم کے جاہ جلال کا دیدار کرنے

چھتاری جاتی ہیں تو وہاں حویلی کی بوسیدگی کے ساتھ ساتھ گلناز بیگم کا سراپا اپنی ٹوٹی پھوٹی حسرتوں کے ساتھ بوسیدہ روایت کے سبق آموز انجام سے باخبر کراتا ہوا نظر آتا ہے۔

مذہب اسلام میں خاتون کو ایک معزز زندگی گزارنے کے لیے جتنی سہولتیں اور آزادیاں عطا کی گئی ہیں اُس طرح کی آزادی کسی بھی مذہب میں موجود نہیں ہے۔ مرد ہو یا خاتون زندگی کے ہر میدان میں مذہب نے ہر کسی کے لیے ایک دائرہ مقرر کیا ہے۔ اس حد کے اندر رہ کر آپ کو کھلے آسمان میں پرواز کرنے سے کوئی روک نہیں سکتا۔ مگر مرد حاوی سماج نے مذہبی قوانین کو بھی اپنی سہولت کے مطابق ڈھال لیا ہے۔ اور اس قدر یہ تصرف شدہ قوانین رائج چلے آ رہے ہیں کہ یہ صرف مرد نہیں خاتون کی بھی سائکی کا حصہ بن گیے ہیں۔ اکثر یہ دیکھا جاتا ہے کہ ماں ایک خاتون ہونے کے باوجود اپنی بیٹی کے تئیں وہی رویہ روا رکھتی ہے جیسا مرد مرکز سماج چاہتا ہے۔ اس کی شادی کے متعلق اسے پوچھا تو جاتا ہے مگر اس سے یہ توقع قطعی نہیں رکھی جاتی کہ وہ اس کا جوب ''نہ'' میں دے۔ اگر ایسا ہوتا ہے تو یہ اسے اس کی خود سری مانا جاتا ہے۔ صادقہ نواب سحر کا افسانہ ''ہزاروں خواہشیں ایسی'' میں شمع کی والدہ پڑوس کے حارث صاحب کے لڑکے زید کے لیے اس کے رشتے کے متعلق شمع سے اس کی مرضی جاننا چاہتی ہیں۔ جب شمع اس کی بد صورتی کا ذکر کر کے اپنی ناگواری کا اظہار کرتی ہے تو اس کی والدہ کہتی ہیں:

> ''چپ بے شرم کہیں کی! کہیں اپنے ہونے والے دلہے کے بارے میں ایسا بھی کہتے ہیں! خوبصورتی کیا گھول کر پیئوگی؟ شریف لڑکا ہے۔ پھر دولت مند بھی ہے۔''
>
> (افسانوی مجموعہ ''خلش بے نام سی'' افسانہ ''ہزاروں خواہشیں ایسی'' ص۔۹۰)

پھر شمع کی خاموشی کو اس کی رضامندی سمجھ کر خوش ہو جاتی ہیں:

> ''میں نہ کہتی تھی، میری شمع پڑھی لکھی ہے تو کیا ہوا۔ گائے کی طرح ہے۔ خوش رہو۔'' (افسانہ ''ہزاروں خواہشیں ایسی'' ص۔۹۰)

ہمارا معاشرہ ایسا ہی ہے۔ لڑکی گائے کی طرح ہے۔ بے زبان۔ اسے بولنے کا حق نہیں ہے۔ شمع کی والدہ اسے سمجھاتی ہیں کہ زید بہت شوقین طبیعت کا مالک ہے۔ شادی کے بعد اس کا ہر کام شمع کو بخوشی کرنا ہوگا۔ کیوں کہ خدمت اور محبت سے ہی شوہر کا دل جیتا جاتا ہے۔ اس کے کپڑے تیار کرنا، ایک روز پہلے سے ہی جوتے پالش کر دینا، اسکی ہر بات پر اپنا سب کچھ قربان کر دینا شمع کا فرض عین ہونا چاہیے۔ وہ جیسا کہے شمع ویسا ہی کرے۔ ناچنے کہے تو ناچے، گانے کہے تو گائے، اپنی ماں سے یہ سب سننے کے بعد شمع کو جیسے اپنی تذلیل محسوس ہوئی۔ کیوں کہ ان ساری نصیحتوں میں شمع کی خوشی کے تئیں اس کے شوہر کا فرض کیا ہوگا، اس کا کوئی ذکر ہی نہیں تھا۔ اس کا مطلب یہی ہوتا ہے کہ شادی کے بعد شوہر کی دلجوئی ہی بیوی کا عین مقصد ہونا

چاہیے چاہے اس کے لیے اس کی عزت ہی داؤ پر کیوں نہ لگ جائے۔اس لیے شمع اپنی والدہ سے کہتی ہے کہ:

''مجھے اتنا بے عزت نہ کریں۔امی جان!''

(افسانہ ''ہزاروں خواہشیں ایسی''ص۔۹۱)

اتنا کہنا تھا کہ اس کی والدہ آپے سے باہر ہو جاتی ہیں اور اس کی منہ زوری پر غصے سے بولتی ہیں کہ:

''اسی لیے میں تجھے پڑھانے کے حق میں نہ تھی۔ہائی اسکول سے ہی ختم کروا دیتی۔لیکن تیرے ابا کو بڑا شوق تھا نہ!بس یہی نتیجہ نکلنا تھا۔عورت اپنے کو مرد کے برابر سمجھنے لگے،تو ہو چکا......اری حرامزادی......شوہر مجازی خدا ہوتا ہے،خدا میں کا آدھا خد......خدا کے بعد اگر کسی کا سجدہ جائز ہوتا ...۔تو وہ شوہر کا ہی ہوتا......اس برس سے منی کو گھر نہ بیٹھا لیا تو رحمت بی نام نہیں......''

(افسانہ ''ہزاروں خواہشیں ایسی''ص۔۹۱)

شمع سسک کر اللہ سے صرف اتنا ہی کہہ پاتی کہ یا تو اسے سو سال بعد پیدا کرنا تھا جب زمانہ اتنا بدل گیا ہوتا کہ اسے احتجاج کی ضرورت ہی نہیں پڑتی یا سو سال پہلے پیدا کرنا تھا جب سچ میں لڑکیاں بے زبان گائے کی طرح ہوتی تھیں اور اپنے ساتھ ہو رہے سلوک کو ہی اپنی قسمت مان کر خاموشی کو ہی اپنا وطیرہ بنا لیتی تھیں۔اپنے ساتھ ہو رہی ساری حقیقتوں کو چپ چاپ قبول کر لیتی تھیں۔یہی بات شمع کی بارہ سال کی چھوٹی سی بہن منّی بھی شمع سے کہتی ہے،جس پر شمع کو بہت تعجب ہوتا ہے کہ یہ ساری باتیں جو شمع اب سوچ رہی تھی وہ اس ننھی سی بچی کے ذہن میں اتنی جلدی کیسے پنپ رہی تھیں۔منی نے کتنے پتے کی بات کہی کہ شمع انسان کی طرح جینا چاہتی ہے اور:

''اخبار،رسالے،ٹی وی،کمپیوٹر،اسکول کالج بکواس کرتے ہیں......گھر کی چہار دیواری میں پہنچ کر ہم صرف عورت ہیں نا......اور کچھ نہیں نا...... محکوم،مظلوم......!......اور آزادی کا لیبل پیشانی پر لگا کر پنجرے میں رہنا کتنا مشکل ہے نا باجی!!''

(ہزاروں خواہشیں ایسی''ص۔۹۲)

مرد حاوی معاشرہ خاتون کو بحیثیت انسان قبول نہیں کرنا چاہتا۔اس کے ساتھ جانوروں کی طرح وحشیانہ سلوک برتنے میں انتہا کی حد کر دیتا ہے۔مذہب اسلام میں جتنے سارے قوانین خاتون اور مرد کے ازدواجی رشتے کے متعلق پیش کیے گیے ہیں اُس میں ذرّہ برابر بھی ترمیم کے بارے میں سوچا تک نہیں جا سکتا۔جہاں مرد کو ان چاہے رشتے سے آزادی حاصل کرنے کے لیے طلاق کو جائز قرار دیا گیا ہے وہیں خاتون کو بھی یہ حق حاصل ہے کہ وہ بھی ایک نا پسند رشتے کو زندگی بھر ڈھونے کے بجائے خلع لے کر اپنے آپ کو آزاد کر سکتی ہے۔خاتون کا خلع لینا اتنا رائج نہیں ہے کیوں کہ خاتون ہر ممکن کوشش کرتی ہے کہ رشتہ نبھ جائے۔مگر

معاشرے میں طلاق کی تعداد روز بروز بڑھتی جا رہی ہے۔تین طلاق کے درمیان جتنی مدّت ہونی چاہیے اس کا اہتمام کہیں نہیں کیا جاتا، بس ایک ہی وقت میں جاہلوں کی طرح تین طلاق کہہ کر جلد بازی میں غلط قدم اٹھالیا جاتا ہے۔انپڑھ اور جاہل طبقے جو دینی معاملات میں علماء کے آراء پر ہی انحصار کرتے ہیں، میں اسلام کی دیگر بنیادی فرائض کی جانکاری ملے نہ ملے طلاق کا معاملہ اس قدر ان کی نفسیات کا حصّہ بنا رہتا ہے کہ شراب کے نشے میں بھی اپنی بیوی پر طلاق کا قہر ڈھانے سے درگذر نہیں کرتے۔حالانکہ نشے میں دیے گیے طلاق کی کوئی اہمیت نہیں ہوتی۔جلد بازی میں اٹھایا گیا قدم بعد میں پچھتاوا چھوڑ جاتا ہے۔اگر پھر سے اپنی بیوی کو اپنانا چاہیں تو حلالہ جیسے مشکل مرحلے سے گزرنا ہوتا ہے۔زرّین فاطمہ نے اپنے افسانے میں حلالہ والے موضوع کو اختیار کیا ہے اور انجام بھی بڑا اسبق آموز دکھایا ہے۔ان کا افسانہ ''حلالہ'' کا مرکزی کردار تانیہ کو اپنے شوہر سے طلاق کا تحفہ اس لیے ملتا ہے کہ اس کا شوہر جنید تانیہ اور اس کے کزن بلال کے رشتے کو لے کر غلط فہمی کا شکار ہو جاتا ہے۔اور اسے کریکٹر لیس جان کر تانیہ کی صفائی دینے کے باوجود اسے طلاق دے دیتا ہے۔تانیہ ایک گہرے زخم کے ساتھ اپنے میکہ واپس آجاتی ہے۔تانیہ کی ایسی حالت والدہ شکیلہ بیگم کو ہسپتال پہنچا دیتی ہے۔جنید کا غصّہ جب ٹھنڈا ہو جاتا ہے تو وہ اپنی امّی سے اصرار کرتا ہے کہ وہ اس کی زندگی، تانیہ کو واپس لے آئیں۔والدہ اسے سمجھاتی ہیں کہ طلاق کے بعد تانیہ کا واپس آنا ناممکن ہے۔جنید حلالہ کرنے کو کہتا ہے۔اس درمیان تانیہ کو اپنے تئیں بلال کی محبت کے بارے میں پتہ لگ جاتا ہے۔اب سب مل کر یہ فیصلہ لیتے ہیں کہ حلالہ کیا جائے، تو بلال تانیہ کی خوشی کے لیے ایک اور قربانی کے لیے تیار ہو جاتا ہے۔تانیہ کی شادی بلال سے ہو جاتی ہے اس شرط پہ کہ بلال تانیہ کو طلاق دینے کے بعد اس کی شادی پھر سے جنید سے کر دی جائے گی۔بلال سے شادی کے بعد تانیہ نے ایک ایسا قدم اٹھایا جو اس طرح لڑکیوں کے جذبات اور جسم کے ساتھ کھیلنے والوں کی من مانی پر کاری ضرب لگاتا ہے۔تانیہ بلال سے کہتی ہے:

> ''سچی محبت آپ نے کی ہے مجھ سے، جنید نے نہیں۔جو ایک جملے کو وجہ بنا کر مجھے طلاق دے سکتا ہے، پھر میری زندگی میں کسی دوسرے مرد کی شمولیت کے بعد وہ مجھے کس طرح اپنائے گا۔اپنا بھی لے گا تو کیا گارنٹی ہے کہ اس کے پاس کوئی دوسری وجہ نہیں ہوگی طلاق کی۔''
>
> (افسانوی مجموعہ ''محبت کا خراج'' افسانہ ''حلالہ'' ص۔۱۱۱)

بلال یہاں بھی تانیہ کی خوشی کو ہی اوّلین فرض مانتے ہوئے اس سے اس کی مرضی جاننا چاہتا ہے۔تانیہ کہتی ہے:

> ''آپ کا ساتھ۔بلال آپ میری خوشیاں چاہتے ہیں تو پھر مجھے ایسے

شخص کے حوالے کیسے کر سکتے ہیں، جو بغیر کسی وجہ کے مجھے طلاق دے دے۔ جنید کے الزام میں سچائی نہیں تھی، مگر آپ سے پوچھتی ہوں کہ اگر مجھ سے غلطی ہو بھی جاتی تو کیا اس کی محبت میں اتنی گنجائش نہیں تھی کہ وہ مجھے معاف کر دے، مجھ سے ناراض ہو جاتے، مجھ پر ظلم کی آخری انتہا کر دیتے، مگر مجھے اتنی بڑی گالی تو نہ دیتے۔ مجھے اپنے مذہب پر بڑا فخر ہے کہ اگر اس نے مرد کا رتبہ عورت سے بلند کیا ہے تو عورت کے ساتھ بہیمانہ سلوک کرنے کی اجازت نہیں دی۔ حلالہ ان مردوں کے لیے ایک سبق ہے، جو عورت کو اپنے پیر کی جوتی سمجھتے ہیں۔''

(افسانوی مجموعہ ''محبت کا خراج'' افسانہ ''حلالہ'' ص۔۱۱۱-۱۱۲)

دوسری شادی کے بعد اسلامی قانون نے لڑکی اور لڑکا دونوں کو یہ اجازت دے رکھی ہے کہ دونوں اپنی مرضی سے ایک دوسرے سے علیحدگی اختیار کریں، ان پر کسی بھی طرح کی زبردستی نہیں کی جا سکتی۔ اس لیے تانیہ اپنی آزادی کا صحیح استعمال کرتے ہوئے اپنے دل کا ہی سنتی ہے۔ اس کا یہ قدم جنید، جس نے ایک غلط فہمی کے بل بوتے تانیہ پر طلاق کا قہر برپا کر دیا تھا، اس کے اور اس جیسے بے حس مردوں کے چہرے پر ایک قرار اطمانچہ جڑتا ہے۔ مذہبی قوانین کو اپنی سہولت کے مطابق تصرف میں لا کر اپنی مخالف صنف پر اس قدر ظلم روا رکھنے والے مردوں کے طور طریق کو بدلنے کے لیے تانیہ جیسی ہی حوصلہ مند خواتین کی ضرورت ہے جو مذہبی قوانین کو اپنے حق میں استعمال کرنا سیکھیں اور ایک خوشگوار زندگی کی شروعات کریں۔ کیوں کہ اب گھٹ گھٹ کے جیتے رہنے کا وقت ختم ہو چکا ہے۔ اپنی ذات اور شخصیت کو مسخ ہونے سے بچا کر معاشرے میں بحیثیت انسان اپنی پہچان قائم کرنے کے لیے خود کے اندر بھی جسارت پیدا کرنی ہوگی کہ مذہب اسلام نے سہولیات مہیا کرنے میں مرد اور خاتون میں کوئی تخصیص نہیں کی ہے۔ انجم آرا انجم نے افسانہ ''میرے گرو نے میرے چہرے پر تیزاب ڈال دیا'' میں ایک ایسے مدعے کو اٹھایا ہے جو صرف ہندو نہیں مسلم معاشرے میں بھی جنگل کی آگ کی طرح پھیلتا جا رہا ہے۔ اکثر برِ صغیر میں آئے دن یہ سنا جاتا ہے کہ ڈھونگی باباؤں نے مذہب کی آڑ میں بھولی بھالی عوام کو فریب کے جال میں پھنسا رکھا ہے۔ خصوصاً معصوم اور بھولی بھالی لڑکیاں ہی دھوکے کا شکار ہو جاتی ہیں۔ ان میں سے کچھ ایسی نازیبا حرکتوں کو مذہبی افعال مان کر سورگ پانے کی خواہش میں خاموشی اختیار کر لیتی ہیں مگر کچھ باشعور اور روشن خیال لڑکیاں ان مجرمانہ حرکتوں کے پس پردہ باباؤں کی ہوس پرست جبلت کا پردہ فاش کر دیتی ہیں۔ یہ راہ ان سے ان کا بہت کچھ چھین تو لیتی ہے مگر ان پاکھنڈیوں کو انجام تک پہنچا کر جو ابدی سکون ملتا ہے وہ نا قابلِ بیان ہوتا ہے۔ اس افسانے کا مرکزی کردار گریجویٹ ہونے کے باوجود ایک ایسے گرو (godman) کے جال میں پھنس جاتی

ہے جو اسے ایک بھیانک انجام تک پہنچا دیتا ہے۔ یہ لڑکی پہلے ناستک تھی مگر اس گرو کے زہر آلود ماحول اور پُرفریب جال کا ایسا شکار ہوتی ہے کہ خود سے بھگوان کے بعد صرف اس پر بھروسہ کرنے لگتی ہے۔ چوں کہ یہ تعلیم یافتہ تھی اس لیے گرو اسے اپنی خاص شاگردوں میں شامل کرنا چاہتا تھا۔ مگر ایک دن اس لڑکی پر یہ انکشاف ہوتا ہے کہ جہاں روحانی تعلیمات کا درس دیا جاتا تھا وہیں گرو اور چیلوں کے درمیان مجرمانہ سرگرمیوں کے متعلق بحثیں ہو رہی ہیں۔ اپنے godman کو ایسی حرکتوں میں ملوث پا کر اس لڑکی نے پُرزور احتجاج کرنے کی کوشش کی:

> ''جب انہیں یہ اندازہ ہوا کہ مجھے حقیقت معلوم ہوگئی ہے تو انھوں نے مجھے طرح طرح کی دھمکیاں دیں اور متنبہ کیا کہ اگر کسی کو یہ راز بتایا تو نتیجہ اچھا نہیں ہوگا۔ لیکن میں نے ان کی ساری دھمکیوں کو ہوا میں اڑا دیا۔ میں بے وقوفی میں چلّانے لگی۔ میں دن نکلنے سے پیشتر تم سب کو گرفتار کروا دوں گی۔''
>
> (افسانوی مجموعہ ''لمحہ لمحہ زندگی'' افسانہ ''میرے گرو نے میرے چہرے پر تیزاب ڈال دیا'' ص۔ ۶۸)

بار بار چلّا کر گرفتار کروانے والی دھمکیوں کی وجہ سے گرو نے اس پر تیزاب پھینک کر اس کی ہنستی کھیلتی زندگی کو راکھ کا ڈھیر بنا دیتا ہے۔ پولیس میں رپورٹ درج کرانے پر پولیس نے آشرم پر چھاپا مارا مگر وہاں کوئی بھی موجود نہیں تھا۔ گرو چیلے سب فرار ہو چکے تھے۔ اس لڑکی نے اپنی ہمت اور پُرزور احتجاج کی بدولت خود کی خوبصورتی کو زائل کرنے کے ساتھ ساتھ زندگی بھر کی ذہنی اذیت کو گلے سے لگا لیا مگر معصوم اور سادہ لوح عوام کے سامنے دھرم کا مکھوٹا پہنے ہونے socalled godman کے چہرے سے بظاہر پاکیزہ مگر کریہہ نقاب نوچ ڈالا۔ معاشرے میں ایسے باہمت لوگوں کی ضرورت ہے کہ جوش میں ہوش نہ کھو کر عقلمندی کا مظاہرہ کرتے ہوئے ایسے نقلی اور مفاد پرست باباؤں کی اصلیت منظرِ عام پر لائیں۔ ہندوستان، جہاں لوگ پیڑ، پودے، جانوروں اور پتھروں کو بھگوان کی طرح پوجتے ہیں وہاں انسان میں بھگوان تلاشنے کا دعویٰ کرنا کوئی عجوبہ نہیں۔ مفاد اور موقع پرست دھوکے بازوں نے اسے ایک بہترین پیشے کے طور پر اپنا لیا ہے۔ کیوں کہ اس میدان میں تھوڑی سی عقلمندی سے دولت، شہرت، عزت اور عورت ،ایک خوشحال زندگی کی تمام بنیادی ضرورتوں کو پورا کیا جاسکتا ہے۔ اس لیے دن بدن ایسے godfathers کی تعداد بڑھتی جا رہی ہے، جن کے سحر زدہ جال میں پھنس کر معصوم ضرورت مند عوام خصوصاً خواتین کچھ پانے کی تمنا لیے ان کی ہوس کا نشانا بن جاتی ہیں، مگر چوں تک نہیں کرتیں۔ ایسے نظام کی تبدیلی کے لیے اپنی آزادی اپنا حق اور خالص اور پاکیزہ مذہب کے تئیں باشعور رہنے والے روشن خیال

افراد کی نہایت ضرورت ہے۔

مذہبی قوانین اپنی جگہ مستحکم ہیں،مگر مرد اساس معاشرے نے اپنی انانیت کے شعلہ بار ہتھوڑوں سے ان آہنی قوانین پر کاری ضرب لگا کر انہیں من چاہی شکلوں میں ڈھال لیا ہے۔ یہ ایسی شکلیں ہیں جن کے استعمال سے معاشرے کے برتر طبقے کو ہی فائدہ پہنچ رہا ہے۔ایک طبقہ کم سے کمتر ہوتا جا رہا ہے اور تضادی صفات کا اہل دوسرا برتر طبقہ اس کمزوری اور کمتری کو روند کر اپنی حاکمیت کو برقرار رکھے ہوئے ہے۔جدید سماج کا روشن شعور کہاں ایسی اونچ نیچ کو برداشت کرسکتا تھا۔چاہے حاکم طبقے سے تعلق رکھنے والا مرد ہو یا محکوم گروہ کی متعلقہ خاتون، دونوں نے اس غیر متوازی معاشرے کے توازن کی بحالی کے لیے آواز اٹھائی۔ نتیجے کے طور پر بڑی حد تک آج معاشرہ مردانہ کاریگری سے آراستہ چولے کو اتار کر اپنی اصلی صورت میں چاک و چوبند نظر آ رہا ہے۔ایسا نہیں ہے کہ توازن پوری طرح قائم ہو چکا ہے،کئی ایک جگہوں پر دیکھی جانے والی ناہمواری آج بھی مرد حاوی معاشرے کی سیاہ تاریخ کی روداد سناتی ہے۔چونکہ باشعور ذہنی کاوشیں دشوار گزار راہوں میں اپنی منزل کی اور رواں دواں ہیں تو ایک دن ایسا ضرور آئے گا کہ افق کے ساحل پر آفتابِ امید ضرور طلوع ہوگا اور پوری دنیا اس کے کرنوں کی پھلجھڑیوں میں برابری کا جشن مناتی نظر آئے گی۔

◄◄ ● ►►

● **رافد اویس بھٹ**

ترنم ریاض کی تخیلاتی تکثیریت

ترنم ریاض اردو فکشن کا ایک ایسا نام ہے جس سے تقریباً پوری اردو دُنیا واقف ہے۔ وہ نہ صرف اردو فکشن اور شاعری میں اپنا ایک اہم مقام حاصل کر چکی ہیں بلکہ ترجمہ، تنقید اور صحافت میں بھی اپنے کار ہائے نمایاں انجام دیئے ہیں۔ اُنھوں نے بہ طور اردو نیوز براڈ کاسٹر (News Broadcaster) اور ترجمہ نگار کی حیثیت سے بھی ریڈیو اور ٹیلی ویژن میں کافی عرصے تک اپنی خدمات انجام دی ہیں۔ اُنھوں نے کئی ادبی و کلچرل پروگراموں کو منعقد کروایا ہے؛ جس سے اُن کے علمی و ادبی کاموں میں دلچسپیوں کا پتا چلتا ہے۔ ترنم ریاض نے کشمیر کے معروف رسائل و جرائد کے خواتین گوشوں میں بہ حیثیت مدیرا اپنے فرائض انجام دیئے ہیں۔ اُنھوں نے اب تک تقریباً ۱۵ کتابیں (تنقید، فکشن، شاعری اور ترجمہ) اپنی یادگار چھوڑی ہیں۔ ''یہ تنگ زمین''، ''ابابیلیں لوٹ آئیں گی''، ''یمبر زل'' اور ''میرا رخت سفر'' اُن کے افسانوی مجموعے ہیں۔ ''پُرانی کتابوں کی خوشبو''، ''بھادوں کے چاند تلے'' اور ''زیرِ سبزہ محو خواب'' شعری مجموعے اور ''مورتی''، ''برف آشنا پرندے'' اور ''فریب خطائے گُل'' (ناویلا) اُن کے ناول ہیں۔ اُن کی دیگر تصانیف میں ''بیسویں صدی میں خواتین کا اردو ادب''، ''چشمہ نقش قدم'' اور ''اجنبی جزیروں میں'' شامل ہیں۔

ترنم ریاض اپنے منفرد و غیر معمولی اسلوب اور طرز نگارش سے اردو کی قد آور خواتین فکشن نگاروں کی صف میں شامل ہیں۔ اُنھوں نے اپنی خلاقانہ صلاحیتوں سے انسانی زندگی اور اُس میں پیدا شدہ متنوع حالات و واقعات کو افسانے کے روپ میں پیش کر کے سماج کے ذی حس فرد ہونے کا ثبوت پیش کیا ہے۔ اُن کے افسانوں میں وہ آفاقیت بھی ہے جو اُنھیں ادب عالیہ کے تخلیق کاروں کی صف میں شامل کرتی ہے اور وہ مقامیت بھی موجود ہے جس سے اس بات کا اندازہ ہو جاتا ہے کہ وہ انسانی زندگی کے نشیب و فراز کو اپنے افسانوں میں پیش کر کے اپنے اطراف و اکناف میں بسنے والے افراد یعنی عوام کی تخلیق کار ہیں؛ اُس عوام کی جو سماج کے چند اشرافیہ افراد کے استحصال کا شکار ہو جاتی ہے۔ ترنم ریاض کی خلاقانہ اور ذہنی ساخت اس قدر بالغ ہے کہ وہ عہد حاضر کے ٹیکنالوجیکل دور میں بھی انسانی خصائص کے منفی رویوں پر نہایت حساس طریقے سے نظر رکھی ہوئی ہیں جن سے مابعد جدید دور کا سماج دوچار ہے۔ زمانے کے تغیر و تبدل سے کس طرح انسانی اقدار

اپنے رنگ بدلتے ہیں اور کس طرح نئے دور کے تقاضوں کی آڑ میں سماج کی بدعتیں اپنا روپ دھار کر سماجی زندگی کو کھوکھلا کرتی ہیں؛ اُس کی عکاسی ترنم ریاض نے اپنے افسانوں میں بہترین انداز میں کی ہے۔

ترنم ریاض اپنی خلاقانہ صلاحیتوں کی غذا انسانی زندگی سے حاصل کرتی ہیں۔ اُنھوں نے اپنے افسانوں کے لیے مواد اپنے اطراف و جوانب میں حقیقی زندگی سے تعلق رکھنے والے مسائل سے لیا ہے۔ سماج میں رونما ہونے والا ہر واقعہ اُن کی نوک قلم سے ہوتا ہوا گزرتا ہے۔ وہ اپنی قلم کی نوک سے نہ صرف کاغذ سیاہ کرتی ہیں بلکہ انسانی زندگی میں رونما ہونے والے حالات و واقعات کی سیاہی کے تاریک پن کو بھی اپنی نوک قلم کے نور سے منور کرنے کی خواہاں نظر آتی ہیں۔ اُن کے افسانے نسائی استحصال اور سماج میں نسائیت کی ثانوی حیثیت کے طور پر پیش آنے والے مسائل سے بھی تشکیل پاتے ہیں۔ یہی وجہ ہے کہ اُن کے افسانے رشتوں کے تقدم و تقدس کی دعوت دیتے ہیں۔ وہ اپنی کہانیوں کا تانا بانا اپنے گرد و پیش کے ماحول سے بنتی ہیں۔ موضوعات کے لحاظ سے ترنم ریاض کے افسانوں کی ایک انفرادیت یہ بھی ہے کہ وہ انسانی زندگی کے نئے تقاضوں کو محسوس کر کے نت نئے موضوعات کا انتخاب کرتی ہیں؛ جس سے اُن کی ذی حسی اور تخلیقی شعور کی وسعت کا پتا چلتا ہے۔ اپنے افسانوں کے لیے موضوعات کے انتخابی عمل کے حوالے سے وہ خود یوں رقم طراز ہیں۔

> ''ہر انسان اپنے حسی اضطراب اور روحانی اسرار لیے جیتا ہے، دُنیا کا ہر ذی روح اپنے ساتھ ایک کہانی لے کر چلتا ہے، کسی کی کہانی مختصر ہوتی ہے کسی کی طویل، کبھی درد انگیز کبھی پُر مسرت، مگر یہ دونوں اثرات دیر پا نہیں ہیں۔ وقت کے یہ چھوٹے چھوٹے ٹکڑے جن میں ہماری زندگیوں کے واقعات و حادثات جنم لیتے ہیں افسانے بن جاتے ہیں۔'' [1]

جدید عہد کے افسانے نے فنی سطح پر علاماتی اور استعاراتی تجربات سے افسانے کو موضوعاتی سطح پر بہت حد تک فراموش کر دیا تھا جس کا نتیجہ یہ ہوا کہ قاری کہانیوں سے دور ہوتا ہوا دکھائی دیا؛ مگر ترنم ریاض اردو افسانہ نگاروں کے اُس حلقے سے تعلق رکھتی ہیں جنھوں نے قاری کو کہانی سے جوڑنے کا ایک اہم فریضہ انجام دیا اور کہانی پن کی واپسی میں اپنا اہم کردار ادا کیا۔ رشتوں میں عدم احساس، بڑے شہروں کے مسائل ،غریبی سے پیدا ہونے والی نا آسودگی، تشدد اور فرقہ وارانہ فسادات اُن کے خاص موضوعات ہیں۔ لیکن دوسری طرف وہ اس حقیقت سے بھی آشنا ہیں کہ دُنیا تضادات سے پُر ہے، لہذا ایک تخلیق کار کے لیے موضوعات کے انتخاب کے عمل میں زیادہ تگ و دو نہیں کرنا پڑتی ہے بہ شرط یہ کہ وہ اپنی تخلیقی صلاحیتوں کو صحیح موقعے پر کام میں لائے۔ ترنم ریاض مذکورہ تضادات کے ضمن میں حساس ہیں اور اپنی خلاقانہ صلاحیتوں کو بروئے کار لا کر افسانے کے قالب میں پیش کرتی ہیں۔ اس تناظر میں وہ خود لکھتی ہیں:

''مجھے احساس ہے کہ دُنیا تضادات کا مجموعہ ہے۔ میری نظر میں یہ تضادات افسانوں کی تخلیق میں ایک بہت بڑا رول ادا کرتے ہیں، تضادات قائم رہیں گے اور میرے افسانے بھی میری تخلیقی صلاحیت اور قابلیت کے حساب سے ظہور پذیر ہوں گے۔'' ۲؎

ترنم ریاض کا تعلق چوں کہ وادیٔ کشمیر سے ہے جہاں کی سیاسی اُتھل پُتھل سے ہر کوئی واقف ہے، لہذا ہر تخلیق کار کی تحریر میں کشمیر کی سیاسی عدم استحکام کے پہلو نظر آتے ہیں۔ کشمیر کی معصوم عوام پر کس طرح مظالم ڈھائے جاتے ہیں اور کس طرح ہر کشمیری کو شک کی نگاہوں سے دیکھا جاتا ہے اور دہشت گرد تصور کیا جاتا ہے؛ اس کی بھر پور عکاسی افسانہ ''مٹی'' میں کی گئی ہے۔ یہ افسانہ کشمیر کی سیاسی افراتفری اور بے چینی کا مظہر ہے۔ اس افسانے کے پس منظر میں کشمیر میں Polotical Instability کی وجہ سے بگڑتے حالات کو افسانے کے روپ میں پیش کیا گیا ہے۔ جس کا کردار ''ہلال احمد'' انجینیر نگ کا طالب علم ہے۔ لیکن اچانک پولیس دہشت گرد کی کھوج کے بہانے اُس کے محلے میں آتی ہے۔ لوٹ کھسوٹ اور مار پٹیائی کے بعد بے گناہوں کا خون بہا کر چلی جاتی ہے، جس میں ہلال کا باپ بھی مارا جاتا ہے۔ یہی وجہ ہے کہ ہلال اپنی پڑھائی چھوڑ کر اس سسٹم کے خلاف لڑنے کے لیے اُٹھ کھڑا ہوتا ہے؛ جسے بعد میں قانونی طور پر دہشت گرد قرار دیا جاتا ہے۔ پھر اُسے قید کیا جاتا ہے۔ جیلر کشن لال ہلال سے جیل میں پہنچنے کی وجہ پوچھتے ہیں تو ہلال سیاسی بدنظمی اور اندھے قانون پر انگلی اُٹھا کر پولیس محکمہ کی بُرائی کرتے ہوئے کہتا ہے:

''اچھا طریقہ ہے۔ اگر وہ نہیں پکڑا جاتا تو اُس جیسا کوئی جے سے علم تک نہ ہو کہ کیا ہو رہا ہے، اُسے پکڑ لیتے ہو۔ ورنہ اُس جیسا نہ بھی ہو تو بھی کہاں بچ پاتا۔'' ۳؎

افسانہ ''مٹی'' میں جہاں پولیس کے ظلم و جبر کو کی بھر پور عکاسی کی گئی ہے وہیں دوسری طرف سیاسی ابتری اور سیاسی لیڈروں کی بے حسی اور اُن کی نااہلی کی طرف بھی خوب اشارہ کیا گیا ہے۔ اس افسانے میں کشمیری عوام کے دُکھ درد، اُن کی گھٹن اور ذہنی کرب کو افسانہ نگار نے نہایت ہی فن کارانہ انداز میں پیش کیا ہے۔ کشن لال کے پوچھنے پر کہ وہ (ہلال) کس طرح اور کیوں کر پڑھا لکھا ہونے کے باوجود بغاوت کی راہ اپنانے پر مجبور ہوتا ہے اس ضمن میں ہلال سیاسی لیڈروں کو ذمہ دار ٹھہراتے ہوئے کہتا ہے:

''اصل میں سب کو جھیلیں اور پہاڑ چاہیں بھلے ہی زمیں خون سے سُرخ ہو جائے، اس پر ادھر والے بھی اپنا آسمان چاہتے ہیں اور اُدھر والے بھی۔''

''یہ بات تم اپنے لیڈروں سے کیوں نہیں کہتے۔'' کشن لال کچھ سوچتے ہوئے بولا:

''رہبر ہوتا تو ہم اس طرح کیوں بھٹکتے، جن پر تکیہ تھا، اعتماد شکن ہوئے۔'' ۴

مذکورہ افسانے میں سیاسی بدنظمی اور سیاسی عدم استحکام کو لے کر سخت طنز کیا گیا ہے۔ ساتھ ہی یہ بھی دکھایا گیا ہے کہ چند سیاسی لیڈروں کی بے حسی اور نااہلی سے کس طرح معصوم جوان باغی بننے پر مجبور ہو جاتا ہے۔ اس افسانے کے مطالعے سے اس بات کا خوب اندازہ ہو جاتا ہے کہ کشمیر کی اس تباہی کے اصل ذمہ دار سیاسی لیڈر رہیں۔ اس حقیقت سے شاید ہی کسی کو انکار ہوگا کہ ایک نوجوان کے لیے جب حالات اس قدر تنگ کر دیئے جائیں تو اُس صورت حال میں اُس نوجوان کا باغی ہونا فطری عمل ہے۔ ترنم ریاض نے اپنے افسانوں میں کشمیر کے مناظر کے ساتھ ساتھ وہاں کی سیاسی، سماجی، معاشی اور اقتصادی حالات کو بھی ملحوظ نظر رکھا ہے۔ ''متاع گم گشتہ''، ''بابل''، ''برف گرنے والی''، ''میرا پیا گھر آیا'' وغیرہ جیسے افسانے بہ طور مثال پیش کیے جا سکتے ہیں۔ افسانہ ''مٹی'' کی تخلیقیت کی وجہ کے حوالے سے یوں رقم طراز ہیں:

''افسانہ ''مٹی'' نے بھی از حد رنجیدہ کیا تھا۔ مجھے اس افسانے کو تحریر کرنے سے پہلے میں کچھ دیر کے لیے میں اس ماحول میں رکی تھی، وہاں گھٹن، درد کرب اور ہر شئے پر محیط مایوسی میرے اندر جذب ہو گئی تھی تب ''مٹی'' کا ظہور ہوا تھا۔'' ۵

ترنم ریاض عصر حاضر کی ایک ایسی خاتون فکشن نگار ہیں جنھوں نے جدیدیت کی تصنع کاری، بے جا حسن کاری، رنگین لفاظی اور زبان کی مشکل پسندی اور مبہم علامات اور دقیق استعاروں کے برخلاف سادہ اور راست طرز نگارش اپنایا ہے۔ جس کی بنیادی وجہ یہ ہو سکتی ہے کہ اُن کا سروکار عوام سے ہے، اُن کا مقصد یہ ہے کہ عوام تک اُن کی تحریر کی وساطت وہ بات پہنچ جائے جو وہ پہنچانا چاہتی ہیں۔ یہی وجہ ہے کہ وہ موضوعات کے لیے بھی اِدھر اُدھر نہیں بھٹکتی ہیں بلکہ وہ اپنی آنکھوں سے جو کچھ دیکھتی ہیں اور اپنے ذاتی تجربات اور مشاہدات سے اخذ کرتی ہیں، اُسے ہی افسانے کے قالب میں ڈھال کر قاری تک پہنچانے کی کوشش کرتی ہیں۔ وہ اپنے افسانوی مجموعہ ''یہ تنگ زمین'' کے ابتدائیہ میں اس بات کا اعتراف کرتی ہیں کہ وہ اپنے افسانوں کے لیے خام مواد اپنے گرد و پیش میں رونما ہونے والے حالات و واقعات سے حاصل کرتی ہیں اور اُنھی حالات و واقعات کو بے ساختگی اور صفائی سے بیان کرتی ہیں۔ کیوں کہ اُن کا ماننا ہے کہ افسانہ ہی اُن کے تجربات، مشاہدات اور احساسات کا وسیلۂ اظہار ہے۔ مظہر امام ترنم ریاض کی افسانہ نگاری کے انفرادی پہلوؤں پر بات کرتے ہوئے لکھتے ہیں:

''ترنم ریاض کے افسانوں کی جو فضا ہے وہ بڑی مانوس سی فضا ہے، جس سے ہم سب واقف ہیں۔ اُن کے اظہار میں کوئی تصنع آمیز صفائی نہیں ہے۔ بہت ہی صفائی اور شستگی کے ساتھ وہ اپنے افسانوں کا تانا بانا بنتی ہیں۔ کہیں کہیں تو اُن کے اسلوب میں خاص طرح کی مقناطیسیت آجاتی ہے، جو اپنے ساتھ ساتھ پڑھنے

والے کو بھی بہالے جاتی ہے۔ ترنم ریاض اپنی سادگی ، بے تکلفی اور بے ساختگی کی وجہ سے ہمیں متاثر کرتی ہیں۔'' ۶

ترنم ریاض نے اگر چہ جدید افسانے کی بے جا تصنع کاری اور تجریدیت سے اپنے دامن کو بچا لیا ہے لیکن اس کا مطلب یہ بھی نہیں ہے کہ اُن کے یہاں جدید افسانے کی خصوصیات کلی طور پر مفقود ہیں۔ اُن کے افسانوں میں علامتی رنگ بھی پایا جاتا ہے مگر اُن کے یہاں مشکل پسندی اور تصنع کاری کا دخل زیادہ نہیں ہے۔ اُنھوں نے بہ طور ایک جدید فکشن نار علامتوں کا بھی استعمال کیا ہے لیکن اُن کے یہاں علامتیں اس قدر بھی مبہم نہیں ہیں جو ماورائے عقل معلوم ہوتی ہیں۔ اُنھوں نے سادگی اور بے ساختگی سے اپنے نقطہ نظر کو قاری کے سامنے رکھ دیا ہے جس سے قرأت کے دوران قاری شروع سے آخر تک کہیں بھی اُکتاہٹ محسوس نہیں کرتا ہے۔

''باپ'' ترنم ریاض کا ایک ایسا افسانہ ہے جو مرد ذات کی بے حسی اور عورت کے استحصال پر مبنی ہے۔ جس میں ایک باپ نشے کی وجہ سے اپنے باپ ہونے کے فرض سے اس قدر بے حس ہو جاتا ہے کہ وہ نشے کی حالت میں اپنی بیٹیوں پر بھی گندی نگاہیں ڈالتا ہے۔ نشہ اُسے اس قدر بدمست کر دیتا ہے کہ اُسے اپنی بیٹیوں کی عزت و آبرو کا بھی لحاظ نہیں رہتا۔ ایک باپ گھر کا ذمہ دار فرد ہوتا ہے؛ لیکن یہاں ماں محنت کر کے گھر کا خرچہ برداشت کرنے کے ساتھ ساتھ بچیوں کو تعلیم بھی دے رہی ہے۔ مگر وہ بھی اپنے شوہر کی مار پیٹ سے اندرونی اعضا کے چوٹ لگنے سے ہمیشہ کے لیے بستر پر لیٹ جاتی ہے۔ باپ کی بے حسی سے گھر روز بہ روز جہنم بنتا جا رہا ہے۔ باپ کی گندی نگاہ سے بڑی بیٹی ناظمہ بھی محفوظ نہیں رہ پاتی ہے ، یہاں تک کہ وہ شائستہ پر بھی بُری نگاہ ڈالتا ہے؛ لیکن ناظمہ اس ظلم کے خلاف احتجاج بھی نہیں کر پاتی ہے۔ اس کے برعکس ساحرہ اس ظلم کے خلاف آواز بلند کر دیتی ہے۔ اُن کی ماں اپنی بچیوں پر ہو رہے اس ظلم کو اپنی آنکھوں سے دیکھتی ہے لیکن کچھ کر نہیں پاتی ہے۔ باپ کی بے حسی اور ظالمانہ رویے سے کس طرح گھر جہنم میں تبدیل ہو جاتا ہے؛ اس کا نقشہ افسانہ نگار نے کچھ یوں کھینچا گیا ہے:

''امی کو کتنا ارمان تھا اپنی بچیوں کی اُونچی تعلیم کا۔ وہ خود ہی محنت مشقت سے اُن کی پڑھائی کا خرچ پورا کرتیں۔ اس میں باپ کا کوئی ہاتھ نہ تھا۔ باپ کو اپنے علاوہ گھر میں کسی اور کی بہبودی سے کوئی واسطہ نہ تھا''

''...... باپ نے ایک دن ایسا مارا پیٹا کہ بہت دن تک بستر سے نہ ہل سکیں...... امی کھٹیا پر پڑی کراہتیں...... آنسو بہاتی ہوئی، نقاہت بھری آواز میں سانپ سانپ چلاتیں اور بے ہوش ہو جاتیں۔'' ۷

''باپ کی نگاہیں کبھی کبھی شائستہ کے ننھے سے بدن کا طواف کر کے اُس

> کے بھرے بھرے رخساروں پر ٹھہر جاتیں۔ وہ منہ بھر بھر اس کے گالوں کو کئی کئی بوسے بھی لے لیتا۔'' 8
>
> بیوی اپنے شوہر کی حرکتوں سے اس قدر تنگ آچکی تھی کہ وہ بار بار چلاتی رہتی ہے ''شیطان...... درندے...... سانپ ہو تم۔ اپنی ہی بچیوں کو کھاتے ہو۔۔ سانپ...... میری معصوم کلیوں کو...... میری بچیوں پر...... میری...... میری...... کاش...... کاش...... میں تمہیں...... میں...... تمہیں کوئی...... سنگسار کیوں نہیں کر دیتا؟'' 9

ترنم ریاض نے اس افسانے میں سماج میں پلنے والی اُن برائیوں کی طرف انگشت نمائی کی ہے جو ایک انسان کو حیوانیت اور درندگی کی انتہا تک پہنچاتی ہیں۔ اکثر دیکھا گیا ہے کہ موجودہ سماج میں شراب اور نشے کی لت نے کئی گھر برباد کر دیئے ہیں، اتنا ہی نہیں بلکہ اس وجہ سے عورتیں مردوں کے استحصال کا شکار بھی ہوتی رہی ہیں۔ یہاں تک کہ نشے میں دُھت مرد کو رشتوں میں وہ امتیاز باقی نہیں رہتا اور وہ درندگی کی اس حد تک اُتر آتا ہے کہ وہ اپنے ہی خون کی عزت و عصمت تک کو نہیں بخشتا ہے۔ ترنم ریاض کا ایک اور افسانہ ''رنگ'' نفسیاتی اعتبار سے اہم ہے۔ جس میں ایک ماں حقیقی زندگی میں سب کچھ ہونے کے باوجود خیالی دُنیا میں پناہ لیتی ہے۔ دراصل یہ افسانہ حقیقت اور خواب پر مبنی ہے۔ جس میں ایک ماں اپنے بچوں سے بے حد محبت کرنا چاہتی ہے لیکن اُس کے بچوں کو ماں کی اس محبت کا احساس نہیں ہوتا ہے؛ یہاں تک کہ وہ بچے اپنے والدین کی پرورش تک کو بے مصرف قرار دیتے ہیں۔ اس افسانے میں ماں کی مسکراہٹ سے تخلیق کار قاری کو یہ سمجھانے کی کوشش کرتی ہیں کہ بچے اپنی ماں کو بھلے ہی حقیقت میں بھول جائیں مگر اُس ماں کے دل میں اپنی اولاد کے تئیں محبت میں کوئی کمی نہیں آتی ہے اور وہ حقیقت میں نا سہی مگر خواب و خیال میں اپنے بچوں کو سینے سے لگائے رکھتی ہے جیسے کہ مذکورہ افسانے میں دکھایا گیا ہے۔ یعنی بچے چاہے اپنی ماں سے کسی بھی حد تک دوری اپنا لیں، ماں کی محبت کو ٹھکرا دیں لیکن اُس کے باوجود بھی ماں اپنے بچوں سے بے پناہ محبت کرتی ہے۔ اس افسانے میں بھی موجودہ سماج پر طنز کیا گیا ہے اور یہ دکھانے کی کوشش کی گئی ہے کہ مشینی اور ٹیکنالوجیکل دور نے انسان کو رشتوں سے اس قدر دور کر دیا ہے کہ بچوں کو اپنی ماں کی محبت کا احساس تک نہیں ہوتا ہے۔ دوسری بات یہ کہ موجودہ دور کی مادیت پرستی انسانی رشتوں کے درمیان حائل ہو چکی ہے، جس کی آڑ میں ایک انسان اپنے رشتوں کو بھی نظر انداز کر دیتا ہے۔ اسی افسانے کے طرز پر ترنم ریاض نے دوسرا افسانہ ''اماں'' لکھا ہے۔ اسی طرح ایک اور افسانہ ''بابل'' میں بے جوڑ شادی کو موضوع بنایا گیا ہے۔ اس میں خوبصورت اور کمسن لڑکی کی شادی ایک دراز عمر آدمی سے کر دی جاتی ہے جو کہ ایک آنکھ سے نابینا بھی ہوتا

ہے۔ یہ بدعت بھی سماج کو ایک ناسور کی طرح اندر ہی اندر کھوکھلا کر چکی ہے کہ محض چند روپیوں کی خاطر ایک لڑکی کی زندگی جہنم بنا دی جاتی ہے۔ افسانہ ''شیرنی'' میں ترنم ریاض نے انسانیت پر چوٹ کی ہے۔ نجمہ جو ایک بے خوب لڑکی ہوتی ہے جس نے ڈرنا نہیں سیکھا تھا، کھیتوں اور جنگلوں میں گھومتے ہوئے کبھی خودزدہ نہیں ہوئی تھی، جو ہر وقت یہ کہتی پھرتی تھی کہ '' ڈر کا ہے کا جی۔۔۔ ڈرنا تو صرف اُوپر والے سے چاہیے''۔ لیکن سماج کے چند بھیڑیئے نما انسان جو کہ ہر وقت انسانی گوشت کو اپنی حوس کے دانتوں تلے چبانے کے انتظار میں منہ سے لال ٹپکائے ہوئے تیار رہتے ہیں؛ کی وجہ سے نجمہ ڈر جاتی ہے۔ اس افسانے میں افسانہ نگار نے شہر کے اُس گندے ماحول کی عکاسی کی ہے جہاں نجمہ جیسی بے خوف گاؤں کی لڑکی انسان کی حیوانیت سے ڈر جاتی ہے۔ گاؤں کے جنگل میں نجمہ اکیلی گھوما پھرا کرتی تھی لیکن جنگل کے حیوانوں سے اُسے کوئی ڈر نہیں لگتا لیکن شہر میں آتے ہی انسان کی حیوانیت کا اس قدر شکار ہو جاتی ہے کہ اُس کے دل میں بھی خوف و ڈر پیدا ہو جاتا ہے۔ نجمہ کس طرح انسان کی حیوانیت کا شکار ہو جاتی ہے۔ اقتباس ملاحظہ کریں:

> ''میں جب اپنے کمرے کا دروازہ باہر سے بند کر کے غسل خانے کی طرف جانے لگی تو ایک عجیب سی آواز آئی...... جیسے کوئی سرگوشیوں میں کہہ رہا ہو جی...... سنو کیا نام ہے تمہارا؟ ابھی میں نے غسل خانے کی طرف دو ہی قدم بڑھائے تھے کہ پھر سے آواز آئی۔ اے سنو نا...... کیا نام ہے تمہارا؟ میں بھی ادھر ہی رہتا ہوں۔ اس ساتھ والے مکان میں کام کرتا ہوں۔ ادھر دیکھو نا۔ مجھ سے کیا شرمانا۔ دیکھو...... ادھر اُوپر...... میں نے اُوپر دیکھا۔ پھر دائیں طرف کی دیوار کی طرف نظر ڈالی تو...... تو...... تو بی بی جی...... ادھر...... دیوار پر ایک پاؤں ادھر کو لٹکائے ایک مونچھ والا لڑکا بیٹھا تھا جی...... میرے کمرے کے دروازے کے بالکل قریب...... دیوار پر چڑھا ہوا۔ میں ڈر گئی۔'' [10] ہم عصر ادیبوں کی طرح ترنم ریاض بھی اپنے افسانوں میں عہد حاضر کے وہ تمام مسائل کو پیش کرتی ہیں جن سے آج کی نسل دوچار ہے۔ چاہے وہ شوہر اور بیوی کے ازدواجی اور گھریلو مسائل ہوں جیسے کہانی ''میرا پیا گھر آیا'' اور ''بجھائے نہ بنے'' اور ''برآمدہ'' میں دکھایا گیا ہے یا پھر سماج میں ظلم اور بربریت کے شکار لوگوں کو ''اچھی صورت بھی کیا'' اور ''ایجاد کی ماں'' جیسے افسانوں میں پیش کیا گیا ہے۔ ترنم ریاض نے نہایت ہی باریک بینی سے اپنے اطراف و اکناف کے نشیب و فراز کو محسوس کرتے ہوئے سنجیدہ موضوعات کو افسانے کی صورت میں پیش کیا ہے۔ وہ انسانی نفسیات میں بچوں کی

نفسیات سے بھی اچھی طرح واقف ہیں۔ اُنھوں نے بچوں کی نفسیات میں جھانک کر اُن پہلوؤں کو افسانے کی صورت میں پیش کیا ہے جو ایک طرف دور حاضر کے سماج کا حقیقی عکس پیش کرتے ہیں اور دوسری طرف ماں باپ کے لیے لمحۂ فکریہ بھی معلوم ہوتے ہیں۔ ''یہ تنگ زمین''، ''آدھے چاند کا عکس''، ''میرا کی شام'' اس تناظر میں اہم افسانے ہیں۔ افسانہ ''یہ تنگ زمین'' میں بچوں کی نفسیات کو موضوع بنایا گیا ہے۔ اس افسانے میں کشمیری عوام پر ہو رہے ظلم و جبر، تشدد اور بربریت سے بچوں کے اذہان پر پڑے منفی اثرات کو مرکز بنایا گیا ہے۔ اس میں یہ بھی دکھایا گیا ہے کہ جو بچے کھیل کھیل میں جانوروں اور پرندوں کی بولیاں نقل کرتے ہیں مگر بدلتے ہوئے ماحول کے پیش نظر وہ اب پیڑ پودوں پر بیٹھے پرندوں کی بولیاں نکالنے کی بجائے بندوقوں اور بموں کی آوازیں نکال رہے ہیں۔ یہ کہانی تشدد کے نتیجے میں بچوں پر اُن کی متاثر شدہ نفسیات کی خوب عکاسی کرتی ہے۔

افسانہ ''ایک تھکی ہوئی شام'' میں ماں کی محبت کو مرکزیت حاصل ہے۔ جس میں اپنی اولاد کے تئیں ماں کی محبت کا انداز نصیحت لیے ہوئے ہے۔ کہانی کا اختتام قاری کو جھنجھوڑ دیتا ہے جو اس بات کا احساس دلاتا ہے کہ ماں کے دل میں اپنی اولاد کے تئیں بے پناہ محبت ہوتی ہے یکساں ہوتی ہے چاہے وہ غریب ماں ہو یا پھر امیر۔ اس افسانے میں یہ دکھانے کی کوشش کی گئی ہے کہ مادیت پرستی چاہے انسان کو کس قدر جدید ذہن اور سوچ عطا کرے مگر ایک ماں اپنی اولاد کے تئیں اپنی محبت کو کسی بھی صورت میں کمی واقع نہیں ہونے دیتی ہے۔ بہرطور اس افسانے میں یہ دکھانے کی کوشش کی گئی ہے کہ ایک ماں کی محبت خالص اور بے غرض ہونے کے ساتھ ساتھ ہر ایک صورت حال میں ایک جیسی ہوتی ہے۔ یعنی ایک امیر ماں جس قدر اپنی اولاد سے محبت کرتی ہے، غریب ماں بھی اپنی اولاد کو اُتنا ہی محبت کرتی ہے۔

ترنم ریاض کشمیر کی خوبصورت اور دلفریب وادیوں سے تعلق رکھنے والی فکشن نگار ہیں۔ جہاں ہر قدم پر پیڑ پودے ندیاں اور جھیلیں اپنی فطری خوبصورتی سے مزین ہیں۔ ترنم ریاض کی تخلیقات ان خوبصورت مناظر سے بھی تشکیل پاتی ہیں۔ کشمیر کی فطری خوبصورتی اور دلفریب مناظر کو جب وہ اپنے افسانوں میں بیان کرتی ہیں تو اُن کا انداز شاعرانہ ہو جاتا ہے۔ یعنی اُن کے افسانوں کی ایک خصوصیت یہ بھی ہے کہ وہ کہیں کہیں اپنے افسانوں کے ذریعے شاعری کا مزہ دیتے ہیں۔ اس ضمن میں یہ اقتباس ملاحظہ کریں۔

''کچھ ہی مہینے پہلے کی بات ہے۔ درخت ابھی ابھی اپنی رنگین بانہوں سے برف جھاڑ کر لہرانے لگے تھے۔ بہار کا موسم شروع ہی ہوا تھا۔ بادام کے پیڑ

ننھے ننھے ہرے پتوں اور گلابی شگوفوں کی چُنر اوڑھے شرمائے شرمائے سے جھکے جارہے تھے۔ ہد ہد جانے کس نگر سے ہجرت کر کے آتے اور چناروں کی کھوکھلی ٹہنیوں پر اپنی لمبی چونچ سے ٹک ٹک آوازیں پیدا کرتے ہوئے چھید کر کے جانے کن ننھے ننھے کیڑوں کے سکون میں خلل کا باعث بنتے اور فیروزی رنگ کے دھلے دھلائے نکھرے نہلائے آسمان میں ایک لمبی سی اڑان بھر کر دوبارہ اسی کام میں نئے انہماک سے مشغول ہوجاتے۔ نرم نرم دھوپ ہری ہری دھرتی کو اپنی کرنوں سے گدگدا دیتی اور گھاس کے تنکے لہک لہک کر فضا میں اپنی مہک بکھیر دیتے۔'' [11]

بہر کیف ترنم ریاض اپنے افسانوں میں عصری سیاسی، سماجی، معاشی، اقتصادی اور نفسیاتی غرض ہر طرح کے موضوعات کو سمیٹ لیتی ہیں۔ ''یہ تنگ زمین''، ''کلچیں''، ''چھوئی موئی''، ''ایک تھکی ہوئی شام''، ''مٹی''، ''باپ'' اور ''شہر'' اس ضمن میں اُن کے پُر اثر انداز میں لکھے ہوئے افسانے ہیں۔ اُن کے کردار مختلف رنگوں میں رنگے ہونے کے باوجود زمین یعنی حقیقت سے اپنا رشتہ قائم رکھے ہوئے ہیں۔ ابوالکلام قاسمی ترنم ریاض کی افسانہ نگاری خصوصاً 'ابابیلیں لوٹ آئیں گی' کے حوالے سے لکھتے ہیں:

''ترنم ریاض اُن افسانہ نگاروں میں سے ہیں جن کا اظہار اور بیانیہ اُن کی اپنی ذات کے ساتھ تہذیب و ثقافت اور اعلیٰ اقدار پر مبنی ہوتا ہے۔ مجھے ترنم ریاض کی کہانیوں میں روایت کے بھرپور شعور کے ساتھ تجربہ کا رنگ بھی شامل نظر آتا ہے۔ وہ صورتحال کو کہانی بنانا جانتی ہیں اور اپنے زمانے کے اسلوبیاتی رویوں سے واقفیت کے باعث کسب فیض بھی کرتی ہیں۔۔۔ ''ابابیلیں لوٹ آئیں گی'' اُن کے فنی سفر کا دوسرا پڑاؤ ہے، جو اپنے آپ میں قابل توجہ بھی ہے اور اپنے زمانے کے نمائندہ افسانوی رجحانات کا عکاس بھی مثال کے طور پر 'برف گرنے والی' ہے، 'مٹی'، 'شہر'، 'باپ'، 'اماں' وغیرہ۔'' [12]

ترنم ریاض اردو کے جدید افسانہ نگاروں کی صف میں اپنا ایک اہم اور مستند استھان بنا چکی ہیں۔ وہ اپنی فکری صلاحیتوں سے اپنے گردوپیش کے مسائل سے آگاہ ہونے کے بعد اپنی تخلیقی صلاحیتوں سے اپنی فکر کو عملی جامہ پہناتی ہیں۔ یہی وجہ ہے کہ اُن کے افسانے قاری پر دوررس اثرات چھوڑتے ہیں اور سوچنے اور سمجھنے پر مجبور کرتے ہیں۔ کیوں کہ افسانے کے موضوع کے انتخاب سے لے کر کردار، منظر کشی، زبان و بیان تک اُن کا سفر ایک منطقی عمل سے ہوتا ہوا گزرتا ہے۔ طارق چھتاری ترنم ریاض کی افسانہ نویسی کی خصوصیات کو بیان کرتے ہوئے لکھتے ہیں:

''ترنم ریاض کی انفرادیت یہ ہے کہ اُن کے افسانوں کے بیشتر کردار، واقعات اور مناظر سب سے پہلے قاری کے دل پر اثر انداز ہوتے ہیں۔ پھر فہم و دانش سے لبریز ہو جانے والے دل سے پھوٹتی شعاعیں اس کے ذہن کو بھی منور کر دیتی ہیں اور خود کو افسانے کا ایک کردار سمجھ کر افسانہ نگار کے تخلیقی عمل میں شریک ہو جاتا ہے۔ یہ فن کی معراج ہے، اس کی کسوٹی پر ترنم ریاض کے افسانے پورے اُترتے ہیں۔'' ۱۳

ترنم ریاض کے افسانے کرادر نگاری کے اعتبار سے بھی انفرادیت کے حامل ہیں۔ وہ واقعہ کے ساتھ ساتھ کردار کے داخلی و خارجی کیفیات پر بھی اپنی نگاہ رکھتی ہیں۔ اس ضمن میں افسانہ ''مٹی'' کا ہلال اور کشن لال، ''میرا پیا گھر آیا'' کی شمع، ''باپ'' کی ناظمہ اور ساحرہ، ''شیرنی'' کی نجمہ، ''آدھے چاند کا عکس''، کا عاطف بہ طور مثال پیش کیے جا سکتے ہیں۔ اُن کے افسانے کردار نگاری کے علاوہ مکالمہ نگاری اور منظر کشی کے اعتبار سے بھی نمایاں اہمیت کے حامل ہیں۔ اردو کے اہم ناقد عتیق اللہ ترنم ریاض کی افسانہ نگاری کے حوالے سے لکھتے ہیں:

''ترنم ریاض کی شخصیت کا سب سے نمایاں پہلو وہ کسک ہے جسے ایک ٹیس کی طرح اُن کے افسانوں کے بطن میں محسوس کیا جا سکتا ہے۔ اگر چہ اُن افسانوں کا ماحول اور سارا سیاق بے حد خاموش آ گیں ہیں لیکن اس خامشی کے اندر جو بلا کا شور برپا ہے اسے اُن کا قاری بہت جلد محسوس کر لیتا ہے۔ ترنم ریاض میں چیزوں کو اُن کے اندر اُتر کر دیکھنے کی جو صلاحیت ہے وہ ایک افسانہ نگار کے لیے بڑی نیک فعال ثابت ہوتی ہے۔'' ۱۴

بہر حال ترنم ریاض اپنی فکریاتی اور نظریاتی اعتبار سے اردو فکشن میں اپنا ایک اہم مقام حاصل کر چکی ہیں۔ اُنھوں نے اپنی تخلیقی صلاحیت اور ذی حسی سے اپنے گرد و پیش میں ہر چھوٹی بڑی تبدیلی کو افسانے میں سمیٹنے کی کوشش کی؛ جس سے اُنھوں نے موضوعاتی طور پر اردو افسانے کا دامن وسیع کرنے میں اپنا اہم رول ادا کیا۔ اُنھوں نے فن افسانہ نگاری کو زمینی حقائق کے حدود میں رہنے دیا اور اسے محض تفریح تفنن یا دل بہلاوے کا ذریعہ سمجھنے کی کوتاہی نہیں کی بلکہ افسانے کو انسانی زندگی اور اُس سے جڑے حالات و واقعات نیز اقدار، روایات اور ثقافت اور تہذیبی عناصر پر مبنی ایک اہم اور کار آمد صنف کے طور پر پیش کیا ہے جس میں وہ کامیاب ہوتی نظر آتی ہیں۔

◀◀ ● ▶▶

حوالہ جات:

ا۔ پیش لفظ، ابابیلیں لوٹ آئیں گی (ص ۹)

۲۔ایضاً،(ص۱۰)
۳۔افسانہ ''مٹی'' مشمولہ ابابیلیں لوٹ آئیں گی (ص۸۰)
۴۔ایضاً،(ص۸۲)،۵۔پیش لفظ،ابابیلیں لوٹ آئیں گی،(ص۱۰)
۶۔فلیپ کور،ابابیلیں لوٹ آئیں گی
۷۔افسانہ ''باپ''،مشمولہ ابابیلیں لوٹ آئیں گی،(ص۴۳)
۸۔ایضاً،(۴۵)۹۔ایضاً،(۴۷)
۱۰۔افسانہ ''شیرنی،مشمولہ،ابابیلیں لوٹ آئیں گی،(ص۱۹۱)
۱۱۔افسانہ ''مٹی''،ابابیلیں لوٹ آئیں گی (ص۷۵)
۱۲۔ فلیپ کور،ابابیلیں لوٹ آئیں گی
۱۳۔شعر و حکمت،دسمبر/۲۰۰۶ء(ص۳۵۶)،۱۴۔فلیپ کور،ابابیلیں لوٹ آئیں گی

● محمد نعیم یاد

کینوس کے رنگوں میں امر ہونے والی......اَمرتا شیرِ گل

قدرت نے انسان میں بے پناہ جواہر سموئے ہیں جس میں جوہرِ تخلیق خاص ہے۔انسان کو اس عظیم تحفہ کی بدولت ہی فنونِ لطیفہ میں دِلچسپی پیدا ہوتی ہے۔فنونِ لطیفہ میں جہاں خطاطی ،موسیقی ،مجسمہ سازی اورفنِ تعمیرات کو اہمیت حاصل ہے وہیں فنونِ لطیفہ میں فنِ مصوری بھی اپنا ایک خاص مقام رکھتی ہے۔رنگوں سے کھیلنے اور تصویروں کو زبان دینے کا نام ہی مصوری ہے،مصور اپنے قلم اور رنگوں کے ملاپ کے بعد حقیقی عکس کینوس پر ڈال دیتے ہیں۔سقراط نے کیا خوب کہا تھا: شاعری بولتی ہوئی مصوری ہے اور مصوری خاموش شاعری ہے۔

کہتے آئے ہیں کہ عظمت فن کا راز محض ہنرمندی یا کسی ایک گوشہ فن میں دسترس سے وابستہ نہیں بلکہ اس کی اصل کُنجی تو وہ ذہنی اور جذباتی صفت ہے،وہ ذوق و وجدان ہے جو حسن وخوبی کے کسی ایک مظہر تک محدود نہیں،ان کے سبھی شواہد پر محیط ہے،یہی وہ شے ہے جسے اقبال خونِ جگر کا نام دیتے ہیں، معجزہ فن کی ہے خونِ جگر سے نمود۔

تاریخ کے اعتبار سے مصوری نہایت ہی اعلیٰ مقام رکھتی ہے۔ یہ نہ صرف ثقافتی ،سماجی اور مذہبی حالات کی عکاسی کرتی ہے بلکہ اس سے معاشی اتار چڑھاؤ کے اثرات کا بھی بخوبی اندازہ لگایا جاسکتا ہے۔اقوام کی تہذیب وتمدن پرکھنے میں بھی مصوری اہم کردار ادا کرتی ہے۔ بڑے وثوق کے ساتھ کہا جاسکتا ہے کہ مصوری ایک تصویری زبان بھی ہے جو ہر دور میں بولی جاتی رہی ہے۔ زمانہ قدیم سے اب تک تھوڑے بہت فرق کے ساتھ اس کے مقاصد میں یکسانیت پائی جاتی ہے۔ جیسے غاروں کے دور میں مصور جنگل میں جانوروں وغیرہ کی تصاویر کے ذریعہ اپنا مدعا بیان کرتا رہا ویسے آج کے دور میں بھی تحت الشعور کے خیالات کو فن پاروں میں عیاں کرنے کی کوشش کی جاتی ہے مگر وقت کے ساتھ ساتھ سوچ اور ٹیکنیک میں جو تبدیلی آئی ہے اسے جھٹلایا نہیں جاسکتا۔مصور بھی زمانہ کی تبدیلی کے ساتھ ساتھ نئی راہیں تلاش کرنے میں مصروف رہتا ہے۔ ہمارے مذہبی عقائد کی مضبوطی مصوروں کو اپنی طرف کھینچے رکھتی ہے۔شاید اسی لیے مسلمانوں نے خطاطی نقاشی اور آرائش میں تجریدیت کا پہلو ایجاد کیا۔ہندوستان جو کثیر المذاہب اور مختلف تہذیب وتمدن کا گہوارا رہا ہے جس کی مثالیں تاریخی تعمیرات ،تاج محل ، لال قلعہ،شاہی قلعہ،قطب مینار اور مختلف مساجد ومنادر ودیگر مقامات پر بکھرے ہوئے فن پاروں میں ہندوستان کی تہذیب عظیم فن کاروں کی عکاسی کرتی ہے۔اُنہیں

فن کاروں میں ایک اہم نام اَمرتا شیر گل کا ہے۔ امرتا شیر گل، جسے انڈیا کی فریڈہ کاہلو کہا جا سکتا ہے وہ عظیم مصورہ ہیں جنھوں نے صرف اٹھائیس برس کی عمر پائی اور اس عمر میں فنِ مصوری میں رہتی دنیا ہمیشہ اپنا نام لیے زندہ کر دیا۔ امرتا شیر گل ہندوستان کے ممتاز مصوروں میں شامل ہیں جنھوں نے جدید آرٹ کی بنیاد رکھی جو مغرب اور مشرق کا حسین امتزاج ہے۔

امرتا شیر گل 30 جنوری 1913ء کو پیدا ہوئی تھیں۔ ان کے والد کا نام عمراؤ سنگھ شیر گل مجیتھیا تھا جو ایک سکھ اور حکمران اشرافیہ سے تعلق اور سنسکرت اور فارسی پر عبور رکھتے تھے۔ امرتا کی والدہ، میری اینٹونیٹ گوٹسمن، ہنگری سے تعلق رکھنے والی ایک یہودی اوپیرا سنگر تھیں۔ امرتا شیر گل نے پانچ برس کی عمر ہی میں رنگ اور برش سنبھال لیے تھے۔ مصوری سے اس کے شغف کو دیکھتے ہوئے والدین نے انھیں اٹلی بھیجا تا کہ مائیکل اینجلو اور ڈاونچی کی سرزمین کے اساتذہ سے استفادہ کر سکیں۔ اَمرتا کا وہاں دل نہ لگا اُن کے تخیل میں ہندوستان رچا بسا تھا وہ وہاں سے واپس ہندوستان آئیں تو ان کے والدین نے اُنھیں پیرس بھیج دیا جہاں انھوں نے فائن آرٹس سکول میں داخلہ لے لیا۔ وہاں انھوں نے تقریباً چھ برس جم کر کام کیا اور پیرس کے نامور مصوروں کی معیت میں کام کرنے کے نادر مواقع سے بھرپور فائدہ اٹھایا۔

فن کسی کی میراث نہیں۔ ایک اچھا فن کار وہی ہوتا ہے جو اپنے اندر چھپی قدرتی صلاحیتوں سے کام لیتا ہے۔ وہ عام لوگوں کے مقابلے میں زیادہ محسوس کرتا ہے۔ وہ کسی پہ گزرتے ہوئے ہر اُس لمحے کو اپنے اوپر اُسی طرح طاری کرتا ہے جیسے اُسی پہ بیت رہا ہو چاہے اس کا تعلق درد سے ہو، کسی تکلیف سے ہو، دل ٹوٹنے سے ہو یا محبت کے کسی نرم گزار پہلو سے۔ تب اس کا برش کینوس پہ وہ سارے رنگ بکھیرتا ہے جو وہ اپنے گردو پیش میں محسوس کرتا ہے۔ امرتا نے بھی سیماب صفت ذہن پایا تھا جو قدرت کے اس عطا کردہ تحفے کو کینوس پر بکھیرنا چاہتی تھیں۔ 1933ء جب وہ ہندوستان آئی تھیں تب ان کی آنکھوں نے ہندوستان کی جو سیر کی پھر دِل کے آئینے پہ جو نقش کیا اور برش کے ذریعے جو کینوس پہ اُتارا، وہ ایسے حسین شاہکار کے طور پر سامنے آئے کہ جو دیکھنے والوں کو مبہوت کر دیتے تھے۔

مصوری میں ان کی توجہ اور دلچسپی کا مرکز غریب، نادار اور محروم طبقہ ہوتا تھا اور اپنی پینٹنگز میں انہوں نے ہندوستانی دیہاتیوں اور خواتین کی بھرپور عکاسی کی۔ اگر امرتا کی بنائی کی تصاویر کو فنی لحاظ سے دیکھا جائے تو یہ بات یقین کے ساتھ کہی جا سکتی ہے کہ انہیں اپنے جذبات پر پورا قابو تھا، اسی لئے ان کی تصویروں میں توازن پایا جاتا ہے۔ شاید اس لیے انھیں ہندوستان کی سب سے مہنگی مصورہ ہونے کا اعزاز بھی حاصل ہے۔ اگر امرتا شیر گل کی ابتدائی مصوری نمونہ جات کا جائزہ لیا جائے تو ان میں غیر ملکی اثر زیادہ پڑتا دکھائی دیتا ہے مگر ہندوستان آتے ہی ان کی مصوری کو جو رنگ ملتا ہے اس کی نظیر نہیں ملتی۔ اس حوالے سے وہ خود لکھتی ہیں

کہ جونہی میں نے ہندوستان کی سرزمین پر قدم رکھا اس وقت سے میری تصویروں میں خیالات اور رجحانات بدل گئے۔ان میں فنی اور بنیادی حیثیت سے بھی ہندوستانی رنگ شامل ہو گیا۔اس وقت سے میرے دل میں ایک نئی تحریک نے جنم لیا کہ میں اپنی تصویروں اور شاہکاروں کے ذریعہ ہندوستان کے غریب عوام کی ترجمانی کروں، ایسے عوام کی جو خاموش ہیں، صابر ہیں، جن کے جسم دھوپ کی شدت سے جھلس چکے ہیں جو زبان سے اف تک نہیں کرتے بلکہ جن کی آنکھیں ان کے دلوں کی ترجمان ہیں۔ایک جگہ امرتا یہ بھی کہتی ہیں:

''میں نے ہندوستانی کسانوں کی ترجمانی اس طرح کی ہے جس طرح تھائی تیاں میں گوگاں نے کی۔ایک اور جگہ یہ بیان کیا ہے: ہندوستان میں موسم سرما کا تصور اس طرح سے آتا ہے کہ بڑے بڑے میدان اداس اور خاموش دکھائی دیتے ہیں، جن میں دور تک پیلی پیلی چمکدار فصلیں کھڑی نظر آتی ہیں اور کسان جن کے میٹالے رنگ، اداس چہرے، دبلے پتلے جسم ہیں ایک جگہ سے دوسری جگہ حرکت کرتے نظر آتے ہیں۔''

1934ء کو سمر ہل شملہ میں امرتا نے اپنا سٹوڈیو بنایا اور اپنے فن کو آگے بڑھایا۔کہا جاتا ہے 1935ء میں شملہ آرٹ سوسائٹی کی سالانہ نمائش میں امرتا شیر گل نے دس فن پارے بھیجے جن میں سے پانچ واپس کر دیئے گئے۔جس پہ امرتا کو غصہ آ گیا اور انھوں نے ادارہ کی طرف سے دیئے گئے مہاراجا فرید کوٹ انعام کو واپس کرتے ہوئے ایک تنقیدی خط بھی لکھا جس کو شملہ فائن آرٹ سوسائٹی نے آج تک سنبھالا ہوا ہے۔

1938ء ان کی شادی ہنگری سے تعلق رکھنے والے اپنے پہلے کزن ڈاکٹر وکٹر ایگن سے ہوئی اور بعد میں وہ بھارت منتقل ہو گئیں تاکہ وہاں اپنے آبائی گھر میں قیام کر سکیں جو بھارتی ریاست اتر پردیش کے شہر گورکھ پور کے علاقے سارایا میں ہے۔1941ء میں وہ اپنے خاوند کے ساتھ لاہور منتقل ہو گئیں جہاں انھوں نے لاہور کے مال روڈ (23 گنگا رام مینشن) میں رہائش اختیار کی۔امرتا شیر گل کے احباب میں بہت سے لوگ شامل تھے بہت سے دوست تھے جن سے محبت میں امرتا نے انھیں پورٹریٹ بنا کر دیئے۔خود امرتا نے اپنے تین چار پورٹریٹ بھی بنائے جن میں سے ایک میں کینوس پہ کام کر رہی ہیں، دوسری میں مسکراتی ہوئی بالوں میں کنگھا کر رہی ہیں۔ایک میں ان کی بہن بیٹھی ہیں۔

لاہور رہائش پذیر ہونے کے کچھ ہی عرصہ بعد 5 دسمبر 1941ء کو اس دنیا سے کوچ کر گئیں۔یوں 30 جنوری 1913ء کو طلوع ہونے والا فنِ مصوری کا یہ ستارہ 5 دسمبر 1941ء کو لاہور کے افق سے عدم کی بے کراں وادیوں کی جانب غروب ہو گیا۔ 23 گنگا رام مینشن لاہور آج بھی اس عظیم مصورہ کا گھر موجود ہے جو ہمیں ان کی یاد دِلاتا ہے۔بقول کے۔بی فراق:

امرتا !

تم سیزان کی مانند رنگوں کو پانی کی طرح
پتلا نہیں کرتی
ادھار لیتی ہو گوگیں کی تصویروں سے ۔ پیلی اداسی
رسولن بائی کے گائن سی
کتھئی دھرتی پر اکثر
اداس چہرے ،گم صم آنکھیں
بھٹکتی روحیں
ورق دل گیلا کرتی ہیں
کینوس پر رنگوں کے ہجے
چہروں میں تبدیل ہوتے ہیں
ابھی ابھی تو شروع ہوا تھا مکالمہ
رنگ اور برش کا
اور اچانک ختم ہوا
کینوس پر اب پھیل رہی ہے
پیلی اداسی کی اک نظم

⏪ ⬤ ⏩

● اسماء شکیل

سکوت سے گویائی تک......اردو شاعرات کا سفر

تہذیب وتمدن کے ارتقا میں جہاں مردوں کا رول اہم ہے وہیں خواتین کا رول اس ضمن میں اہم ترین ہے۔ نہ صرف تہذیب وتمدن بلکہ زبان وادب کی تشکیل اور ترسیل میں خواتین کا حصہ ناقابلِ فراموش ہے لیکن یہ بات قابلِ تعجب ہے کہ ہر زبان اور ہر ادب پر ہمیشہ مرد حضرات ہی حکمران نظر آتے ہیں۔ اس بات میں کوئی شک نہیں ہے کہ دنیا کی بیشتر زبانوں میں جو قدیم لوک ادب شامل ہے اس کے فروغ میں زیادہ تر حصہ داری خواتین کی رہی ہے۔ گیت، بھجن، لوریاں، پہیلیاں، کہاوتیں، حکایات، شہزادے شہزادیوں کے قصے، مذہبی قصے کہانیاں، وغیرہ زیادہ تر خواتین ہی چھوٹے چھوٹے بچوں کو سنا کر الفاظ، محاورات، ضرب الامثال وغیرہ میں اضافہ کرتی گئیں اور یہ سلسلہ آگے بڑھتا گیا۔ لوک گیت کے فروغ میں خواتین سے اہم کردار کوئی نبھا نہیں سکتا اس لیے کہ ان گیتوں میں عورتیں اپنے جذبات، احساسات، تجربات اور مشاہدات کو بڑے ہی دلکش انداز اور دلچسپ رنگ وآہنگ سے نواز کر گاتی تھیں۔ ان گیتوں میں زیادہ تر مذہبی عقیدت مندی، پیار ومحبت، ہجر وصال، سماجی رسم ورواج، بادشاہوں کے قصص وغیرہ بیان کیے جاتے۔ آگے چل کر یہی گیت، قصے، کہانیاں، حکایات وغیرہ تحریری ادب میں شامل ہو گئے لیکن المیہ یہ کہ عورتوں کے رول کو ابتدا سے ہی نظر انداز کیا گیا۔

اردو ادب کی تاریخ اور قدیم تذکروں کو زیرِ مطالع لایا جائے تو وہاں خواتین تخلیق کاروں کا ذکر قلیل ملتا ہے یا یوں کہا جا سکتا ہے کہ ان کا ذکر ناپید ہے۔ اس کی سب سے بڑی وجہ پدرانہ سماج کا غلبہ ہے جس میں عورت کو مکمل طور پر پسِ پردہ رکھا گیا۔ عورت کو تمام حقوق اور تعلیم سے ناآشنا رکھ کر ناقص العقل، کمزور، جذباتی، کم دماغ اور دوسرے درجے کی مخلوق قرار دیا گیا۔ ان کے اظہارِ خیال پر پابندیاں عائد کی گئیں۔ جن خواتین نے اظہارِ خیال کے لئے قلم اٹھانا چاہا انہیں کسبی، متشاعر اور طوائف کہا گیا۔ ان کی شاعرانہ صلاحیتوں کو یہ کہہ کر رد کر دیا گیا کہ کہ وہ مرد کی خوشہ نشین اور پروردہ ہیں۔ ان پابندیوں کے باوجود جن خواتین نے اس گھٹن زدہ ماحول میں اپنے کلام کو پیش کرنا چاہا، انھوں نے اپنے کلام کو کسی مرد کے نام کے ساتھ منسوب کیا یا مرد تخلیق کاروں کا اسلوب اختیار کرنے کے لئے مجبور ہوئیں جس سے یہ فیصلہ کرنا بہت مشکل ہوا کہ یہ کلام مردوں کا ہے کہ خواتین کا۔ یہی وجہ ہے کہ اردو ادب کی سب سے پہلی صاحبِ دیوان شاعرہ ''لطف النساء امتیاز'' کی شاعری کو طویل

عرصے تک مرد کی شاعری سمجھا جارہا تھا۔ان کا اصل نام لطف النساء بیگم اور امتیاز تخلص تھا۔ان کا دیوان 1797 میں مرتّب ہوا اور 2005 میں پہلی مرتبہ شائع ہوا۔ان کے دیوان کا واحد قلمی نسخہ کتب خانہ حیدر آباد میں ہے ۔ان کے بارے میں جتنی بھی معلومات ملی ہیں ان کا ماخذ اس کی مثنوی ہے اس مثنوی کے علاوہ ان کے دیوان میں بے شمار قصائد، مخمسات، مسدسات، قطعات، رباعیات، مثمن، منقبت، فارسی غزل وقطعات دیکھنے کو ملتے ہیں۔انھیں کم وبیش تمام اصناف پر عبور تھا۔ان کے دیوان سے چند اشعار ملاحظہ ہیں؛

ہے زیب آور تخت وہ تاجدار　　سکندر مثال و سلیمان عصر
جس طرح میکشی چاہے سو کر لے امتیاز　　ساقی مہوش کہاں اور یہ گلستان پھر کہاں

(امتیاز)

اسی طرح قدیم شاعرات میں اور ایک نام ہمارے سامنے آتا ہے جو کہ مہ لقا بائی ہے جن کا دیوان 1798 میں مرتّب ہوا۔

7 اپریل 1768 کو ماہ لقا بائی اورنگ آباد میں پیدا ہوئیں ۔ان کی پرورش نام پلی حیدرآباد میں ہوئی۔وہ ایک گلوکارہ، طوائف، شاعرہ اور مصنفہ تھیں۔ان کا دیوان پہلی مرتبہ ''گلزارِ ماہ لقابائی'' کے نام سے 1824 میں شائع ہوا۔ان کے دیوان میں 39 غزلیں اور 5 قطعات شامل ہیں۔ان کے کلام سے چند اشعار یوں ہیں؛

گر مرے دل کو چرایا نہیں تو نے ظالم　　کھول دے بند ہتھیلی کو دکھا ہتھیلی کو
ہم جوشب کو نا گہاں اس شوخ کے پالے پڑے　　دل تو جاتا ہی رہا اب جان کے لالے پڑے

(ماہ لقا بائی)

انیسویں صدی میں ہندوستانی سماج میں کئی قسم کی تبدیلیاں رونماں ہوئیں۔انگریزی دورِ اقتدار نے ہندوستانی سماج و معاشرے میں کئی تبدیلیاں پیدا کی۔ نیا مشنری انتظام اور نئی تکنالوجی کے اختراع ہوتے ہی اس نئے نظام کو چلانے کے لئے تعلیم یافتہ افراد کی ضرورت پیش آئی۔جدید تعلیم کو فروغ ملا جس وجہ سے ہندوستانی معاشرے کی کئی فرسودہ روایات، رسم ورواج اور جاہلانہ افکار پر غور وفکر کیا جانے لگا۔تعلیمِ نسواں کو عام کرنے کی اہمیت اور ضرورت کو محسوس کیا جانے لگا۔خواتین کو تعلیم سے آشنا کرنے کا یہ شعور اعلیٰ طبقے میں فوراً پیدا ہوا جبکہ متوسط اور ادنیٰ طبقے میں یہ شعور پیدا ہونے میں طویل عرصہ گزر گیا۔کئی شاعرات سامنے تو آئیں لیکن ابھی بھی انھیں اپنی پہچان اور شناخت کو مخفی رکھنا پڑا۔اس کی بہترین مثال زاہدہ خاتون شروانیہ ہے جنھوں نے اپنی تخلیقات کو ''ز خ ش'' کے نام سے پیش کیا ۔زاہدہ خاتون شروانیہ 1894 میں علی گڑھ میں پیدا ہوئیں ۔ان کے مطبوعہ و غیر مطبوعہ غزلوں کا مجموعہ'' دیوانِ نزہت

الخیال'' کے نام سے شائع ہو چکا ہے۔ وہ نہ صرف ایک ادیب اور شاعرہ تھیں بلکہ ایک مصلح کی حیثیت سے اپنی خدمات سرانجام دے رہی تھیں۔ 12 فروری 1922 کو ان کا انتقال محض 27 سال کی عمر میں ہوا۔ زخ شؔ کے کلام سے چند اشعار ملاحظہ فرمائیں؛

یوں تو ہر مغلوب تھا غالب کے ہاتھوں دردمند سب سے بڑھ کر زخم خوردہ فرقۂ نسواں تھا
عورتوں کے حق میں ہر مذہب کا، ہر ملت کا مرد جانور تھا، دیو تھا، عفریت تھا، شیطان تھا
(زخ شؔ)

ان اشعار میں احساسِ مظلومیت اور محکومیت دیکھنے کو ملتا ہے۔

اس دور کی شاعرات میں زخ شؔ کے علاوہ خفی، بیگم، امراؤ، اختر وغیرہ مشہور ہیں۔ کئی شاعرات نے ہجر و وصال، عشق و عاشقی، بے وفائی، جبر و استحصال وغیرہ جیسے مضامین پر لکھنے کی سعی کی ہے۔ مختلف شاعرات کے کلام سے چند اشعار ملاحظہ فرمائیں؛

اتنا بھی کافی ہے تیری طرف سے ظالم کھڑکی نہ رکھی روزنِ دیوار تو رکھا
(بیگم)

جن سے ہم آشنائی کرتے ہیں ہم سے وہ بے وفائی کرتے ہیں
(خفی)

گرچہ منظور نہ تھا خانہ نشینی میری تو مجھے ساکن ویرانہ بنایا ہوتا
(امراؤ)

لکھ کر جو میرا نام زمین پر مٹا دیا ان کا تھا کھیل خاک میں ہم کو ملا دیا
(اختر)

بیسویں صدی کی عورت میں خود اعتمادی اور خود شناسائی مکمل طور پر پیدا ہو چکی تھی۔ تعلیم نسواں کی بنیادیں مستحکم ہوتی گئیں اور بڑی ہی تیز رفتاری کے ساتھ ایک خاتون اپنے وجود سے باخبر ہوئی۔ نئی صدی کی عورت قدیم روایتی شاعری کو ترک کر کے نئے اسلوب اور نئے لب و لہجے کے ساتھ ابھر کر سامنے آئی۔ ظلم و جبر کے خلاف آواز بلند کر کے، سماجی پابندیوں، محکومیت اور مظلومیت کی زنجیروں کو توڑتے ہوئے یک عورت لب کشائی کرنے لگی۔ اپنی ذات اور شخصیت کی بازیافت کرتی ہوئی بے شمار خواتین نے اردو شاعری میں اپنے منفرد فن اور متنوع مضامین کے ساتھ ایک الگ شناخت قائم کی۔ ان ہی شاعرات میں ادا جعفری اردو ادب کی ایسی پہلی شاعرہ ہے جس نے مکمل طور پر اپنی شخصیت کا اظہار کیا اور نسائی وجود کے ساتھ زمانے کی آنکھوں میں آنکھیں ڈال کر اپنے احساسات اور جذبات کا برملا اظہار کیا۔ اس باہمت اور باشعور شاعرہ نے باقی

شاعرت میں ہمت وحوصلہ پیدا کیا اوران کے لئے نئی راہیں ہموار کیں ۔یوں کئی شاعرات اس قافلے میں جڑتی گئیں اوراپنی صلاحیتوں سے یہ ثابت کرنے کی پرزورکوشش کی کہ ایک خاتون اپنے آپ میں ایک اعلیٰ وجود کی حامل ہے۔ان شاعرات کی فہرست طویل ہے جن میں سے چند مشہور شاعرات کے نام یوں ہیں ؛۔سعیدہ جہاں مخفی، رفیعہ بانو مضمر، یاسمین حمید، عشرت آفرین، کشور ناہید، عذرا پروین، زاہدہ زیدی، بلقیس ظفر الحسن، فہمیدہ ریاض، پروین شاکر، شہناز نبی، ترنّم ریاض، صدیقہ شبنم، شفیق فاطمہ شعریٰ، شبنم عشائی، سیّدہ نسرین نقاش، رخسانہ جبین۔خودآگہی اور خودشناسائی کے بارے میں یوں فرماتی نظر آتی ہیں ؛

تفرقے یہ آپس کے مٹا ڈالیں ہم　　آؤ اب جرأت نسواں کو نمایاں کر دیں
(سعیدہ جہاں مخفی)

سماجی بندشوں اور پابندیوں کے بارے میں ان کے خیالات یوں ہیں ؛

پردہ آنکھوں سے ہٹانے میں بہت دیر لگی　　ہمیں دنیا نظر آنے میں بہت دیر لگی
(یاسمین حمید)

نسوانی جذبات کو کھول کے یوں بیان کیا جا رہا ہے ؛

آ دیکھ کہ میرے آنسوؤں میں　　یہ کس کا جمال آ گیا ہے
(آدا جعفری)

طنزیہ لب ولہجہ یوں اختیار کیا گیا ہے ؛

یہ ہم گنہگار عورتیں ہیں کہ سچ کا پرچم اٹھا کے نکلیں　　تو جھوٹ سے شاہراہیں اٹی ملے ہیں
ہر ایک دہلیز پہ سزاؤں کی داستانیں رکھی ملے ہیں　　جو بول سکتی تھیں وہ زبانیں کٹی ملے ہیں
(کشور ناہید)

ظلم وستم کے خلاف یوں اظہارِ خیال کرتی نظر آتی ہے ؛

ظلم سہنا بھی تو ظلم کی حمایت ٹھہر　　خامشی بھی تو ہوئی پشت پناہی کی طرح
(پروین شاکر)

یوں کہا جا سکتا ہے کہ آج کی خاتون ایک با اعتماد وجود لئے ہوئے گمنامی کے اندھیروں کو خود شناسائی سے بدل کر زندگی کے ہر شعبے میں اپنے حقوق منوا رہی ہے۔سکوت سے گویائی کی طرف کا یہ سفر مشکل سہی لیکن ایک نئی امید اور روشن صبح لئے ہوئے تمام خواتین کی فلاح وبہبودی کی ایک واضح مثال ہے۔

◄◄ ● ►►

● **فرزانہ**

بیدی کے افسانوں میں عورتوں کی نفسیات

راجندر سنگھ بیدی نے جب افسانوں کی تخلیق کے لئے قلم اٹھایا تو اس وقت ترقی پسند تحریک اپنے عروج پر تھی۔ بیدی ترقی پسند تحریک سے وابستہ ضرور تھے لیکن صرف اس حد تک ترقی پسند تھے کہ اپنے ارد گرد کے ماحول کی مصوری اور مرقع کشی کردیں۔ دیگر ادباء کی طرح انہوں نے بھی انسان کی معاشی و اقتصادی مجبوریاں، تقسیم ہند، فسادات، بھوک، افلاس، نسلی امتیازات اور ایسے ہی دوسرے مسائل کو پنپتے دیکھا اور ان موضوعات کو ایک مخصوص ڈھنگ سے اپنے افسانوں میں سمویا اور اس طرح ادب کی دنیا میں زندہ رہنے کے لئے اپنی الگ پہچان قائم کی۔

اردو ادب میں اپنی خاص پہچان بنانے والے راجندر سنگھ بیدی کے افسانوں میں نمایاں کردار بچے، بوڑھے اور عورتیں ہیں۔ وہ اپنے ہر کردار کو کسی خاص مقصد سے پیش کرتے ہیں۔ ان کے ہر کردار اور ہر واقع کے پس منظر میں کوئی نفسیاتی یا جذباتی عنصر کارفرما ہوتا ہے جن کی وجہ سے وہ کردار حقیقی معلوم ہوتے ہیں۔ بیدی کے یہاں نفسیاتی کشمکش کے بہترین نمونے ملتے ہیں جن کا مرکز عورت ہوتی ہے۔ عورتوں کی نفسیات کو سمجھنا اور انہیں اپنے افسانوں میں پیش کرنا یہ وہی شخص کرسکتا ہے جس کے پاس ایک دردمند دل ہو، اور جس نے کڑی محنت اور کڑی ریاضت کے بعد مشاہدے کی دروں بینی پر قدرت حاصل کی ہو۔ حقیقت یہ ہے کہ اس دنیا کی تمام رونق رنگ و بو اور چہل پہل کا بڑی حد تک انحصار عورت پر ہے۔ ماں، بیوی، بیٹی، بہن اور محبوبہ کے روپ میں عورت کے ایسے ان گنت جلوے ہیں جن سے زندگی کی ہماہمی عبارت ہے۔ بیدی نے آس پاس کے ماحول کا گہرا مطالعہ کیا اور ان ہی مشاہدات کو افسانوں کی شکل میں پیش کیا۔

ڈاکٹر نگہت ریحانہ خان اپنی کتاب ''اردو مختصر افسانہ: فنی و تحقیقی مطالعہ'' میں کرشن چندر کا حوالہ دے کر بیدی کی عظمت کا اعتراف کرتے ہوئے رقمطراز ہیں:

> ''......اکثر اوقات اپنے افسانوں میں جذباتی واردات اور نفسیاتی جذبات کی تعمیر اس نستعلیق انداز میں کرتے ہیں کہ افسانے پر تاج محل کی مرمریں جالی کا دھوکہ ہونے لگتا ہے۔ انسانی شعور کے غواص ہیں اور اپنے کرداروں کی تعمیر

میں اس صلاحیت سے بدرجہ اتم کام لیتے ہیں'' ؎۱

بیدی کے تین مجموعوں خاص طور پر ''اپنے دکھ مجھے دے دو''، ''ہاتھ ہمارے قلم ہوئے'' اور ''دانہ و دام'' کی زیادہ تر کہانیوں کے کردار نسوانی ہیں۔ مجموعہ ''اپنے دکھ مجھے دے دو'' میں لاجونتی، جوگیا، ببل، لمبی لڑکی، اپنے دکھ مجھے دے دو، ٹرمنس سے پرے اور دیوالہ۔ ''ہاتھ ہمارے قلم ہوئے'' میں کلیانی، متھن، باری کا بخار۔ ''دانہ و دام'' میں گرم کوٹ، من کی من میں، چھوکری کی لوٹ، وغیرہ جیسے افسانے بھی نسوانی کرداروں کے ارد گرد ہی گھومتے ہیں۔ ان کہانیوں میں بیدی نے عورت کی فطرت، جذبات اور احساسات اور سماج میں اس کے مقام اور اس کی نفسیاتی الجھنوں کو فنکارانہ روپ میں پیش کیا ہے۔

ڈاکٹر فردوس قاضی بیدی کی افسانہ نگاری کے بارے میں لکھتے ہیں:

> ''بیدی کے افسانوں میں انسان کی مختلف حیثیتوں میں نفسیاتی کیفیت کی اچھی مصوری ملتی ہے۔ خصوصیت سے عورت کی نفسیاتی کیفیت، اس پر معاشرتی جبر، جنسی جبر اور معاشی جبر کیا ثرات کی بہترین نمائندگی بیدی کے افسانوں میں موجود ہے۔ ''اپنے دکھ مجھے دے دو'' عورت کی نفسیاتی کشمکش، جذبات اور احساسات اس کے ضبط حوصلہ، مستقل مزاجی اور محبت کی گہرائی کی انتہائی کامیاب عکاسی ہے۔'' ؎۲

''اپنے دکھ مجھے دے دو'' میں بیدی نے اندو کا کردار خون جگر کی آمیزش سے تراشا ہے۔ راجندر سنگھ بیدی بیوی کے کردار کی پیکر تراشی کرتے ہوئے ہندوستانی معاشرے کی وہ تمام تمدنی اور مذہبی روایات کو روشن کر دیتے ہیں جن سے بیوی کا کردار وابستہ ہے، ہمارے افسانوی ادب میں اندو ایک شہکار کردار ہے۔ شادی کی پہلی رات اندو کا وہ فقرہ ''اپنے دکھ مجھے دے دو'' مدن کو پہلے پہل محض ایک رٹا رٹایا ہوا فقرہ محسوس ہوتا ہے لیکن زندگی کے شب و روز نے اس حقیقت کا احساس اسے شدت سے دلایا کہ اندو نے واقعی اس کے تمام دکھ سمیٹ لئے تھے۔ بابو جی کا خیال اور گھر کی دیگر زمداریوں کو اندو نے بخوبی انجام دیا تھا۔ اندو خوب سیرت ہونے کے ساتھ ساتھ خوبصورت بھی تھی۔

> ''اڑوس پڑوس کی ساری عورتوں نے بابو جی کی بہو کی خوبصورتی کی داستانیں دور دور تک پہنچا دی تھیں۔ جب کوئی عورت بابو جی کے سامنے بہو کے پیارے پن اور سڈول جسم کی باتیں کرتی تو وہ خوشی سے پھول جاتے اور کہتے ......ہم تو دھنیہ ہو گئے'' (افسانہ اپنے دکھ مجھے دے دو)

''اپنے دکھ مجھے دے دو'' میں ایک عورت کے کردار کو بخوبی پیش کیا گیا ہے۔ ایک عورت اپنے شوہر کو حاصل کرنے کے لئے تمام تر حربہ استعمال کرتی ہے۔ بیدی کے اس افسانے پر باقر

مہدی نے اپنا اظہار خیال کچھ اس طرح کیا ہے۔

''عورت اپنا سب کچھ دے کر خالی ہاتھ ہو جاتی ہے۔ سب کا غم اپنا کر اپنا غم کسے دے؟ یہ کہانی ایک ایسا المیہ ہے جو زندگی کے ہر دور میں کسی نہ کسی شکل میں رونما ہوتا رہا ہے اور ہوتا رہے گا۔ اور اس کے غم کی تھاہ نہیں ہے۔ بیدی کے فن کی جلوہ گری اس کہانی میں نمایاں ہے۔ اس کی مانوس گھریلو فضا، اس کے معمولی لوگ ان کے غم اور خوشی اور ایک ایسا ڈرامائی موڑ جب بیوی اپنے آپ کو طوائف کی طرح سجاتی ہے تاکہ پھر سے وہ شوہر کو پالے۔ اس کہانی کی سچائی افسانوی ہوتے ہوئے بھی حقیقت سے زیادہ سچی معلوم ہوتی ہے۔ یہی اس کہانی کے شدید تاثر کا راز ہے۔ اس میں بیدی کا فن اپنے عروج پر نظر آتا ہے۔ اس میں صرف ایک عورت کا غم ہی نہیں بلکہ زندگی کی اس ابدی محرومی کا اظہار ہے جو جیتے جی آدمی کا ساتھ نہیں چھوڑتی ہے'' ۔[۳۳]

افسانہ ببل کی ہیروئن سیتا درباری لال سے بہت زیادہ محبت کرتی ہے لیکن شادی سے قبل جسمانی تعلق قائم کرنے پر وہ کسی طرح سے راضی نہیں ہوتی۔ وہ درباری لال سے شادی کرنے کے لئے زور ڈالتے ہوئے کہتی ہے کہ:

''میں تمہاری ہوں۔ نس نس پور پور تمہاری ہوں پر میں ایک بدھوا ماں کی بیٹی ہوں۔ مجھ سے شادی کر لو پھر......'' (افسانہ: ببل)

سیتا کا کردار ہندوستانی معاشرے میں عورت کی صحیح ترجمانی کرتا ہے۔ سیتا کے کردار میں بے کسی بھی ہے اور لاچاری بھی ہے، چونکہ اس کے سر سے باپ کا سایہ اٹھ چکا ہے اور اسے اس بات کا احساس ہے کہ اس کی ماں بیوہ ہے اور ایک بیوہ کی بچی کو ہمارے معاشرے میں کن حالات اور مشکلات کا سامنا کرنا پڑتا ہے۔ اس بات سے بیدی بخوبی واقف تھے۔ اس لئے انہوں نے سیتا کے کردار کو اسی انداز میں پیش کیا ہے۔ جذبہ محبت انسانی سرشت میں داخل ہے۔ اس لئے سیتا کے کردار کو محبت بھی عزیز ہے اور محبوب بھی لیکن ان تمام باتوں کے باوجود اسے اپنی حدود کا بھی اندازہ ہے۔ ''مجھ سے شادی کر لو پھر......'' اس جملے میں کہانی کی روح چھپی ہوئی ہے اور یہ جملہ سیتا کے کردار کی وضاحت بھی کرتا ہے۔

بیدی کے تمام نسوانی کرداروں کی ایک مشترکہ خصوصیت ان کا جنسی اعتبار سے قوی ہونا ہے۔ بیدی نے جہاں ایک طرف ان کرداروں میں محبت اور قربانی کے جذبات نمایاں کئے ہیں تو وہیں دوسری طرف اس نکتے کو بھی واضح کیا ہے کہ ان کرداروں کے جنسی جذبات اور خواہشات فطری اور حقیقی ہے۔ نسوانی کرداروں میں جنس کی دلچسپی کا نکتہ ''لاجونتی'' میں بڑی شدت کے ساتھ نمایاں ہوتا ہے۔ جب لاجونتی

کو یہ احساس ہوتا ہے کہ اس کے شوہر نے اس کو گوشت پوشت کی عورت کے روپ میں نہیں بلکہ ایک دیوی کے طور پر قبول کیا ہے تو اس کی ذہنی کیفیت کیسی ہوتی ہے اس کو بیدی نے اس افسانے میں بڑی خوبصورتی سے ابھارا ہے:

> ''اور لاجونتی کی من کی من میں رہی...... جب بہت سے دن بیت گئے تو خوشی کی جگہ پورے شک نے لے لی...... لاجونتی آئینے میں اپنے سراپا کی طرف دیکھتی اور آخر اس نتیجہ پر پہنچتی کہ وہ اور تو سب کچھ ہو سکتی ہے پر لاجونتی نہیں ہو سکتی...... وہ بس گئی...... پھر اجڑ گئی۔'' (افسانہ: لاجونتی)

اس افسانے میں بیدی نے لاجونتی کی نفسیات، مجروح احساسات اور بے بسی کو پیش کیا ہے۔ ہندوستانی معاشرے میں عورت اپنے آپ کو تب تک ادھورا سمجھتی ہے جب تک کہ اس کا شوہر اس کے ساتھ روحانی اور جسمانی طور پر راضی نہ رہے۔ ایک عورت اپنے شوہر کو مجازی خدا تصور کرتی ہے۔ لاجونتی جب پاکستان سے لوٹ کر آتی ہے اور سندر لال کو یہ علم ہو جاتا ہے کہ وہ وہاں کسی دوسرے مرد کے ساتھ کچھ دن گزار کر آئی تھی تو وہ اسے ذہنی طور پر بیوی قبول نہیں کر پاتا بلکہ اسے ایک دیوی کا درجہ دیتا ہے۔ لاجونتی سندر لال کے اندر محبت کی اسی شدت کی خواہش رکھتی ہے جو تقسیم سے قبل اس کے اندر تھی اور جب وہ لاجونتی کو حاصل نہیں ہو پاتی تو اسے ایسا لگتا ہے جیسے سندر لال کے پاس آکر وہ بس گئی لیکن بس کر بھی اجڑ گئی۔ بیدی نے اس افسانے کے ذریعے انسانی تاریخ کے تمام صفحات کھول کر رکھے ہیں جو حقیقت کے بالکل قریب نظر آتے ہیں۔

یوں تو فسادات پر کئی کہانیاں لکھی گئی ہیں، لیکن بیدی کی یہ کہانی ان سب سے الگ اور ایک گہرا نفسیاتی تجزیہ ہے۔ جذباتیت سے بچ کر اور نعرہ بازی سے ہٹ کر اس موضوع کو ایک فنکارانہ ذہن میں ڈالنا بے حد مشکل تھا، لیکن بیدی اس فن کی ہنرمندی میں کامیاب ہو گئے، اسی وجہ سے یہ اردو کے بہترین افسانوں میں شمار کیا جاتا ہے۔

بیدی نے بیوی کے علاوہ ماں کے روپ میں بھی عورت کو پیش کیا ہے۔ عورت کی فطرت میں شامل ایثار و محبت کے گہرے جذبات کی نقش گری کرتے ہوئے اپنی کہانیوں میں ماں کے روپ کو بھی پیش کیا ہے ملاحظہ ہو:

> ''کہتی ہے سوئے کا سو یا رہ جائے تو......'' وہ بے وقوف کیا جانے کہ جب ماں یہ کہتی ہے کہ سوئے کا سو یا رہ جائے تو اس وقت وہ اسے ہمیشہ بچانے کے لئے طوفان، بادو باراں میں تن تنہا بے یارو مددگار اپنی جان تک لڑا دیتی ہے''۔ (افسانہ: بھولا)

بیدی نے عورت کے محبوبہ، بیوی اور ماں کے کرداروں کے علاوہ بیوہ کے ذاتی مسائل اور بیوہ کی سماجی حیثیت اور ان پر عائد پابندیوں کو بھی افسانے کا موضوع بنایا ہے۔ ''دانہ ودام'' مجموعہ میں شامل افسانہ ''بھولا'' میں مایا کا کردار ایک بیوہ کا ہے جو کسمپرسی کے عالم میں زندگی بسر کرتی ہے۔ بیدی نے بیوہ کی زندگی کو اس افسانے میں اس طرح پیش کیا ہے:

> ''مایا بیوہ تھی اور سماج اسے اچھے کپڑے پہننے اور خوشی کی بات میں حصہ لینے سے بھی روکتا تھا۔ اس نے اپنے تمام کپڑے اور زیورات کی پٹاری ایک صندوق میں مقفل کر کے چابی ایک جوہر میں پھینک دی تھی''۔ (افسانہ: بھولا)

مذکورہ بالا اقتباس میں بیدی نے حقیقت نگاری کے ساتھ بیوی کی سماجی حیثیت کو دکھایا ہے۔ ہندوستانی معاشرے میں ایک بیوہ کو خوشی کے موقعہ پر بھی نئے کپڑے، گہنے پہننے کا سماجی حق حاصل نہیں وہ اپنی خواہشات کی تکمیل نہیں کر سکتی۔

ڈاکٹر کہکشاں پروین اپنی تحریر کردہ تصنیف ''منٹو اور بیدی تقابلی مطالعہ'' میں خلیل الرحمان اعظمی کا حوالہ دے کر بیدی کی فنکارانہ صلاحیت کے بارے میں رقمطراز ہیں:

> ''بیدی کے یہاں کرداروں کی نفسیات کا بہت گہرا مطالعہ اور ان کی حقیقت نگاری میں بے لاگ خارجیت ملتی ہے وہ کسی مقصدی وجہ سے انسانی کمزوریوں اور مجبوریوں پر پردہ نہیں ڈالتے بلکہ ان کی تصویر دکھا کر سماج کے تضادوں کی طرف رہنمائی کرتے ہیں۔''

اپنے تمام تر افسانوں کی نسوانی کرداروں کی نفسیات کو بے نقاب کرنے کے ساتھ ہی ساتھ بیدی نے سماج میں عورت کے مقام، ان کے ساتھ ہونے والے سلوک اور ان کے مسائل کی نقاب کشائی کی ہے۔ اپنی کہانیوں کے ذریعے بیدی عورت کی مظلومیت کے خلاف نہ سستی جذبات کا مظاہرہ کرتے ہوئے نظر آتے ہیں نہ احتجاج کے طور پر نہ نعرے بلند کرتے ہوئے ڈھنڈورا پیٹتے ہوئے محسوس ہوتے ہیں۔ ان کے افسانوں کو پڑھتے ہوئے ہمارے ذہن میں عورت پر ہونے والے مظالم اور ان کے مخصوص سماجی و معاشرتی مسائل کا نقشہ ہماری آنکھوں کے سامنے آجاتا ہے۔

بیدی کے افسانوں میں عورت اپنے مکمل وجود میں نظر آتی ہے۔ جو اپنے اندر محبت، سچائی اور رومان رکھے ہوئی ہیں۔ ان کے افسانوں کی ہر عورت مرد کے لئے زندہ رہتی ہے خواہ یہ مرد محبوب کی شکل میں ہو یا باپ، بھائی، بیٹا کسی بھی صورت میں کیونکہ خلوص، محبت اور ایثار کا دوسرا نام ہی عورت ہے۔ حقیقی معنوں میں جن تخلیق کاروں نے عورت کو ایک وقار قائم کیا ان میں بیدی سرفہرست ہیں۔ انہوں نے پدرانہ نظام کا

احترام بھی کیا ہے لیکن کہیں کہیں اختلاف بھی۔ بیدی نے عورت کی دکھتی ہوئی رگ پر ہاتھ رکھا ہے اور اسے یقین دلایا ہے کہ عورت سماج کی زینت ہے۔

◀● ▶

حوالہ جات

۱: ڈاکٹر ریحانہ خان، اردو مختصر افسانہ: فنی و تحقیقی مطالعہ، (دہلی: ایجوکیشنل پبلشنگ ہاوس، ۱۹۸۴) ص ۱۰۹
۲: ڈاکٹر فردوس انور قاضی، اردو افسانہ نگاری کے رجحانات، (لاہور: مکتبہ عالیہ، ۱۹۹۰) ص ۳۳۹
۳: گوپی چند نارنگ، اردو افسانہ روایت اور مسائل (راجندر سنگھ بیدی، بھولا سے ببل تک) از باقر مہدی (دہلی: ایجوکیشنل پبلشنگ ہاوس، ۲۰۰) ص ۴۰۰
۴: ڈاکٹر کہکشاں پروین، منٹو اور بیدی تقابلی مطالعہ (دہلی: ایجوکیشنل پبلشنگ ہاوس، ۲۰۰۲) ص ٦٦

• عرفان رشید

ترنم ریاض......ایک حقیقت پسند افسانہ نگار

ترنم ریاض جموں وکشمیر کی واحد فکشن نگار خاتون ہیں جنہوں نے اپنے فن کی بنا پر بین الاقوامی سطح پر اپنی پہچان قائم کی ہے۔ برقی میڈیا سے وابستہ ہونے کے باوجود انہوں نے اردو ادب کو خاص طور پر فکشن کو اپنی نگارشات کی بدولت ایک جہت عطا کی ہے۔انہوں نے اپنی تخلیقی کائنات سے قارئین کو اپنی طرف متوجہ کیا اور جلد ہی اردو کے ممتاز افسانہ اور ناول نگاروں میں اپنا نام شامل کیا۔انہوں نے اپنے ادبی سفر کا آغاز روزنامہ ''آفتاب'' سے کیا ہے۔اب تک ان کے چار افسانوی مجموعے منظر عام پر آچکے ہیں جن میں ''یہ تنگ زمین''، ''ابابیلیں لوٹ آئیں گی''،''یمبر زل''،اور آخری مجموعہ ''میرا رخت سفر'' ۲۰۰۸ء میں شائع ہوا ہے۔

ترنم ریاض کا کینواس موضوع کے لحاظ سے کشمیر کے باقی قلمکاروں سے قدرے مختلف ہیں۔ انہوں نے یہاں کے مقامی موضوعات کے ساتھ ساتھ برصغیر میں آئے روز حالات و واقعات کو اپنے افسانوں کی زینت بنانے کی عمیق کوشش کی ہے۔ان کی افسانوی کائنات میں موضوعاتی تنوع ہے۔ان کے یہاں ہر قسم کے جذبات واحساسات ،مشاہدات وتجربات کی عکاسی نہایت ہی نازک انداز سے دیکھتے کو ملتا ہے۔ان کا افسانوی ڈکشن امتزاجی مزاج رکھتا ہے، جس میں رومانی فضا کے ساتھ ساتھ دکھ اور غم کی داستان بھی ملتی ہے ۔عورتوں کے مسائل کی عکاسی کرنا ان کی افسانہ نگاری کا خاصا ہے۔عورتوں پر ہو رہے ظلم و جبر ،ازدواجی زندگی میں عورتوں کی حد سے زیادہ قربانیاں اس نوعیت کے نازک مسائل کی طرف موصوفہ نے توجہ دی ہے۔''بلبل''اسی نوعیت کی ایک بہترین کہانی ہے۔

موجودہ سماج میں خونی رشتوں کے درمیان خونی لکیریں کھینچی گئی ہیں صحت مند سماج کا شیرازہ بکھر رہا ہے۔ یہاں تک کہ بیٹیاں اپنے باپ کی حفاظت میں محفوظ نہیں ۔اسی صورت حال کا تذکرہ ترنم ریاض کے افسانہ ''باپ'' میں ملتا ہے۔باپ جو بہت ڈراونا ہے اور جسے ہر وقت شراب کی دھن سوار رہتی ہے ۔ازدواجی زندگی کی جو مٹھاس ہوتی ہے اسے کوسوں دور رہنے کا عادی ہوگیا ہے۔ یہی خلش اور تناو جب شہوانیت کا روپ دھار لیتا ہے تو اسے اپنی بیوی کے بجائے اپنی بیٹوں کے جسم سے چھیڑ چھاڑ کرنے میں مزہ آتا ہے۔اسی پردانہ سماج کی عکاسی موصوفہ نے مندرجہ ذیل اقتباس سے یوں کھینچی ہے :

''ناظمہ...... جب وہ اٹھنے لگی تو باپ نے اس کے شانے کے پیچھے ایک بھاری سی تھپکی دی اور اس کی پوری پیٹھ پر ہاتھ پھیرا کر اس کے کندے کو انگلیوں اور انگوٹھے کے درمیان زور سے پکڑ کر آواز دھیمی کر کے بولا'' آج ہری مرچ نہیں ہے کیا ؟'' ناظمہ نے بات کرتے ہوئے کندھا آہستہ سے چھڑا دیا اور اندر جانے لگی۔ باپ کی نگاہیں کبھی کبھی شائستہ کے ننھے سے بدن کا طواف کر کے اس کے بھرے بھرے رخساروں پر ٹھہر جاتیں۔ وہ منہ بھر بھر اس کے گالوں کے کئی کئی بوسے بھی لے لیتا۔''

(حوالہ: مجموعہ: ابابیلیں لوٹ آئیں گی، افسانہ، باپ، ص ۴۸)

افسانے کا کردار باپ کی صورت میں اپنی بیٹیوں کے متعلق کیا خیالات رکھتا ہے۔ اقتباس سے ساری صورت حال واضح ہو جاتی ہے۔ اصل میں افسانہ اس بات کی دلیل ہے کہ جس سماج کو ہم مہذب (Cultured) کہتے ہیں۔ حقیقت میں وہ کتنا غیر مہذب (Uncultured) ہو گیا ہے۔ جسے یہ تمیز بھی ختم ہو گئی ہے کہ بیوی اور بیٹی میں کیا فرق ہے۔ عصر حاضر میں ہمارے سماج کا منظرنامہ تبدیل ہو گیا ہے۔ اسی کی عکاسی مندرجہ بالا افسانے کے حوالے سے پیش کی گئی ہے اور ساتھ ہی افسانہ نگار نے ان افراد پر بھی طنز کیا ہے جو اس سماج میں باپ ہونے کا ڈھونگ رچتے ہیں۔

''شہر'' ان کا مشہور افسانہ ہے، جس کے متعلق مصنفہ کی رائے ہے کہ'' لکھنے کے بعد میں اس افسانے کو پڑھنے کی جرات نہ کر سکی''۔ یہ افسانہ ایک عجیب فضا پیش کرتا ہے۔ ایک دلدوز کہانی ہے جس میں ایک نوجوان اپنی بیوی اور دو بچوں کے ساتھ شہر کی رونق اور بچوں کے مستقبل کے پیش نظر گاؤں سے اپنا تبادلہ شہر میں کراتا ہے اور ۱۴ منزلہ عمارت کی آخری منزل میں فلیٹ لیتا ہے۔ کمپنی کے کام کے حوالے سے ادنان (کردار) کو ایک بار باہر جانا پڑتا ہے۔ اس کی بیوی 'بابرا' اچانک فلیٹ میں مر جاتی ہے اور ننھے بچے سمجھتے ہیں کہ ماں گہری نیند میں سوئی ہوئی ہے۔ ادنان دو دن کے بجائے چار دن میں بھی واپس نہیں آ جاتا ہے۔ اس طرح سے چھوٹے بچوں کے سامنے ان کی ماں ان سے دور چلی جاتی ہیں اور ان کی مایوس سسکیاں اور ہچکیاں شہر کی بیڑ اور اس ۱۴ منزلہ عمات میں دھب کر رہ جاتی ہیں۔

اصل میں ترنم ریاض نے ایک طرف سے شہر اور گاؤں کا موازنہ کیا ہے تو دوسری طرف اقدار کی پامالی کا رونا رویا ہے۔ انہوں نے metro politian cities کے فلیٹ سسٹم پر طنز کیا ہے کہ کس طرح سے ایک انسان ایک دوسرے سے الگ رہنا پسند کرتا ہے۔ جب 'بابرا' کی لاش کئی روز پڑی رہتی ہے اور فلیٹ میں عجیب بدبو اور 'بابرا' کی شکل تبدیل ہو کر بچے ڈر جاتے اور یہاں تک کہتے ہیں کہ یہ ہماری ماں کی شکل نہیں ہے۔ بچے بھوک اور ماں ماں کر کے جب نڈھال ہو جاتے ہیں تو خوف زدہ ہو کر بچے فلیٹ کی بند

کھڑکیوں سے آواز لگانے کی کوشش میں ناکام ہوجاتے ہیں۔تب جا کے قاری کو احساس ہوجاتا ہے کہ گاؤں کا بوسیدہ مکان فلیٹ سسٹم سے کئی زیادہ پرسکون ہے جس میں ہمسایہ اور رشتوں کی قدر اب بھی باقی ہے۔ملاحظہ کیجئے ایک اقتباس:

''صبح پھر دروازے کی کال بیل لگاتار بجی تو وہی بیدار ہوا دروازے تک گیا اور بے چارگی سے اسے دیکھتا رہا۔کچھ منٹ بعد لوٹ آیا......گھر میں ہوتا تو کھڑکی سے نانی کو آواز لگاتا۔یہاں تو نہ دروازہ کھول سکتا تھا نہ کھڑکی، کھول بھی لیتا تو اس کی آواز کون سن پاتا کہ کھڑکی سے نظر آنے والے لوگ اس کی آواز کی رسائی سے بہت دور تھے۔'' (افسانہ: شہر)

ترنم ریاض نے دلی، ممبی اور کشمیر کے امتزاجی کلچر کی نمائندہ تصویریں بھی پیش کی ہیں۔ان کا اسلوب اور ڈکشن انہیں کشمیر کے معاصر افسانہ نگاروں سے الگ کرتا ہے۔زبان و بیان اور افسانے کی شعریات پر انہیں گہری دسترس حاصل ہے۔ان کی افسانہ نگاری کی حمایت کرتے ہوئے وارث علوی یوں رقمطراز ہیں:

''ترنم ریاض کے افسانوں کو پڑھ کر مجھے پہلا احساس یہی ہوا کہ وہ ایک غیر معمولی صلاحیت کی افسانہ نگار ہیں لیکن کوئی نقاد ان کی یہ شناخت قائم کرتا نظر نہیں آتا۔یعنی ایسا لگتا ہے کہ نقاد کے دل میں ایک خوف سا ہے کہ اگر انہوں نے اس خاتون کو دوسروں سے الگ کیا یا بہتر بتایا تو دوسرے ناراض ہوجائیں گے۔''[1]

کشمیر کے متعلق ان کا بہترین افسانہ ''یمبر زل'' افسانوی مجموعہ ''میرا رخت سفر'' ۲۰۰۸ء میں شامل ہیں۔حالانکہ افسانہ کافی طویل ہے لیکن انہوں نے اسے ایک بہترین ڈکشن اور اسلوب کے تحت بوریت سے بچائے رکھا اور قاری کے تسلسل کو ہاتھ سے جانے نہیں دیا جو اس افسانے کی عمدہ خصوصیت ہے۔افسانہ ۳۴ صفحات پر مشتمل ہیں۔نکی باجی، یوسف اور یاور اس افسانے کے بنیادی کردار یعنی Main Character کے طور پر سامنے آجاتے ہیں۔افسانے کا موضوع ''یمبر زل'' اپنے آپ میں ایک علامت ایک استعارہ ہے۔لفظ یمبر زل اصل میں کشمیری لفظ ہے جسے اردو میں ''نرگس'' کے مترادف ٹھہراتے ہیں۔''نرگس'' قبرستان کی زینت ہے، جسے مرنے والے کی روح کو آرام پہنچتا ہے۔یہاں پر ''نرگس'' کے معنی کثیر المعنویت میں لیا جاسکتا ہے۔''نرگس'' خوشی اور غم کی علامت ہے، ''نرگس'' معصوموں کا استعارہ ہے، ''نرگس'' ماتم اور موت کی علامت ہے یعنی یہاں پر ہم اسے کسی مخصوص معنی یا مفہوم میں قید نہیں کرسکتے ہیں۔

''یمبر زل'' افسانے کا محور و مرکز کشمیر ہے۔یہاں کے سیاسی، سماجی، معاشی اور اقتصادی حالات و واقعات کا برملا اظہار پہلی ہی قراءت میں قاری کو محسوس ہوجاتی ہے۔بظاہر کہانی تین بچوں یعنی ان کے اسکول

زندگی کے ارد گرد رقصاں ہیں لیکن اس کے پس منظر میں ایک تاریخ رقم کی گئی ہیں۔ ترنم ریاض نے کشمیر کے دورِ عطیق کے سیاسی پس منظر کو نہایت ہی عمیق انداز میں پیش کیا ہے۔ افسانے کی قرات سے اندازہ ہوجاتا ہے کہ مصنفہ کو کشمیر ہسٹری پر ایک گہری نظر ہے۔ انہوں نے یہاں کے سیاسی ادوار کو اس واضح اور پر کیف پیرائے میں پیش کرنے کی کوشش کی ہے کہ قاری کے سامنے کشمیر پولیٹکس کا نقشہ ذہن میں گونجنے لگتا ہے:

> ''اس خطے کے ساتھ سولہویں صدی سے ہی یہ سلسلہ ہوگیا تھا۔ چندر گپت موریہ اور پھر اشوک کے مہان ہندوستان کو افغانستان اور نیپال کی آخری سرحدوں تک وسیع کرنے والی عظیم الشان سلطنتِ مغلیہ کے شہنشاہوں نے بھی ایسا ہی کیا، جس شاعرہ معروف ومقبول اور ہر دل عزیز ملکۂ کشمیر زُون، یعنی چودھویں کا چاند ملقب حبہ خاتون کے شوہر بادشاہ یوسف شاہِ چک کو اکبر اعظم نے دھوکے سے قید کرلیا تھا۔ شاہ غریب الوطنی میں اپنی ملکہ سے دور انتقال کر گیا۔ وطن کی مٹی بھی اسے نصیب نہیں ہوئی۔ اور ملکہ روتے روتے دیوانی ہوگئی۔ پھر افغان سے افغان آئے۔ کشمیری۔ محکوم ہی رہے...... صدیوں سے۔ اب کہیں آدھی صدی بھر پہلے جمہوریت آئی تو کچھ سکون کے بعد پھر یہ بے سکون شب وروز۔ کیوں۔ کیوں ہورہا ہے یہ سب...... کیوں؟'' ص ۲۶۶۔۲۶۷

اس اقتباس سے صاف ظاہر ہوجاتا ہے کہ مصنفہ نے کس طرح سے بلیغ انداز میں کشمیر کے سیاسی ادوار کی عکاسی کی ہے، کس طرح سے مختلف ممالک سے آئے ہوئے حکمرانوں نے یہاں کی معصوم اور مظلوم قوم کا استحصال کیا اور عصر حاضر میں بھی قوم پر ظلم کیا جارہا ہے اور یہ بیچاری قوم اف تک بھی نہیں کر پا رہی ہے۔ یعنی روایت میں جس نوعیت کی سیاست یہاں جلوہ گر تھیں آج تک اسی کی بازگشت ہورہی ہے یعنی صرف چنگیز بدل گئے قوائد وہی ہیں۔

افسانے میں افسانہ نگار نے یہاں کے موجودہ منظرنامے کو پیش کیا ہے حالانکہ کہیں کہیں انہوں نے اس حسین وادی کے آبشاروں، لالہ زاروں، ندی نالوں، پہاڑوں، عمارتوں، یہاں کے کلچر سے وابستہ نادر چیزوں کو ایک نئے اور دلکش پیرائے اظہار کے ساتھ پیش کیا ہے لیکن عصر حاضر کی بدلتی رخ کا منظرنامہ غالب موضوع بن جاتا ہے۔ حالانکہ قاری پہلے صفحات پڑھنے کے بعد ایک الگ موضوع کی سیر کو نکلنے کی کوشش کرتا ہے لیکن تھوڑی دیر بعد اس کا ذہن نئے معنی اخذ کرنے کے لیے مجبور ہوجاتا ہے۔ یہ بھی اس افسانے کی کامیابی کی پہچان ہے۔ یہاں کے تعلیمی نظام پر بھی اس افسانے میں طنز کے تیر برسائے گئے ہیں کہ کس طرح سے یہاں کا نظام درہم برہم ہوچکا ہے جس میں سب سے زیادہ نقصان تعلیمی نظام کو اُٹھانا پڑتا ہے:

''کرفیو لگا رہا تو کہیں ہمارے Exams اب Postpone ہی نہ ہو جائیں''۔

اس میں ایک ٹرم ''کرفیو'' کا استعمال ہوا ہے جس کی ہمارے یہاں اپنی ایک معنویت ہے۔یعنی اب بچوں کی نفسیات پر بھی اس ٹرم کا گہرا اثر پڑا ہے اور اب انہیں اس بات کا علم بخوبی ہے کہ ہڑتال، کرفیو، اور کشمیر بند کیا بلا ہیں۔اس وجہ سے ہمارے تعلیمی نظام پر کس نوعیت کا اثر پڑھ چکا ہے اور افسانہ نگار لوگوں کو باور کرانا چاہتا ہے کہ ہمارا تعلیمی نظام دن بہ دن خراب ہوتا جا رہا ہے اور کرفیو کا دوسرا رخ:

''ڈرائیور آ گیا۔بازار ہو آئیں ذرا۔۔ابھی تین گھنٹے کرفیو نہیں لگے گا۔'' ص۲۵۶

اس سے ظاہر ہو جاتا ہے کہ یہاں کے مکین کن حالات سے گزر رہے ہیں۔کرفیو کے سخت نظام میں لوگ کس طرح سے اپنی ضروریات پورا کرتے ہیں اس کا اندازہ مندرجہ بالا اقتباس سے بخوبی ہو جاتا ہے۔

اس افسانے میں ایک اہم مسئلے کو اجاگر کیا گیا ہے کہ کس طرح سے یہاں کے طلاب ان حالات میں امتحانات میں حصہ لیتے ہیں ان کے اذہان میں ایک عجیب وغریب ذہنی تناو ہمیشہ رقصاں رہتا ہے۔اس سب کے باوجود یہ بچے ہر امتحان میں حصہ بھی لیتے ہیں اور کامیاب بھی ہو جاتے ہیں۔ترنم ریاض نے اس افسانے میں جہاں ایک طرف کشمیر کی سیاسی حالات و واقعات کو بروئے کار لایا ہے وہیں دوسری طرف انہوں نے یہاں ہو رہے ظلم و جبر کی نوحہ خوانی بھی کی ہے۔عجیب معاملہ یہ ہے کہ یہاں کے حالات کی زد میں یہاں کے شاپنگ مال اور بازار اب سویرے ہی بند ہو جاتے ہیں کیونکہ انہیں خدشہ رہتا ہے کہ کہیں دکانوں کی وجہ سے ان کو جان کو نقصان نہ دینا پڑے۔اسی نوعیت کا ایک اقتباس ملاحظہ کیجیے:

''وہ بھاری بھاری قدم اٹھاتا ہوا طویل سڑک پر چلا جا رہا تھا۔راستے میں کہیں کہیں دکانیں تھیں جو بند ہو رہی تھی۔ابھی تو اندھیرا بھی نہیں ہوا۔تو پھر ۔۔دُکانیں کیوں بند۔۔'' ص ۲۶۳

حقیقت میں جس وادی کو فردوس کے لقب سے نوازا گیا تھا وہیں اب سانس لینا دشوار بن گیا ہے۔یہاں اب uncertainty نے اپنے بال و پر پھیلائے ہیں انسان خود کو بے یار و مددگار تصور کرنے لگا۔موت کا سوداگر ہر وقت اور ہر دن کسی نہ کسی گلِ لالہ میں رقصاں نظر آتا ہے۔شام ہوتے ہوئے یہاں ہر طرف ماتمی ہوائیں چلتی ہیں، ہر دن گولیوں اور ٹیر گیسوں کی آوازیں گونجتی رہتی ہیں۔کسی کو مخبری اور کسی کو دہشت گردی کی لیبل لگائی جاتی ہیں اور کبھی شک کی بنیاد پر یہاں معصوموں کا قتل کیا جاتا ہے:

''کہتے ہیں وہ رات قیامت کی رات تھی۔اندرون شہر، ہر گھر میں چھاپے

پڑتے تھے۔ خطا وار دھماکے کر کے غائب ہو گئے تھے اور بے گناہوں کو غالباً غلط مخبری کی وجہ سے دھڑ ادھڑ پکڑ کر کسی نامعلوم منزل کی طرف لے جایا جا رہا تھا۔ ہوسٹل سے چھٹیوں میں گھر لوٹے دو بھائیوں کو ان کے والدین کے سامنے دہشت گردی کے الزام میں گولیاں ماردی گئی تھیں۔ غصے یا غلط فہمی یا کسی اور انجانی وجہ سے۔'' ص ۲۶۲

کشمیر میں جن فنکاروں نے اس صنف میں طبع آزمائی کی ہے۔ ان میں موصوفہ کا ڈکشن منفرد اور نرالا ہے۔ موقع و محل کے اعتبار سے افسانے میں تشبیہات ،استعارات ،اور علامات کا استعمال کرتی ہیں۔ جس کی وجہ سے ان کی تحریر ان کے ہم عصر افسانہ نگاروں سے قدرے مختلف ہو جاتی ہے۔ انہیں زبان و بیان پر ایک گہری نظر ہے، منظر نگاری، کردار نگاری اور پلاٹ پر انہیں قدرت حاصل ہے۔ بقولِ گوپی چند نارنگ:

''ترنم ریاض وادی کشمیر کا گلِ نورس ہے جس نے افسانے کی دنیا میں قدم رکھا ہے جہاں زمین سخت اور آسمان دور ہے'' ۲

مذکور بالا افسانوں کے علاوہ ان کے بیشتر ایسے افسانے ہیں جنہوں نے ادبی منظر نامے پر ایک گہری چھاپ قائم کی ہے جن میں ابابیلیں لوٹ آئیں گی ، پورٹریٹ ، یہ تنگ زمین ، میرا رخت سفر، ٹیڈی بیئر ،ایک تھکی ہوئی شام وغیرہ قابل ذکر ہیں۔

◀◀ ● ▶▶

حوالہ جات:

ا: وارث علوی، گنجفہ بازِ خیال، موڈرن پبلشنگ ہاوس، نئی دہلی، سنہ اشاعت، ۲۰۰۷ء، ص، ۱۲۱
۲: گوپی چند نارنگ، بحوالہ: اردو افسانے کے صد رنگ جلوے، ۲۰۱۶ء، میزان پبلیکیشنز بٹہ مالو، کشمیر، ص ۲۰۰

● **جاوید احمد شاہ**

قمر جمالی کا ناول ''آتش دان'' ......ایک مطالعہ

قمر جمالی بنیادی طور پر ایک افسانہ نگار ہیں لیکن ناول کے فن میں بھی انہوں نے اپنا کمال دکھایا ہے۔مصنفہ کا ناول ''آتش دان'' مارچ ۲۰۱۵ء میں ایجوکیشنل پبلی شنگ ہاوس نئی دہلی سے شائع ہوا ہے۔ناول ۲۵۳ صفحات اور ۳۲ چھوٹے چھوٹے ابواب پر مشتمل ایک انقلابی ناول ہے۔ناول کا انتساب مصنفہ نے اپنے والد محترم کے نام کیا ہے۔آتش دان کا بیرونی حصہ قاری کو جاذب نظر بناتا ہے اور جتنا خوبصورت اس ناول کا باہری پہلو ہے اتنا ہی اس کا اندرون قاری کے ذہن و دل کو متاثر کرتا ہے نیز یہ کہ اس ناول سے انسان کا اندرونی آتش دان جو ہر انسان کی سرشت میں فطری طور پر موجود ہوتا ہے وہ ہر آن جلتا رہتا ہے۔

''آتش دان'' کی شروعات قمر جمالی نے ایک نثری نظم سے کی ہے جس میں زندگی اور وقت باہم متصادم نظر آتا ہے اور وقت ہر چیز اور ہر شئے کو عبور کر کے انسان کو پیچھے چھوڑ دیتا ہے جس میں انسان بہت سے مراحل اور مشکلات و مصائب سے گزر کر زندگی کی باریک حقیقتوں سے آشنا ہوتا ہے جو اس کی زندگی کو تجربہ خیز بناتی ہے۔وقت دنیا کی سب سے بڑی کسوٹی ہے ہر چیز، ہر شئے اور ہر انسان کو پرکھتا ہے، حق اور باطل کو الگ کر کے رکھ دیتا ہے۔من وعن ویسے ہی انسان کا کام صرف جدوجہد میں مصروف رہنا ہے باقی اس سے کیا حاصل ہو جائے یہ وقت ہی بتا دیتا ہے۔انسان کا کام صرف اللہ کی عطا کردہ صلاحیتوں کو بروئے کار لانا ہے جیسے کہ سورۃ الانعام (۱۶۶ آیت) کا ذکر اس ناول کی ابتدا میں کیا گیا ہے۔

ترجمہ: ''اور اسی نے تم کو خلیفہ بنایا زمین پر اور بلند کر دیے تم میں درجے ایک کے ایک پر تا کہ آزمائے تم کو اپنے دیۓ ہوئے حکموں میں۔''

ہر انسان زمیں پر اللہ کا خلیفہ ہے۔ان میں بعض کو بعض پر فوقیت عطا کی گئی ہے۔یہاں فوقیت سے مراد صلاحیت اور علم ہے۔صلاحیت اور علم کو بھرپور استعمال میں لانا ہی اس امانت سے عہدہ برآ ہونا ہے۔''آتش دان'' موضوع کے لحاظ سے ترقی پسند نظریے کا حامل ہے اگرچہ ناول کی شروعات داستانی انداز سے

ہوتی ہے مگر اس کا مرکزی خیال جس کے اردگرد یہ ناول گردش کر رہا ہے وہ مظلوم عوام پر ڈھائے ہوئے ستم ہیں۔جس کے مناظر اس ناول میں بڑی روشنی کے ساتھ پیش کیے گئے ہیں۔ظلم کی بھٹی جب معصوم عوام کے لئے تیار کی جاتی ہے تو وہاں سے مظلوم عوام جل کر نہیں بلکہ پختگی اور عزائم کے ساتھ نکلتے ہیں جن کے دلوں میں ایک سوزش اور شورانگیزی کوٹ کوٹ کر بھری ہوئی ہوتی ہے۔یہ شورش اور سوزش انہیں اس قابل بناتی ہے کہ بڑی سے بڑی سلطنت کا تختہ پلٹ سکتی ہے۔مظلوم عوام کی مثال اس جوالے کی طرح ہے جو خاموشی سے زمین کی تہوں سے دن رات گزر تا رہتا ہے مگر جب اس پر pressure آجاتا ہے تو یہ خاموشی لاوے کی شکل اختیار کر کے تباہی مچادیتی ہے۔مذکورہ ناول میں بھی وہی لوگ موضوع بحث بنے ہوئے ہیں جو خاموشی سے ظلم سہتے رہتے ہیں مگر ان کے اندر کے لاوے جب بھڑک اٹھے تو 'میر مدار' اس چھپے لاوے کے لئے ایک راستے کا کام فراہم کرتا ہے جہاں سے یہ لاوا SVF کی شکل میں پھٹ کر راجیشور ریڈی کی انانیت اور سلطنت کے چیتھڑے اڑاتا ہے۔آتش دان زندگی کے رزمیہ ہی کو پیش نہیں کرتا بلکہ رزمیہ کے ساتھ ایک نظریہ اور فلسفہ کو بھی پیش کرتا ہے۔یہ ناول ایک مزدور کے روزمرہ اور اس کی عام زندگی جو اسی کشمکش میں گزر جاتی ہے کہ کب اس کا نفس روٹی کے ٹکڑے سے سیر ہو جائے۔ناول میں ایک خاص قبیل کے افراد کے اردگرد قصہ کا تانا بانا بنا گیا ہے اور اسی طرح کے کردار اس میں ہر جگہ ملتے ہیں۔اگرچہ یہ ایک مشکل کام تھا مگر مصنفہ کی جہد و جگر کاوی نے اسے سہل ثابت کیا۔

ناول ''آتش دان'' میں طبقاتی کشمکش ہے جس میں ایک خاص طبقے کی کشمکش کو ایک قصہ کی شکل میں پرو دیا گیا۔اس ناول میں ایک خاص انداز فکر کو سمویا گیا اور یہی انداز فکر اس ناول کو اشتراکی زمرے میں ضم کرتا ہے۔ایک طرف میر مدار اور اس کے ساتھیوں کی ہمہ تن کوششیں اور راجیشور ریڈی کے ڈھائے ہوئے ظلم و ستم اور دوسری طرف SVF کی عسکری جدوجہد جو راجیشور ریڈی کے مظالم کا نتیجہ تھی۔عسکری جدوجہد کے بعد جب SVF والوں کو اپنے حقوق مل جاتے ہیں تو ان کے اندر ایک عام آدمی کی طرح جینے کی امنگیں جاگتی ہیں۔جو اس بات کو آشکار کرتی ہیں کہ ان کو بغاوت کیلئے سماج نے مجبور کیا تھا۔اس میں ایک اشتراکی پیغام یہ ہے کہ ہر انسان جب سماج کے ہاتھوں مجبور ہوتا ہے تو وہ فرار کی راہ کا انتخاب کرتا ہے۔مثال کے طور پر مندرجہ ذیل اقتباس سے واضح ہو جاتا ہے کہ جب SVF کے نوجوانوں کو اپنے حقوق مل جاتے ہیں تو وہ ایک عام آدمی کی طرح جینے کے خواہش مند ہوتے ہیں تب جا کے وہ 'شہباز خان' کے آگے

surrender کرتے ہیں۔

''مگر سردار کا کہنا ہے کہ سرنڈر آپ کے آگے کیا جائے کیوں کہ آپ ہی کی وجہ سے ہماری برسوں کی ریاضت بار آور ہوئی ہے اور......ہم نے ہتھیار جس مقصد کے لئے اٹھایا تھا وہ پورا ہو گیا ہے۔اب ہم عام شہریوں کی طرح جینا چاہتے ہیں۔امید کرتے ہیں کہ آپ ہمارے ساتھ اچھا سلوک کریں گے اور ہمیں سر اٹھا کر جینے کا موقع فراہم کریں گے۔''[1]

قمر جمالی کا ناول 'آتش دان' سوشل ناول کا ایک ادبی شاہکار تصور کیا جانا چاہئے۔کیوں کہ انہوں نے اس میں فنی خصوصیات کے علاوہ سماجی قدروں کو بھی ابھارا اور طبقاتی کشمکش کو بھی پیش کیا ہے۔شہباز خان'' آتش دان'' کا مرکزی اور اہم کردار ہے۔وہ ایک جاندار، متحرک اور جیتا جاگتا کردار ہے۔اس میں زندگی کی حرارت شروع سے آخر تک ملتی ہے، اس میں عزم و ہمت اور برائی کو ختم کرنے کا حوصلہ بھی ہے۔اگر اس کردار میں ڈر اور خوف ہوتا اور ظلم کے خلاف لڑنے کا حوصلہ نہ ہوتا تو اس کی دادی کا خواب شرمندۂ تعبیر نہ ہو پاتا اور نہ ہی راجیشور ریڈی کی سیاسی چکّی میں صدیوں سے گھسے پٹے عوام کو اپنا حق مل پاتا۔شہباز خان ہی دادی اور مظلوم عوام کے مابین ایک پل کا کام دیتا ہے اسی کردار کی وجہ سے ناول میں تجسس قائم رہتا ہے۔اس کے علاوہ شہباز خان ہر آنے والے دور کے نوجوان کے لئے ایک ایسی علامت ہے۔جو ہوا کے رخ کو موڑنے کا عزم رکھتی ہے اور بڑے سے بڑے طوفان خیز آندھیوں کو بھی موڑنے کا حوصلہ رکھتی ہے۔

سورج پور آبی تنازعہ جو برسوں سے پڑا ہوا تھا، اس مسئلہ کو حل کرنے کے کیے شہباز خان نے جی جان سے محنت کی اور آخر کار وہ دن آ گیا جس دن اسے اپنی اس محنت کا پھل بھی حاصل ہوا۔جو ندی سورج پور کے مظلوم کسانوں کی زمینوں کو کسی زمانے میں سیراب کرتی تھیں، آج شہباز خان کے ذریعے پھر سے اس ندی کا رخ سورج پور کی طرف موڑ دیا گیا اور مظلوم کسانوں کی برسوں کی تمنا پوری ہوگئی۔اس تناظر میں ایک اقتباس ملاحظہ ہو:

''آپ نے جو کام کیا ہے جو پچھلے سو برسوں میں کسی نے نہیں کیا۔اور تو اور سورج پور کی رعایا یہ بھول گئی تھی کہ ندی چھل چھل کرتی بہتی تھی اور اس کے طاس میں سینکڑوں ایکڑ زمین سیراب ہوا کرتی تھی۔کہتے ہیں زمین پر جب ظلم کی زیادتی ہو جاتی ہے تب اللہ تعالی کسی مسیحا کو بھیج دیتے ہیں۔سورج پور کی مظلوم رعایا کے

لیے اس نے آپ کو بھیجا ہے۔ آپ واقعی مسیحا ہیں سر ______! '' ۲؎

''دادی'' آتش دان کا ایک اور اہم کردار دادی کا ہے یہاں بطور علامت استعمال کیا گیا ہے۔ دادی علامت ہے ماضی کی، ماضی جو شہباز خان کے جذبہ دروں یا ان کے اندرونی آتش دان کو کبھی بھی ٹھنڈا ہونے نہیں دیتا یہاں تک کہ وہ انقلاب کی منزلوں کو چھو جاتا ہے۔ اس کردار میں ہر انسان کے لئے ایک پیام ہے کہ ہر وہ جذبہ ہر وہ چیز جو اپنے ماضی سے متصل رہتا ہے اسے مستقبل کے مراحل اور منزلیں طے کرنے میں دشواری نہیں ہوتی۔ چونکہ ماضی اس کا سہارا بن کر اسے ان چیزوں کو عبور کرنے میں آسانی فراہم کرتا ہے۔ بس جونہی کوئی انسان ماضی کے پنّوں سے کٹ جاتا ہے تو اسے انقلاب کی راہوں کو عبور کرنے میں دشواری ہوتی ہے۔ جو قوم یا گروہ اپنے ماضی سے کٹ کر الگ ہو جاتی ہے اس کی ہستی صفحہ قرطاس سے مٹ جاتی ہے یہی ازل سے وقت کا دستور رہا ہے۔ دادی جو شہباز خان کا ماضی ہوتا ہے اسے بحر انقلاب کو عبور کرنے میں تساہل عطا کرتی ہے اگر وہ اُس جذبہ ماضی کو فراموش کرتا شاید مزدوروں اور ان تشنہ لب کسانوں کو کبھی بھی اپنا کھویا ہوا حق نہ ملتا۔ یہی ماضی شہباز خان کے اندر جذبہ انقلاب کو بھڑکا دیتا ہے اور اسے عزائم کی بھٹی میں کندن بنا کے چھوڑ دیتا ہے۔ انسان میں جب عزائم و حوصلہ بیدار ہو جائے تو یہ ہواؤں کا رخ جس سمت چاہے موڑ سکتا ہے۔ عزم و حوصلہ کے بغیر انسان کی مثال خس و خاشاک کی سی ہوتی ہے۔ جو ہواؤں کے زور سے جدھر چاہے بہہ سکتا ہے۔ الغرض دادی کا کردار دادی کے انتقال کے بعد بھی ہر جگہ ناول میں بصورت جذبہ و خیال متحرک رہتا ہے۔ یہی اس ناول کا شرط اولین ہے جو اس کے انہماک کا سب سے بڑا سبب ہے۔

جوں جوں وقت گزرجاتا ہے تہذیب و تمدن، طور طریقے، نقش و نگار اور در و دیوار بھی بدلتے ہیں۔ دادی کا جو کردار مصنفہ نے مذکورہ ناول میں پیش کیا ہے وہ اس بات کی طرف اشارہ کرتا ہے کہ دادی محبت، خدمت، خلوص کا پیکر تھیں۔ دادی کا تخت خالی ہونا ایک بلیغ اشارہ ہے پرانے رسم و رواج، طور طریقے تہذیب و تمدن کا مٹ جانا۔ دادی کے کردار کی وضاحت قمر جمالی نے شہباز کے ذریعہ کچھ اس طرح کی ہے:

> '' دادی کیا تھیں۔! ایک پوری سلطنت تھیں۔ کسی کی کیا مجال کہ ان کے آگے نظر اٹھا کر بات کرے۔! کسی کی ہمت کہ انہیں ہاتھ لگائے۔! یا ضعیف سمجھ کر سہارا دے۔!! وہ اپنی طاقت آپ تھیں۔ اکثر کہا کرتیں۔ تو میری سلطنت کا ولی عہد ہے۔'' ۳؎

میر مدار ''آتش دان'' کا متحرک کردار ہے، اگر چہ اس ناول کا مفلس اور لاچار کردار ہے مگر اس میں ہمت، حوصلہ اور عزائم کی لہریں ہمیشہ مضطرب رہتی ہیں۔ میر مدار کا کردار عصر نو کے جابر اور ظالم لوگوں کے لئے ایک انتباہ ہے کہ خاموشی اور بیچارگی کا لاوا جب پھٹنے لگتا ہے تو بڑی سے بڑی سلطنت کی کایا پلٹ سکتی ہے اور جب جوشِ جنوں حد سے تجاوز کر لیتا ہے تو ہوش والوں کی عقل ٹھکانے آجاتی ہے۔ ''راجیشور ریڈی'' مذکورہ ناول کا وہ کردار ہے جو آئے دن اپنے ذاتی اغراض و مفادات کے لئے سیاسی سفا کی اختیار کر کے لوگوں کا نہ صرف استحصال کرتے ہیں بلکہ ان کا اپنے حقوق طلب کرنے پر قتل بھی کرتے ہیں۔ مکاری ، دغا بازی، خون خرابہ اس کی فطرت میں داخل ہے۔ آج کے دور میں ایسے حقیقی کردار سیاسی درباروں میں بے شمار رقصاں ملیں گے جو اپنے ذاتی مفاد کے لئے انسانیت کی پیٹھ پر چھری چلاتے ہیں اور انسانیت کا ناحق خون بہا کر اپنی عنادیت کی پیاس بجھاتے ہیں۔

کردار نگاری میں قمر جمالی کے قلم نے کمال دکھایا ہے۔ شہباز خان کے علاوہ ناول میں کئی اور کردار ہیں۔ کچھ دور تک پھیلے ہوئے، کچھ پل بھر کو نظر آ کر آنکھ سے اوجھل ہو جانے والے مگر وہ کردار لازوال اور حافظے سے کبھی نہ مٹنے والے ہیں مثلاً دادی، میر مدار، مولوی رحمت اللہ، درویش محمد خان، شیو نارائن ریڈی، SVF کے نوجوان، راجیشور ریڈی وغیرہ۔ کسی ناول میں کوئی کردار ایک دم سے ہمارے سامنے نہیں آجاتا بلکہ رفتہ رفتہ ہمارے سامنے آتے رہتے ہیں۔ ''آتش دان'' کا یہی وصف ہے کہ اس میں جو گہرا تجسس نمایاں طور پر ملتا ہے وہ سب اس کے کرداروں کی بدولت ہے۔ ہر کوئی کرادار اپنے آنے والے کے لئے ایک معمہ حل کرنے کے لئے چھوڑتا ہے اور جس کی گتھیاں سلجھانے کے لئے وہ کردار متحرک ہو جاتے ہیں۔

قمر جمالی نے مکالمہ نگاری میں بھی اپنی فن کاری کا اچھا مظاہرہ کیا ہے اور ہر کردار کی زبان سے ایسے مکالمے ادا کروائے ہیں جو بالکل فطری معلوم ہوتے ہیں۔ دادی اور پوتے کے درمیان کی اس مکالمہ نگاری سے اس بات کا بھی اندازہ ہوتا ہے کہ قمر جمالی کو بچوں کی نفسیات سے پوری واقفیت حاصل ہے۔ انھوں نے شہباز اور دادی کے مکالموں کے ذریعہ ان کے خیالات اور جذبات کی اچھی ترجمانی کی ہے، شہباز کے کردار کے ذریعہ انھوں نے بچوں کی نفسیات کی بڑی عمدہ عکاسی کی ہے۔ مثال کے طور پر یہ اقتباس ملاحظہ ہو:

''کبھی کبھی جب میرا دل اسکول جانے سے اچٹ جاتا اور میرے پیٹ میں، سر میں یا ٹانگ میں جانے کہاں کہاں درد اٹھتا کہ میں سر تا پا درد بن جاتا اور

مجھے اسکول جانے سے چھٹی مل جاتی۔ ممی ڈیڈی کے آفس چلے جانے کے بعد ہا، ہو ،کرتا ہوا دادی کے کمرے میں داخل ہوتا تو دادی کسی نٹ کھٹ بچّے کی طرح ہنس رہی ہوتیں۔ کیوں بیٹا! بنا لیا الو''!''نہیں دادی تمہاری قسم نہیں''''ہاں بیٹا! کھائے جا جھوٹی قسمیں۔ کیا حرج ہے'' ۴؎

سورج پور کے لوگ کس طرح ظلم و جبر میں پس رہے ہیں، کیسے راجیشور ریڈی نے اپنے منصب کا رعب جماتے ہوئے ان مظلوم کسانوں کو ندی کے پانی سے محروم کیا۔ میر مدار اور شہباز خان کے درمیان مکالموں سے ان خیالات کا اظہار ہوتا ہے۔ مثال کے طور پر:

سرکار۔! ندی دونوں کناروں تک پانی سے لبریز رہا کرتی تھی۔۔۔ مگر فی الحال جائے وقوع پر ایسا کچھ نہیں تھا۔ ندی کا یہ اتھل پن قدرتی نہیں ہے۔ ترائی میں رتن پور گاؤں آباد ہے۔ اس گاؤں کا مکھیا ایک سفاک اور نہایت ہی ظالم آدمی ہے۔ برسات کا پانی بظاہر باڑ سے بہتا محسوس ہوتا ہے مگر نیچے پہنچ کر ایک ایسے آبی ذخیرے میں جمع ہو جاتا ہے جسے رتن پور کے مکھیا نے بند باندھ کر اپنے لئے محفوظ کر رکھا ہے۔'' ۵؎

منظر نگاری کے لحاظ سے جب ہم ناول ''آتش دان'' کا مطالعہ کرتے ہیں تو ہمیں اندازہ ہوتا ہے کہ قمر جمالی نے منظر نگاری کے بہترین نمونے پیش کیے ہیں۔ انھوں نے ایسے مناظر کی تصویر کشی کی ہے جو قصے سے کافی مماثلت رکھتے ہیں۔ موسم سرما کی منظر کشی قمر جمالی نے اس ناول میں کچھ اس کی ہے:

''دسمبر کی ٹھٹرا دینے والی سردی تھی۔ ٹھنڈ ہڈیوں میں پیوست ہونے لگی تھی۔ دادی کے حکم پر میں بستر پر لیٹ تو گیا لیکن دوسرے ہی لمحے اٹھ کر بیٹھ گیا۔ ایک اضطراب تھا۔ بے چینی تھی انجانی سی جو مجھے بستر پر لیٹنے سے روک رہی تھی۔ میں دادی کے پیچھے باہر جانا چاہتا تھا مگر سردی تھی کہ برف کی سل لیے دروازے پر کھڑی تھی۔ سچ تو یہ ہے کہ میں دو قدم دروازے کی طرف بڑھا بھی......پھر لوٹ آیا۔ اف رے سردی......!! میرے دانت کٹکٹانے لگے تھے۔'' ۶؎

شام کے منظر کو بہت ہی خوبصورت انداز میں قمر جمالی نے اپنے ناول میں پیش کیا ہے۔ اقتباس پڑھنے کے بعد ایسا لگتا ہے کہ ہم اس جگہ موجود ہے اور اپنی آنکھوں سے اس منظر کو دیکھ رہے ہیں۔ مثال دیکھئے:

''جب میں ایوننگ واک کے لیے باہر نکلا تو سورج پوری آب و تاب کے ساتھ چمک رہا تھا۔ مگر اب...... سورج چمک چمک کر تھک گیا تھا۔ درختوں پر سنہری کرنیں پرندوں کو اپنے ٹھکانوں کی طرف لوٹنے کا اشارہ کر رہی تھیں۔ سر پر رنگ برنگے پرندے نہایت تندہی سے پر مار رہے تھے۔ انہیں اندھیرے گہرے ہونے سے پہلے اپنی ٹھکانوں تک پہنچ جانا تھا۔ شاید انہیں بھی اندھیروں میں گھل مل جانے کا خوف تھا۔'' ۷

مندرجہ بالا اقتباسات سے صاف ظاہر ہوتا ہے کہ قمر جمالی کو کسی واقعے کی سچی تصویر کشی کرنی کتنی عمدگی سے آتی ہے۔ وہ جس واقعہ اور منظر کی تصویر کھینچتی ہیں وہ واقعہ اور منظر ہماری آنکھوں میں رقص کرنے لگتا ہے۔ اس ناول میں انھوں نے ایسے بہت سے نمونے پیش کیے ہیں جن کے مطالعہ سے ایسا لگتا ہے مصوری اور آرٹ میں بھی قمر جمالی کو بڑی مہارت حاصل ہے جس کا مسلم ثبوت انھوں نے اس ناول کو پیش کرنے میں دیا ہے۔

کسی بھی ناول کے معیار کو جانچنے اور اس کی قدر و قیمت کا اندازہ لگانے کے لیے اس ناول کے قصے، کردار، فضا، ماحول اور اس میں پیش کیے گئے مواد کے علاوہ ناقدین فن اس کے اسلوب اور زبان کے محاسن و معائب کا بھی جائزہ لیتے ہیں کیوں کہ فن ناول نگاری میں اسلوب و زبان کی بھی بڑی اہمیت ہوتی ہے۔ کسی بات کو صرف کہہ دینا ہی ناول کے لیے کافی نہیں بلکہ اس انداز میں کہنا لازمی ہوتا ہے جس سے بات میں اثر پیدا ہو۔ مذکورہ ناول کا اسلوب بیان نہایت سادہ، سلیس اور آسان ہے۔ مصنفہ نے ناول میں تخلیقی اور معیاری زبان کا استعمال کیا ہے۔ جس میں اردو کے ساتھ ساتھ انگریزی زبان کے الفاظ بھی موقع اور محل کے مطابق استعمال ہوئے ہیں جس کا اعتراف کرنا پڑتا ہے کہ مصنفہ کو اردو زبان کے ساتھ ساتھ انگریزی زبان پر بھی عبور حاصل ہے۔ اس سلسلے میں ناول سے لیا گیا یہ اقتباس ملاحظہ ہو:

''سونا گاؤں ایک ایجنسی ایریا (Agency Area) یعنی قبائلیوں کے لیے مختص کیا گیا علاقہ تھا جو مال گزاری قوانین کی رو سے محفوظ ارضی یعنی (Reserved Land) تھا جو Prohobition of Land transfer Act 1959 کے تحت سرکاری ملکیت تھا اور قبائیلوں کے حق میں محفوظ تھا جسے نہ خریدا اور نہ بیچا جا سکتا تھا۔'' ۸

مذکورہ اقتباس سے اندازہ ہوتا ہے کہ انھوں نے اِن انگریزی الفاظ کا اس لیے بھی استعمال کیا ہے کہ وہ محکمہ جنگلات سے متعلق اصطلاحات ہیں اور ایسی زبان کسی مخصوص طبقے یا پیشے میں استعمال کی جاتی ہیں جو کہ موضوع کا تقاضہ بھی معلوم ہوتا ہے۔اس کے علاوہ ناول میں ناول نگار نے نہایت ہی بلیغ اشاروں سے ناول کو آگے بڑھانے کی کوشش کی ہے مگر انہیں سمجھنے میں قاری کو کوئی دشواری نہیں ہوتی ہے۔مثال کے طور پر ناول میں ایک جگہ اس جملے کا استعمال کیا گیا ہے''دادی کا تخت خالی ہوگیا'' تخت خالی ہونا ایک اشارہ ہے ایک سلطنت ،ایک تہذیب کا مٹ جانا۔قمر جمالی کا تخلیقی ذہن جب کسی تجربے یا واردات کے اظہار پر آتا ہے تو بڑے خوش اسلوبی سے اس واردات کو قلم بند کرتی ہیں موقع اور محل کے اعتبار سے حسین اور دلکش تشبیہات و استعارات ،ضرب الامثال اور کہاوتیں پیش کرنا ان کے اسلوب زبان میں شامل ہے۔قمر جمالی کی زبان پر مضبوط گرفت ہے۔مذکورہ ناول میں کئی جگہ ایسے موڑ آئے جہاں مصنفہ اگر احتیاط سے کام نہ لیتیں تو کلائیمکس کھل جاتا اور وہاں کہانی کا دم نکل جاتا۔کمال یہ ہے کہ ناول نگار ایسے ہر موڑ سے بچ کر نکل گیئں ۔پورے ناول میں تجسس برقرار رہتا ہے۔کسی بھی کہانی کی یہ خوبی ہے اور یہی خوبی قاری کو کلائمکس تک لے جاتی ہے۔زبان و بیان پر قمر جمالی کو بے پناہ مہارت حاصل ہے۔یہی وجہ ہے جگہ جگہ کہاوتوں ،ضرب الامثال ،محاوروں اور تشبیہات کی بہتات نظر آتی ہے قمر جمالی کا یہ ناول زبان و بیان کے اعتبار سے ایک خاص معیار کا حامل ہے۔انھوں نے اس ناول کو پیش کرنے کے لیے سادہ اور عام بول چال کی زبان استعمال کی ہے۔جس میں اردو کے ساتھ ساتھ انگریزی زبان کے الفاظ بھی موقع و محل کے مطابق استعمال ہوئے ہیں۔ان انگریزی الفاظ کی وجہ سے ناول کے لطف میں اضافہ بھی ہوجاتا ہے۔علاوہ ازیں یہ بھی اندازہ ہوجاتا ہے کہ مصنفہ کو اردو کے ساتھ ساتھ انگریزی پر بھی قدرت حاصل ہے۔

اردو ناول نگاری کی تاریخ میں اب تک تکنیک کی سطح پر بہت سارے تجربے ہوئے ہیں۔ڈائری کی تکنیک،سوانحی تکنیک،فلیش بیک،شعور کی رو اور بیانیہ تکنیک میں لکھے ہوئے ناول موجود ہیں۔اکثر ناول نگاروں نے بیانیہ تکنیک میں ہی ناول لکھے ہیں جس میں کہیں کہیں ڈرامائی پیش کش اور دوسری تکنیک کا بھی استعمال کیا گیا۔''آتش دان'' میں تکنیک کی سطح پر کوئی نیا تجربہ نہیں کیا گیا ہے۔روایتی تکنیک میں ہی ناول کو پیش کیا گیا ہے۔ناول نگار نے زیادہ تر بیانیہ تکنیک کا استعمال کیا ہے اور کہیں کہیں فلیش بیک کی تکنیک اور ڈرامائی پیش کش سے قصے کو آگے بڑھایا۔مثال کے طور پر ناول سے لیا گیا یہ اقتباس فلیش بیک تکنیک کی غمازی کرتا ہے:

''ایک وہ زمانہ تھا جب، سردیوں کی راتیں طلسماتی ہوا کرتیں۔ شام کے ساتھ ہی آتش دان گرم ہوتے، کمروں میں سرِ شام عود، لوبان کی دھونی، رمائی جاتی۔ بعد نماز عشا سب مل کر کھانا کھاتے، پھر...... صدر دالان میں گھر کے تمام افراد جمع ہوتے۔ چائے کے دور چلتے نمکین اور مٹھائی اڑائی جاتی۔ خاندان کے تمام افراد ایک دوسرے کے احوال پوچھتے جو حاضر ہے ان سے باتیں ہوتیں اور جو غائب ہیں؟ ان کا ذکر خیر ہوتا۔ اور آخر میں تان جا کر ٹوٹتی...... کہانیوں پر۔ گھر کے بڑے اپنے اپنے کاموں پر لگ جاتے اور بچے......؟ بزرگوں کے گرد جمع ہو جاتے۔ مگر اب...... یہ سب تو...... خوبوں کی باتیں ہوگئیں۔ 9''

قمر جمالی کا نال ''آتش دان'' فنی نقطہ نظر سے اپنی مثال آپ ہے۔ انھوں نے اس ناول میں اپنی تمام صلاحیتوں کو بروئے کار لانے کی کوشش کی ہے۔ جس میں وہ کافی حد تک کامیاب نظر آتی ہیں ناول کے جو بنیادی عنصر ہونے چاہیے قمر جمالی نے ان تمام لوازمات کو اس ناول میں برتا ہے۔ زبان و بیان ہو یا تکنیک ناول پڑھنے کے بعد اس بات کا اندازہ ہو جاتا ہے کہ انھوں نے بڑی فن کارانہ چابک دستی سے کام لیا ہے۔ کہانی میں ایک جگہ ایسا موڑ آتا ہے جب شہباز خان کو ان تمام سوالات کے جوابات خود بخود مل جاتے ہیں جو انھوں نے وقت پر چھوڑے تھے اور وہیں سے اصل قصے کی شروعات ہو جاتی ہے۔ جہاں سے اصل قصہ شروع ہوتا ہے وہاں سے کہانی بیانیہ انداز اختیار کر لیتی ہے۔ کہانی ابتدا، وسط اور اختتام کی منزلوں سے گزر کر قاری کے دل پر ایک گہرا تاثر چھوڑ جاتی ہے قمر جمالی نے اس ناول میں کہیں کہیں خود کلامی کی تکنیک کے ذریعے بھی ناول کو آگے بڑھانے کی کوشش کی ہے۔

مجموعی طور پر قمر جمالی ایک ایسی نسائی آواز ہے جو اپنی تحریروں کی وساطت سے اردو دنیا میں اپنی پہچان بنانے میں کامیاب نظر آتی ہیں۔ ان کے فن پاروں کی زبان نہایت شستہ اور معیاری ہے۔ وہ الفاظ کو نگینوں کی صورت جڑنا جانتی ہیں۔ ان کا ذوقِ جمال ان کے ناول ''آتش دان'' میں نکھر کر سامنے آیا ہے۔ ''آتش دان'' میں جاگیردارانہ ظلم و جبر، اعلیٰ افسر شاہی، معاشرتی نظام اور سیاسی اور سماجی حال کی حقیقی تصویر کشی کی گئی ہے۔ انھوں نے اپنے ناول میں پیچیدہ لب و لہجے سے گریز کیا ہے۔ انھوں نے اپنے ناول میں کہیں کہیں تلگو اور انگریزی زبان کے الفاظ کا استعمال کیا ہے جو ناول کے اسلوب میں چاشنی پیدا کر دیتے

ہیں۔چھوٹے چھوٹے جملے یا فقرے ایک صوتی آہنگ پیدا کر دیتے ہیں۔کہانی میں ان کا لب ولہجہ سادہ اور سپاٹ ہے۔انھوں نے تمام واقعات کا گہرائی سے مشاہدہ کر کے انسانی فطرت کے تمام اسرار و رموز کی مضبوط گرہیں کھولنے کی سعی میں اپنی کہانی کا تانا بانا تیار کیا ہے۔''آتش دان'' بلاشبہ عصر حاضر کا ایک اہم ناول ہے، جو قمر جمالی کی تخلیقی صلاحیتوں کی غمازی کرتا ہے۔

◄● ►

حواشی:

ا۔ناول ''آتش دان'' از قمر جمالی ، ایجوکیشنل پبلی شنگ ہاوس ، نئی دہلی ۲۰۱۵ء ، ص،۲۰۵۔۲۔ ایضاً ، ص،۲۳۲۔۳۔ایضاً،ص،۴۶/۴۷۔۴۔ایضاً،ص،۲۴/۲۵۔۵۔ایضاً،ص،۶۴۔۶۔ایضاً،ص،۱۱۔۷۔ایضاً ،ص،۱۲۵۔۸۔ایضاً،ص،۵۴۔۹۔ایضاً،ص،۱۲/۱۳۔

● ریحانہ بشیر

ذکیہ مشہدی کی افسانوی جہات

ذکیہ مشہدی افسانہ نگاری کے میدان میں اہم اور معتبر نام ہے۔ اُنھوں نے اُس دور میں اپنے فن کا بھرپور اظہار کیا ہے جب اردو فکشن کے تقاضے بدل چکے تھے اور نئے نئے موضوعات سے فن افسانہ نگاری کا دامن وسیع ہوتا جا رہا تھا۔ یعنی موضوعاتی تناظر میں اردو افسانے کا کینوس بہت وسیع ہو گیا تھا۔ متنوع موضوعات کو کہانی کے پیرئے میں ڈھال کے پیش کیا جا رہا تھا۔ ذکیہ مشہدی کی فطرت میں افسانہ نگاری سے شغف پہلے سے ہی تھا، لیکن اُنھوں نے اپنی خلاقانہ صلاحیتوں کا افسانے کی صورت میں اظہار کرنے میں کافی وقت لگا لیا۔ جس کی وجہ وہ خود افسانوی مجموعے ''پرائے چہرے'' کے پیش لفظ میں یوں بیان کرتی ہیں:

> ''......گرچہ میری فطرت میں افسانہ نگاری کے جراثیم کم عمری سے ہی موجود تھے لیکن چونکہ شدید قسم کی لاپرواہی اور لااُبالاپن بھی مزاج کا حصہ تھے اس لئے میری افسانہ نگاری کی عمر جتنی ہونی چاہئے تھی، اس سے بہت کم ہے۔'' [1]

مذکورہ بالا اقتباس سے معلوم ہوتا ہے کہ ذکیہ مشہدی نے اپنی تخلیقی صلاحیتوں سے پہلے سے ہی واقف تھیں، لیکن وہ شاید اپنی تخلیقی صلاحیتوں کی پختگی کی منتظر تھیں۔ کیوں کہ ہر تخلیق کار یہ چاہتا ہے کہ اس کا قاری بھی ٹھیک اُسی طرح متاثر ہو جائے جس طرح تخلیق کار کسی واقعہ کو افسانے کی صورت میں پیش کرنے سے قبل متاثر ہو چکا ہوتا ہے۔ جس کے لیے تخلیقی صلاحیتوں کا پختہ ہونا لازمی ہے۔ ذکیہ مشہدی بھی اپنے خلاقانہ صلاحیتوں کو پوری طرح سے پختہ ہونے کا انتظار کر رہی تھیں، تاکہ وہ جب فن افسانہ نگاری میں باضابطہ قدم جمائے تو ایک معتبر نام کی صورت میں فکشن نگاری کی صف میں شامل ہو جائے۔

ذکیہ مشہدی بہت کم وقت میں اپنے افسانوں کی بنیاد پر اردو فکشن کے اہم افسانہ نگاروں کی صف میں اپنی جگہ بنانے میں کامیاب ہوئیں۔ اُن کا شمار اردو کے اُن فن کاروں بالخصوص افسانہ نگاروں میں ہوتا ہے جنھوں نے فن افسانہ نگاروی میں اعلا مقام حاصل کیا ہے۔ جن کی فنی کاوشوں سے اردو فکشن کا کینوس وسیع ہوگیا۔ ذکیہ مشہدی کے افسانے اُس شعلے کو برقرار رکھے ہوئے ہیں جس شعلے کو روشن کرنے میں اردو افسانہ کی ممتاز خواتین فکشن نگار مثلاً: قرۃ العین حیدر، عصمت، رضیہ سجاد ظہیر کا اہم کردار رہا ہے۔ یعنی ذکیہ

مشہدی دور حاضر میں اردو افسانہ کا اہم نام ہے جس کی اہمیت اس بات میں مضمر ہے کہ اُنھوں نے اردو افسانہ کی موضوعاتی اور فنی بنیادیں مستحکم کرنے میں اپنا اہم کردار ادا کیا ہے۔ اتنا ہی نہیں بلکہ اردو افسانہ کے نئے رجحانات کے تحت فن افسانہ نگاری کے تقاضوں کو پورا کرنے میں بھی کامیاب کوششیں کیں۔ ذکیہ مشہدی اردو افسانہ نگاری میں ایک نمایاں نام ہے۔ ڈاکٹر محمد کاظم اردو افسانہ نگاری میں اُن کی اہمیت کو واضح کرتے ہوئے یوں لکھتے ہیں:

> ''نصف صدی پہلے جس انگارہ کو رشید جہاں نے روشن کیا اسے شعلہ میں تبدیل کرنے میں عصمت چغتائی، قرۃ العین حیدر، رضیہ سجاد ظہیر، ممتاز شیریں نے اہم کارنامہ انجام دیا اور موجودہ دور میں اس شعلہ کو نہ بجھنے والی آگ میں تبدیل کرنے کا کام جیلانی بانو، جمیلہ ہاشمی، واجدہ تبسم، زاہدہ حنا اور ذکیہ مشہدی نے کیا۔ اِن میں بھی پاکستان میں زاہدہ حنا اور ہندوستان میں ذکیہ مشہدی زیادہ نمایاں دکھائی دیتی ہیں۔'' ۲

ذکیہ مشہدی کو بہ طور ایک کامیاب افسانہ نگار پورے ادبی حلقے میں پذیرائی ملی ہے۔ اُن کی افسانہ نگاری کا اعتراف ناقدین ادب نے بھی کیا ہے۔ اُنھوں نے اردو افسانہ نگاری میں اپنے افسانوں کی معنویت فنی پختگی اور فن افسانہ نگاری کے اسرار و رموز سے شناسائی کی بدولت پائی ہے۔ اُنھوں نے جن موضوعات کا انتخاب کیا ہے وہ عصری ہونے کے ساتھ ساتھ انسانی وجود کے متنوع پہلوؤں تک رسائی پانے میں کامیاب ثابت ہوئے۔ چوں ذکیہ مشہدی جدیدیت کے دور کی تخلیق کار ہیں۔ اس لیے اُنھوں نے مادی زندگی کے ساتھ ساتھ انسان کی داخلی زندگی کے متنوع عناصر کو اپنے افسانوں کا ماضوع بنایا۔ جس میں نفسیات، تنہائی، دکھ درد، انسانی آرزوئیں، خواہشات وغیرہ پر قلم اُٹھا کر اپنے افسانوی کینوس کو وسیع کر دیا۔ اُن کی اِس فنکارانہ بصیرت کا اعتراف کر کے پروفیسر وہاب اشرفی یوں لکھتے ہیں:

> ''......کہہ سکتے ہیں کہ ذکیہ مشہدی اردو کی مایہ ناز افسانہ نگار ہیں جن کے امکانات وسیع ہیں'' ۳

ذکیہ مشہدی کی افسانہ نگاری کا مطالعہ کرتے ہوئے اس بات کا اندازہ ہو جاتا ہے کہ اُنھوں نے اپنے افسانوں میں فن افسانہ نگاری کے جملہ اصول وضوابط کو احسن طریقے سے برتا ہے، جو کہ فن کی بنیاد پر مکمل نظر آتے ہیں۔ پلاٹ، مکالمہ، کردار نگاری، منظر کشی، زبان و بیان غرض افسانہ نگاری کے جتنے بھی عناصر ترکیبی ہیں، اُنھیں فن کارانہ انداز میں پیش کیا ہے۔ اُن کے یہاں جیسے کو ویسا بیان کرنے کا عمل موجود نہیں ہے بلکہ وہ ہر واقعہ کو اپنی خلاقانہ صلاحیتوں سے فن افسانہ نگاری کے قالب میں ڈال کر افسانہ کے فنی

اصول وضوابط کوملحوظ نظر رکھ کر پیش کرتی ہیں۔جس سے اُن کے افسانوں میں وہ تاثر پیدا ہو جاتا ہے جو ایک افسانہ نگار اپنے قاری پر چھوڑنا چاہتا ہے۔اتنا ہی نہیں بلکہ واقعہ کو برتنے کا انداز اس قدر موثر ہے کہ قاری میں شروع سے آخر تک تجسس برقرار رہتا ہے۔موضوع کے لحاظ سے بھی اُن کے افسانے غیر معمولی اہمیت کے حامل ہیں۔ایک کامیاب افسانہ نگار کی ایک پہچان یہ بھی ہوتی ہے کہ کسی مخصوص موضوع کو پیش کرنے کے ساتھ ساتھ وہ قاری کے ذہن جھنجھوڑ دے اور اُسے سوچنے اور غور وفکر کرنے پر اُکسائے۔ذکیہ مشہدی میں وہ خصوصیات بہ درجہ اُتم موجود ہیں۔وہ جب بھی کسی واقعہ کو افسانے کے قالب میں ڈھال دیتی ہیں تو اُس میں محض کہانی پن نہیں ہوتا ہے بلکہ وہ قاری کو اُس مسئلے پر سوچنے کی دعوت بھی دیتی ہیں۔جس کی ایک خاص وجہ یہ ہے کہ اُنھوں نے جن مسائل پر قلم اُٹھایا ہے اُن مسائل سے معاشرے کا ہر فرد دو چار ہے۔ سیاسی، سماجی، معاشی و معاشرتی، اقتصادی اور نفسیاتی وغیرہ سے جڑے مسائل، گھریلو زندگی کے مسائل، عورتوں اور بچوں کی نفسیات سے جڑے متنوع پہلوؤں کو اپنے افسانوں کا موضوع بنایا ہے۔

ذکیہ مشہدی کسی بھی تحریک یا ازم سے باضابطہ طور وابستہ نہیں ہیں۔کیوں کہ اُنھوں نے انسانی کی خارجی زندگی کو بھی موضوع بنایا ہے اور داخلی و باطنی زندگی کی مخفی بصیرتوں کو بھی آشکار کیا ہے۔جہاں وہ ادب برائے زندگی کی قائل نظر آتی ہیں وہیں وہ ادب کے فنی اصولوں کی پاسداری کرتے ہوئے بھی نظر آتی ہیں۔جہاں اُنھوں نے فرد کی خارجی زندگی سے جڑے حالات وواقعات مثلاً سیاسی، سماجی، معاشی وغیرہ کو احاطۂ تحریر میں لایا ہے، وہیں اُنھوں نے فرد کی داخلی زندگی کے مختلف عناصر مثلاً نفسیات، آرزوئیں، تمنائیں، خوف، دُکھ درد، تنہائی وغیرہ کو بھی موضوع بنایا ہے۔اُن کے یہاں ترقی پسندی کی ''حقیقت پسندی'' بھی ہے اور جدیدیت کی ''داخلیت پسندی'' بھی ہے۔اتنا ہی نہیں بلکہ نا تو اُنھوں نے ترقی پسند جیسا انداز بیان اور اسلوب نگارش اپنایا ہے اور نا ہی اُن کے یہاں جدیدیت کا ابہام نظر آتا ہے۔اُن کے زبان و بیان میں نا ہی مشکل پسندی ہے اور نا ہی نامانوس علامتیں اور استعارات ملتی ہیں۔وہاب اشرفی اُن کی اس غیر جانبداری اور کسی مخصوص تحریک یا ازم سے وابستہ نا ہونے کے تعلق سے یوں لکھتے ہیں:

> ''کسی ازم سے اِن کا تعلق نہیں۔لیکن انسانیت کی شیرینی ان کے رگ وپے میں دوڑتی رہتی ہے۔لہذا زندگی کی آلودگیاں اس کی سنگین ناہمواری استحصال سبھوں کے ساتھ وہ برسرپیکار ہیں لیکن نہ تو اِن کے یہاں ترقی پسند کا اُونچا لہجہ ہے اور نہ ہی جدیدیت کی مبہم کیفیت ان کے افسانوں میں زندگی کے نشیب وفراز تخلیقی جہات سے گزر کر پرکشش بن جاتے ہیں۔لہذا ان کے مطالعہ سے جذبے کی تطہیر ہوتی ہے اور وژن میں اضافہ ہوتا ہے۔'' ؎

جیسا کہ مذکور ہو چکا ہے کہ ذکیہ مشہدی باضابطہ طور کسی تحریک یا ازم سے وابستہ نہیں تھیں۔ مگر اُن کا تخلیقی شعور اس قدر نشو ونما پا چکا تھا کہ مخصوص خانوں میں بٹ کر وہ ادب تخلیق نہیں کرنا چاہتی ہیں۔ بلکہ اُنھوں نے انسانی زندگی کے نشیب وفراز کو افسانوں کی صورت میں پیش کرنے کی کامیاب سعی کی ہے۔ ہاں اب اتنا ضرور ہے کہ اُن کے افسانوں میں ہمیں ترقی پسند عناصر بھی ملیں گے اور جدیدیت کے چند پہلو بھی۔ لیکن اعلانیہ طوراُ نھوں نے کسی بھی تحریک سے وابستہ ہونے کا اظہار نہیں کیا ہے۔ اس بات میں کوئی دو رائے نہیں ہے کہ ذکیہ مشہدی کا ذہن ترقی پسند ہے لیکن اس کا قطعاً یہ مطلب نہیں کہ وہ ترقی پسند تحریک سے وابستہ ہیں۔ اس کا مطلب پھر یہ ہوا کہ کوئی بھی تخلیق کار تب تک ترقی پسند نہیں ہو سکتا جب تک اُسے ترقی پسند تحریک سے نا جوڑا جائے۔ ترقی پسند تحریک یا جدیدیت سے وابستہ ہونے کا جہاں تک سوال ہے؛ ذکیہ مشہدی اس ضمن میں غیر جانبدار ہیں۔ اُن کا جھکاؤ کسی طرف زیادہ دکھائی نہیں دیتا ہے۔ ذکیہ مشہدی ترقی پسند تحریک سے باضابطہ طور نہیں جڑی ہیں اور نا ہی اُنھوں نے جدیدیت سے اپنی وابستگی کا اظہار کہیں کیا ہے۔ اس سلسلے میں ڈاکٹر نزہت پروین لکھتی ہیں:

> ''بہار کے کچھ افسانہ نگار باضابطہ ترقی پسند تحریک سے جڑے ہوئے نہیں تھے لیکن کسی نہ کسی طریقے سے ان کا ذہن ترقی پسند ضرور تھا۔ ان میں ذکیہ مشہدی کا بھی ایک نام آتا ہے۔ ذکیہ مشہدی کے گھر ترقی پسند تحریک سے جڑے فنکار آتے تھے۔ بدیع مشہدی اور بعد میں شفیع مشہدی نے انہیں ترقی پسند سوچ کی طرف مائل کیا۔'' ۵

نزہت صاحبہ نے ذکیہ مشہدی کی ترقی پسندی کی طرف مائل ہو جانے کی بات تو کی ہے لیکن اُن کا باضابطہ طور پر ترقی پسند تحریک سے وابستہ ہونے کے حوالے سے بات نہیں کی۔ اُنھوں نے خود ہی اس بات کو واضح کر دیا ہے کہ ترقی پسند سوچ کی طرف مائل ہونے سے قبل اگر چہ وہ کسی مخصوص نظریہ (جدیدیت) کی افسانہ نگار بھی رہی ہوں گی، مگر بعد میں اُنھوں نے اپنے نظریئے کو وسیع کر کے اپنی سوچ اور اپنے ذہن کو ترقی پسند بنا لیا۔ یعنی اب وہ کسی مخصوص نظریئے کی قائل نہیں رہی۔ نزہت صاحبہ نے شروع میں ہی کہا کہ ذکیہ مشہدی باضابطہ طور ترقی پسند تحریک سے جڑی نہیں تھیں مگر اُن کا ذہن ترقی پسند تھا۔ جس سے یہ بات واضح ہو جاتی ہے کہ ذکیہ مشہدی پر کسی مخصوص تحریک کا ازم کا لیبل چسپاں نہیں کیا جا سکے گا۔ جس کی ایک خاص وجہ یہ ہے کہ وہ کسی بھی تحریک یا ازم سے تعلق رکھ کر ادب کو خانوں میں بانٹنا نہیں چاہتی ہیں۔ وہ اپنے ادبی نظریئے کے حوالے سے یوں لکھتی ہیں:

> ''دو باتیں میں خاص طور پر کہنا چاہوں گی۔ پہلی بات تو یہ کہ ادب برائے ادب اور ادب برائے زندگی کی بحث اب ختم ہونی چاہیئے۔ آج بھی لوگ ادیبوں سے

یہ سوال پوچھتے ہیں اور ادبی محفلوں میں بھی یہ سوال اکثر دوہرایا جاتا رہتا ہے۔ادب برائے ادب' داستان پارینہ ہے۔آج کا ادیب نہ زندگی سے آنکھیں چرا رہا ہے نہ چرا سکتا ہے ۔جس ادیب نے زندگی کو نظر انداز کیا اس کی تخلیقات اپنی طرف توجہ مبذول کرانے میں کامیاب نہیں ہوں گی ۔ ہر طرف نفسی نفسی کا عالم ہے ۔شاید پہلے بھی خاصہ تھا اس لئے کہ پچھلوں نے بھی اِس کا رونا رویا ہے'' ۶

ذکیہ مشہدی کہانی بیان کرنے کا ہنر خوب جانتی ہیں ۔ وہ افسانہ کے آغاز سے ہی قاری کا ہاتھ نہیں چھوڑتی ہیں ۔جس کی بنیادی وجہ یہ ہے کہ اُن کے افسانوں میں وہ تاثر شروع سے آخر تک برابر قائم رہتا ہے جس سے قاری گرفت میں رہتا ہے ۔ دوسری اہم بات یہ کہ اُن کے افسانوں کو پڑھتے وقت قاری کو اکتاہٹ کا ذرہ بھی شائبہ نہیں ہوتا ۔ کیوں کہ اُن کا منفرد اور غیر معمولی انداز بیان قاری کو اپنی طرف کھینچ کر اُسے ادھر اُدھر بھٹکنے نہیں دیتی ہیں ۔اُن کے جملوں کی ساخت و ترتیب و تنظیم اور الفاظ کا انتخاب اُن کے انداز بیان کو اور بھی زیادہ دلکش بنا دیتا ہے جس سے قاری لطف اندوز ہو کر افسانے میں کہیں بھی جھول یا کسی بھی قسم کی اُکتاہٹ کو محسوس نہیں کرتا ہے ۔اُن کے افسانوں کا ایک وصف یہ بھی ہے کہ وہ محض لفظوں کی سجاوٹ یا پھر حد درجہ مبالغہ آرائی اور مشکل پسندی سے کام نہیں لیتی ہیں، بلکہ بڑی صاف گوئی ،سلاست اور سلیس طرز نگارش اور سادہ بیانی کے ساتھ کہانی کو آگے بڑھاتی ہیں ۔

ایک تخلیق کار معاشرے کا ایک حساس ترین فرد ہوتا ہے ، جو ہر تبدیلی کو بہت جلد محسوس کرتا ہے اور اس کا ردعمل ظاہر کر دیتا ہے ۔لیکن تخلیقی عمل میں محض حساس ہونا ہی کافی نہیں ہے بلکہ مشاہدات اور تجربات میں وسعت ہونا بھی لازم ہے ۔ ذکیہ مشہدی کے افسانوں کا مطالعہ کرتے وقت اس بات کا اندازہ ہو جاتا ہے کہ وہ کس قدر 'حساس دل' اور اُن کے مشاہدات اور تجربات کس قدر وسیع و بلیغ ہیں ۔ کیوں کہ اُنھوں نے جن موضوعات پر قلم اُٹھایا ، اکثر موضوعات بہ ظاہر تو معمولی نظر آتے ہیں ۔لیکن جب اُس کی گہرائی میں ذکیہ مشہدی کسی اہم مسئلے کو نکال لاتی ہیں تو معلوم ہو جاتا ہے کہ اُن کی نظر اور اُن کا تجربہ کس قدر وسیع و عمیق ہے ۔ ذکیہ مشہدی کامیاب افسانہ نگاری کے حوالے سے اپنا ایک خاص نقطہ نظر رکھتی ہیں اور تین بنیادی باتوں کو کامیاب افسانہ نگاری کے لیے اہم قرار دیتی ہیں :

''میرا خیال ہے کہ کامیاب افسانہ نگاری کے لئے حساس دل، وسیع تجربے، اور الفاظ پر قدرت یہ تینوں ضروری ہیں ۔'' ۷

ذکیہ مشہدی الفاظ پر قدرت ہونے کو بھی کامیاب افسانہ نگاری کے لیے اہم متصور کرتی ہیں ۔ الفاظ کا انتخاب اور اُن کی ترتیب و تنظیم (Arrangement of Words) ایک افسانہ ہی کے لیے

نہیں بلکہ ہر تخلیقی تحریر کے لیے ضروری اور بنیادی چیز ہے۔ایک افسانہ نگار کا الفاظ پر قدرت (Vocabulary) ہونا اُس کے افسانے کو کامیابی کی اور لے جانے میں اہم کردار ادا کرتا ہے۔ ذکیہ مشہدی کے افسانے مذکورہ تینوں خصوصیات کے حامل ہیں۔

اُن کے کہانی لکھنے کے دور کو اردو افسانے کا اہم دور متصور کیا جاتا ہے۔ کیوں کہ اُن سے قبل فن افسانہ نگاری کے چند نام ایسے ہیں جنھوں نے اردو افسانے کو نیا آہنگ اور نیا شعور عطا کیا۔ جنھوں نے اردو افسانے کو ایک ایسے مقام پر پہنچا دیا تھا جہاں اردو افسانہ فنی طور اپنے نئے تقاضوں کو پورا کرتا ہوا نظر آتا تھا اور دوسری طرف انسانی زندگی کے خارجی و داخلی عناصر کو افسانے نے پوری طرح اپنے دامن میں سمویا تھا۔ اُن ممتاز افسانہ نگاروں میں قرۃ العین حیدر، انتظار حسین، جوگندر پال، قاضی عبدالستار وغیرہ کے نام اہمیت کے حامل ہیں۔ ذکیہ مشہدی نے جب فکشن میں قدم رکھا تو افسانہ فنی اور موضوعاتی طور پر کافی بدل چکا تھا۔ اس تناظر میں اردو افسانے میں نئے نئے تجربے آزمائے جا رہے تھے، جن میں جیلانی بانو، طارق چھتاری، پیغام آفاقی، ترنم ریاض، زاہدہ حنا، غضنفر علی وغیرہ کے نام شامل ہیں۔ اردو افسانہ نگاری میں جدیدیت کے پیش نظر علامتی اظہار بیان کو زیادہ فوقیت ملی۔ جدیدیت نے اردو افسانے کے علامتی اظہار اور مبہم بیانیہ کی وجہ سے افسانے سے کہانی پن کے عنصر پر گویا قدغن لگا دی۔ جس کی وجہ سے قاری وہ لطافت اور حظ محسوس نہیں کر پا رہا تھا جو اُسے افسانہ پڑھنے کے دوران حاصل ہوتی تھی۔ لیکن ذکیہ مشہدی ایک ایسی افسانہ نگار ہیں جنھوں نے جدیدیت کے دور میں بھی اپنے قاری کو جدید افسانے کی مشکل پسندی اور دقیق علامتی اظہار و بیان اور نامانوس استعارات سے دل شکستہ نہیں کیا۔ بلکہ اُنھوں نے ترقی پسند او جدیدیت کے ایک سنگم کا کردار ادا کیا ہے۔ اُنھوں نے جدیدیت کے عہد میں بھی افسانے کی حقیقت پسندی پر اپنی گرفت مضبوط کر لی اور مختلف فنی و موضوعاتی تجربوں کے ساتھ ساتھ کہانی پن کو بھی ہاتھ سے جانے نہیں دیا۔

ذکیہ مشہدی کا دور افسانہ نگاری کا وہ دور جس میں نہ صرف ہیئت کے تناظر میں اردو افسانے میں تبدیلیاں رونما ہوئیں بلکہ موضوعاتی تناظر میں بھی افسانہ نے کافی حد تک فروغ پایا۔ جدیدیت میں کہانی کی ترسیل کے لیے علامتوں کا استعمال زیادہ ہونے لگا تھا؛ اور موضوعات کا انتخاب بھی ایسا ہوتا تھا کہ حقیقی ہوتے ہوئے بھی حقیقی معلوم نہیں ہوتے تھے۔ لیکن ذکیہ مشہدی ایسی موضوعات کا انتخاب کرتی ہیں جو زمینی حقائق سے جڑے ہیں، جو عام زندگی سے منسوب ہیں، جن سے روزمرہ کی زندگی دوچار ہے۔ لیکن اس کا مطلب یہ نہیں کہ اُنھوں نے جدید افسانے کے چیلنج بالخصوص علامتیت سے یکسر منہ موڑ لیا۔ اُن کے افسانے بھی علامتوں سے خالی نہیں ہیں، مگر جیسا کہ اُوپر مذکور ہو چکا ہے کہ اُن کا طرز اظہار نہایت دلکش، سادہ اور سلیس ہے۔ ہاں البتہ اُن کی علامتیں اس قدر مشکل نہیں ہیں کہ قاری سمجھنے سے قاصر رہے۔ وہ مبہم علامتوں کے انتخاب سے قاری کو کہانی پن

سے دور نہیں کرنا چاہتی ہیں۔ اُن کے افسانوں کی بنت ایسی ہے کہ جدید رنگ میں رنگنے کے باوجود بھی اُن میں وہ حقیقت پسندی اور کہانی پن کا عنصر باقی رہتا ہے کہ پڑھنے والا حظ بھی اُٹھا سکے اور اُکتاہٹ بھی محسوس نا ہو اور ساتھ ہی وہ مقصد بھی پورا ہو جائے جس کے لیے افسانہ نگار نے افسانہ تخلیق کیا ہوتا ہے۔

ذکیہ مشہدی کے افسانوں کو جب موضوعاتی تناظر میں دیکھتے ہیں تو اُن کے افسانوں میں ہر نوع کے موضوعات ملتے ہیں۔ اُن موضوعات کا تعلق ہمارے موجودہ معاشرے میں آئے دن پیش آئے حالات و واقعات سے ہوتا ہے۔ وہ اپنے افسانوں میں سماج کی اُن ناہمواریوں کو پیش کرتی ہیں جن سے معاشرے کا ہر فرد دو چار ہے۔ یعنی اُن کے یہاں اگر روایتی موضوعات بھی ملتے ہیں تو وہ بھی ایک منفرد اور غیر معمولی انداز بیان کے ساتھ ملتے ہیں۔ اُن کے افسانوں میں بھی متوسط طبقے کے مسائل کا اظہار، جہیز جیسی بدعیت اور معاشرے پر اس کے منفی اثرات، اولادوں کی نافرمانی، مادہ پرستی، ذات پات، عورتوں کا استحصال، ہائی سوسائیٹی کے تام جام وغیرہ جیسے موضوعات ملتے ہیں۔ بہ ظاہر مذکورہ موضوعات میں نئے پن کا شبہ تک نہیں ہوتا ہے۔ لیکن ان موضوعات کے ذریعے وہ یہ ذہن نشین کرانا چاہتی ہیں کہ جدید دور میں بھی ہمارے معاشرے میں ابھی بھی وہی مسائل ہیں جن سے اب انسان کو کنارہ کش ہو جانا چاہئے تھا۔ اُن کا ماننا ہے کہ ہم صرف وقت کے لحاظ سے جدید (Modern) ہوئے ہیں لیکن ذہنی طور پر ہمارے اندر وہی فرسودہ ذہنیت کا ڈھیر ابھی بھی موجود ہے۔ اس نوعیت کے موضوعات کے انتخاب سے وہ قاری کو بھی وہی محسوس کرانا چاہتی ہیں جو وہ خود اپنے معاشرے کے ارد گرد نظر دوڑا کر محسوس کرتی ہیں۔ وہ اپنے معاشرے کی ناانصافیوں اور ناہمواریوں کی طرف اپنے قاری کی توجہ کو مبذول کراتی ہیں۔ وہ سماج کے ہر فرد کے دُکھ درد اور کرب کو نہ صرف خود محسوس کرتی ہیں بلکہ افسانے کے پیرائے میں اس کا اظہار بھی کرتی ہیں۔ اس ضمن میں وہ رقم طراز ہیں:

> ''کیا میرے قاری بھی بار بار میرے افسانے پڑھیں گے اور میرے ساتھ غمگین ہوں گے، میرے ساتھ خوش ہوں گے، میرے ساتھ اس بے بس غصے کو محسوس کریں گے جو سماجی ناانصافیاں اور ظلم بیدار کرتے ہیں؟ بہر حال اپنے گرد و پیش میں گھومتے اس جہانِ رنگ و بو کو اپنی متحیر (اور اب تھکی ہوئی) آنکھوں سے دیکھتی ہوں اسے لوگوں کو کہانی کی صورت میں سنانا چاہتی ہوں۔'' ۸

ذکیہ مشہدی کے افسانوں میں سماج میں پل رہی فرسودہ روایات اور مظلوموں کی آہ و فغاں سنائی دیتی ہے۔ اُنھوں نے جو کچھ اپنی آنکھوں سے دیکھا یا جس چیز کا مشاہدہ کیا، اُسی کو من و عن صفحہ قرطاس پر اُتارنے کی کامیاب سعی کی ہے۔ اُنھوں نے معاشرے کے اُن مسائل کی طرف انگشت نمائی کی ہے جنھیں جان بوجھ کر آج کا Modern انسان ان دیکھا اور ان سُنا کر دیتا ہے۔ دراصل ذکیہ مشہدی ایک درد

مند دل رکھتی ہیں، دوسروں کے دُکھ درد کو سمجھتی ہیں اور اُن کا ہمدرد بھی بنتی ہیں مگر سینہ پیٹ کر نہیں بلکہ ہاتھ میں قلم اُٹھا کر اُن تمام دُکھ درد کا اظہار کر کے اُن پر غور و فکر کرنے اور ان کا ازالہ کرنے کی دعوت دیتی ہیں۔

ذکیہ مشہدی کا لہجہ بے باک ہے؛ موضوع کے ساتھ ساتھ فن پر بھی غیر معمولی قدرت حاصل ہے۔ وہ افسانے کو ایک بہترین فنی پیرائے میں برتنے کا ہنر خوب جانتی ہیں۔ اُن کے افسانوں کو فنی تناظر میں دیکھا جائے تو اس بات کا اندازہ ہو جاتا ہے کہ اُن کے افسانے فنی لحاظ سے اُن تمام فنی عناصر سے مملو ہوتے ہیں جو ایک بہترین افسانے کی بنت میں بنیادی اہمیت کے حامل ہوتے ہیں۔ یعنی اُن کے افسانوں کی فنی گھڑت ایسی ہے کہ وہ فن کی کسوٹی پر کھرا اُترتے ہیں۔ زبان و بیان کا استعمال اور کہانی میں واقعات کے تسلسل میں بھی سنجیدگی اور پختگی کا ثبوت ملتا ہے۔ مکالمہ نگاری پر بھی اُنھیں اچھی خاصی گرفت ہے، وہ ہر کردار سے اُسی کی عمر کے لحاظ سے مکالمے ادا کرنے کے فن سے خوب واقف ہیں۔ وہ بچے، بوڑھے، پڑھے لکھے، اَن پڑھ اور عورتوں کی زبان سے اُن کی مناسبت سے مکالمے ادا کرواتی ہیں۔ اچھا ایک خاص بات یہ ہے ذکیہ مشہدی خود ایک عورت ہو کر اپنے افسانوں میں عورتوں کے جذبات اور احساسات کا اظہار بہترین پیرائے میں کرتی ہیں؛ جس میں مبالغہ آرائی یا بے جا اظہارانہ رویے کا دخل نہیں ہوتا ہے۔ ڈاکٹر رخسانہ جمیل ذکیہ مشہدی کی اس انفرادیت کے حوالے سے لکھتی ہیں:

> ''ذکیہ مشہدی کی سب سے بڑی خوبی یہ ہے کہ انھوں نے اپنے دور کے بیشتر مسائل اور ان کی پیچیدگیوں اور بدلتی ہوئی تہذیبی قدروں کو اپنی آنکھوں سے دیکھا اور اپنے منفرد انداز میں پیش کیا ہے۔ ان کا ہر افسانہ دیرپا اثر چھوڑتا ہے۔ کردار نگاری کے لحاظ سے تو وہ بہار کی صفِ اول کی افسانہ نگار قرار دی جاتی ہیں۔ وہ آسان، سادہ اور رواں زبان استعمال کرتی ہیں۔ عورتوں کی زبان استعمال کرنے اور ان کے جذبات کی عکاسی کرنے میں وہ صالحہ عابد حسین اور جیلانی بانو کے قریب نظر آتی ہیں۔'' 9

ذکیہ مشہدی کی فن کارانہ مہارت کا اعتراف ناقدین ادب نے بھی کیا ہے۔ جس کی بنیادی وجہ یہ ہے کہ اُنھوں نے اپنے افسانوں میں فنی اور موضوعاتی سطح پر بھی نہایت سنجیدگی کا مظاہرہ کیا ہے اور نظریاتی و فکری اعتبار سے بھی ایک غیر جانبدار تخلیق کار کا رول ادا کیا ہے۔ اُن کے نزدیک ادب میں قدیم و جدید یا ترقی پسند ادب اور جدیدیت سے متاثر ادب کی کوئی تخصیص نہیں ہے۔ اُنھوں نے اپنے افسانوں میں معاشرے کے کمزور اور متوسط طبقوں نیز اُن کے مسائل کو اُجاگر کیا ہے۔ اُنھوں نے Modern Society اور اُس میں پیدا شدہ عورتوں کے مسائل کی عکاسی بھی کی ہے۔ علاوہ ازیں اُن کے افسانوں کے مطالعے سے پتا چلتا ہے کہ وہ عصر

سے نا صرف آگہی رکھتی ہیں بلکہ عصری مسائل کو اپنے افسانوں میں جگہ دے کر بہترین پیرائے میں اظہار بھی کرتی ہیں۔اس تناظر میں وہ اپنے افسانوں کے لیے کردار بھی ایسے گھڑتے ہیں جن کا راست تعلق معاشرے سے ہوتا ہے۔ڈاکٹر احمد صغیر ذکیہ مشہدی کی فن کارانہ بصیرت پر اظہار خیال کرتے ہوئے لکھتے ہیں:

"وہ اپنے افسانوں میں صرف متوسط اور کمزور گھرانوں کی تصویریں نہیں کھینچتی ہیں بلکہ سوسائٹی میں زندگی گزارنے والی عورت کو بھی صفحہ قرطاس پر فنکاری کے ساتھ اس کی تصویر ابھارتی ہیں۔ وہ اپنے اردگرد جو کچھ دیکھتی محسوس کرتی ہیں نیز عصری آگاہی اور سماجی معنویت کو خود اپنے تجربے اور غور وفکر کا حصہ بنا کر افسانے میں بڑی فنکاری سے ڈال دیتی ہیں۔ان کے کردار معاشرے سے الگ نہیں ہوتے۔وہ روزمرہ کی عام زبان استعمال کرتی ہیں جو محض گھریلو ماحول میں بولی جاتی ہے۔بہر حال ذکیہ مشہدی افسانوی دنیا میں ایک باشعور ادیبہ کا درجہ حاصل کر چکی ہیں۔" [۱۰]

ذکیہ مشہدی کے یہاں افسانہ پیش کرنے کا ایک انوکھا اور منفرد انداز ملتا ہے۔جو قاری کے ذہن ودل کو اپنی گرفت میں شروع سے آخر تک لے لیتا ہے۔یعنی اُن کے افسانے نا صرف حقیقت حال کی ترجمانی کرتے ہیں بلکہ پیش کرنے کا ڈھنگ اس قدر غیر معمولی اور نرالا ہے کہ قاری کے لیے تازگی اور دلچسپی کا سامان فراہم کرتے ہیں۔الفاظ کی ترتیب، انتخاب اور جملوں کی ساخت اور اُن کی ترسیل واقعات کی رو میں بہانے کا انداز اُن کے افسانوں کا خاصہ ہے۔جس سے افسانہ نگار کا مقصد بھی پورا ہو جاتا ہے اور قاری بھی تجسس کا دامن پکڑ کر متاثر ہو جاتا ہے۔ڈاکٹر قیام نیر ذکیہ مشہدی کے افسانوں کی خصوصیات پر بات کرتے ہوئے لکھتے ہیں:

"ذکیہ مشہدی بہار کی ایک ایسی خاتون افسانہ نگار ہیں جنہوں نے بہت جلد شہرت اور مقبولیت حاصل کر لی...... انہوں نے افسانہ نگاری کے میدان میں اتنا اونچا مقام حاصل کر لیا ہے کہ ان کے ہم عصر اور بہت سے پرانے لکھنے والے بھی قد میں ان سے چھوٹے نظر آتے ہیں۔ یہ سب ان کی کوششوں اور کاوششوں کا ثمر ہے۔کہانی کہنے کا انداز انہیں خوب آتا ہے۔قارئین ان کی کہانی پڑھ کر محسوس کرنے لگتے ہیں کہ واقعی ان کی نگاہوں کے آگے رونما ہو رہا ہے۔تجسس قائم رکھنا کوئی اُن سے سیکھے۔" [۱۱]

ذکیہ مشہدی کے افسانوں میں عورت ایک نمایاں بلکہ یوں کہہ لیجیے کہ محبوب موضوع ہے۔کیوں کہ اس عالم آب وگل میں عورت ایک اہم تخلیق متصور کیا جاتی ہے۔کیوں کہ عورت کے بغیر زندگی کو محال تصور کیا جاتا ہے۔اس کے کئی روپ ہیں جن سے اُس کی عظمت کا پتا چلتا ہے۔ماں کے روپ میں دلار، بہن بن کر لاڈ، اور بیٹی کی فکر غرض ہر لحاظ سے وہ اپنا ایک خاص مقام رکھتی ہیں۔عورت کے ان متنوع روپ کے

جذبات کی عکاسی ادب میں بھی کی گئی ہے۔

ذکیہ مشہدی چوں کہ خود ایک ادیبہ ہیں اور ایک عورت کے احساسات و جذبات اور کیفیات سے شرابور ہیں۔لیکن یہاں معاملہ محض جنس کا نہیں ہے کہ خود عورت ہونے کے ناطے اُنھوں نے عورت اور اُس سے جڑے مسائل کو اپنے افسانوں میں جگہ دی ہے۔ ذکیہ مشہدی ایک حساس اور سنجیدہ تخلیق کار ہیں؛لہذا وہ معاشرے کے روزمرہ کے مسائل سے آگہی رکھتی ہیں اور اُن کو احاطہ تحریر میں لاتی ہیں۔ پھر وہ مسائل عورت سے جڑے ہوں یا پھر مرد سے متعلق ہوں۔ ہاں اتنا کہہ سکتے ہیں کہ خود عورت ہوکر وہ عورتوں کے احساسات و جذبات کی عکاسی و ترجمانی خوب کرسکتی ہیں۔ذکیہ مشہدی کے افسانوں کے مطالعے سے یہ نتیجہ اخذ کیا جاسکتا ہے کہ اُن کے افسانوں میں انسانی زندگی سے جڑے حالات وواقعات کا ایک بھرپور اظہار ملتا ہے۔یعنی وہ اپنے عمیق مشاہدے اور تجربے کی بنیاد پر سماجی حقائق کو اپنے افسانوں میں جگہ دیتی ہیں۔جس کے لیے اُنھوں نے اپنے افسانوں کے لیے کردار بھی ایسے گھڑے ہیں جو زمین سے جڑے ہیں۔جو اُن کے افسانوں میں قاری کے لیے دلچسپی کا سامان بہم پہنچانے میں کارآمد ثابت ہوتے ہیں۔یہی وجہ ہے کہ اُن کے افسانوں کو قاری دلچسپی کے ساتھ پڑھتے ہیں۔ذکیہ مشہدی کی کہانیاں زمینی حقائق اور انسانی زندگی کے نشیب وفراز سے مملو ہیں۔

◄◄ ● ►►

حوالہ جات:

۱۔پرائے چہرے، ذکیہ مشہدی، پیش لفظ،۱۹۸۴ء، دہلی، (ص ۵)،۲۔''ذکیہ مشہدی کی افسانہ نگاری''، ڈاکٹر محمد کاظم، مشمولہ، اردو کی معروف خواتین افسانہ نگار اور ان کی خدمات، مرتبہ ڈاکٹر نعیم انیس، دسمبر۲۰۱۲، دہلی (ص ۸۲)،۳۔ تاریخ ادب اردو، از وہاب اشرفی، جلد سوم (ص ۱۳۲۶)،۴۔تاریخ ادب اردو، از وہاب اشرفی، جلد سوم، (ص ۱۳۲۶)،۵۔بہار میں ترقی پسند اردو ادب افسانہ، از، ڈاکٹر نزہت پروین (ص ۱۶۴)،۶۔پیش لفظ، تاریک راہوں کے مسافر، از ذکیہ مشہدی، ۱۹۹۳، پٹنہ (ص ۵)،۷۔پرائے چہرے، ذکیہ مشہدی، پیش لفظ،۱۹۸۴ء، دہلی (ص ۷)،۸۔ پیش لفظ، یہ جہانِ رنگ وبو، از ذکیہ مشہدی، ۲۰۱۳، دہلی، (ص ۹)۹اردو کی اہم خواتین افسانہ نگار (صوبۂ بہار کے حوالے سے)، از ڈاکٹر رخسانہ جمیل، ناشر ایم۔آر۔پبلی کیشنز، دہلی،۲۰۱۳، دہلی، (ص ۵۱۔۵۲)، ۱۰۔بہار میں اردو فکشن ایک مطالعہ، از ڈاکٹر احمد صغیر،۲۰۱۴، (ص ۲۸۲۔۲۸۳)،۱۱۔بہار میں اردو افسانہ نگاری ابتداء تا حال، از ڈاکٹر قیام نیئر، طبع دوم 1996ء، (ص ۲۸۲)

● **شبیر احمد لون**

عصمت چغتائی کی فلمی دنیا

عصمت چغتائی اردو ادب کی ایک نمائندہ ناول اور افسانہ نگار ہے انہوں نے ساری زندگی افسانوی ادب کی خدمت کی اور ادبی سرمایے میں ان کے قلم نے بیش بہا اضافہ کیا۔ادبی افق پر جب عصمت چغتائی کی فن کاری کا سورج چمکنے لگا جب آس پاس کا ماحول کچھ ساز گار نہیں تھا۔ ہندوستان میں زبردست تبدیلیاں نمودار ہورہی تھیں ،ایک طرف تحریک آزادی زور پکڑ رہی تھی تو دوسری طرف ترقی پسند تحریک نے فرسودہ ادبی روایتوں کو توڑ کر حقیقی زندگی سے موضوعات لینے شروع کیے تھے۔ایسے ماحول میں ادیبوں اور شاعروں نے حقیقت سے آنکھیں ملانے کا تہیہ کیا۔عصمت چغتائی بھی ترقی پسند تحریک کی حامی تھی اور اس کی کارکن بھی۔ وہ بچپن ہی سے بے باک' آزاد خیال اور صاف گو تھی۔ ترقی پسند تحریک سے ان کی بے با کی میں اور اضافہ ہو گیا اپنی بے با کی کی وجہ سے عصمت چغتائی کو فحش نگار کہا گیا۔اصل میں سماج جن بیماریوں میں مبتلا ہوتا ہے۔ادیب ،قاری کو اسے باخبر کر دیتا ہے۔سماج کی گندگی اور غلاظت اس کے دل پر چوٹ کرتی ہے عصمت چغتائی بھی سماج کے عیبوں کو ظاہر کرتی ہے۔حقیقت یہ ہے کہ مصنف پر کوئی بھی لیبل چسپاں کی جائے۔لیکن اس کا ذہن ہمیشہ سماج کی ناہمواریوں پر مرکوز رہتا ہے جہاں سے وہ اپنا مواد حاصل کرتا ہے اور یہی عالم عصمت چغتائی کا بھی ہے۔

عصمت کی بہت ساری حیثیتیں ہیں وہ ناول نگار' افسانہ نگار' ڈراما نگار اور خاکہ نگار ہے اس کے علاوہ ان کی حیثیت ایک فلم ساز اور اسکرپٹ رائٹر کی بھی ہے۔ فلمی دنیا سے وابستگی کی اصل وجہ شاہد لطیف سے شادی کرنے سے ہے۔کئی معاشقوں کے بعد عصمت نے ۱۹۴۲ء میں شاہد لطیف سے شادی کی۔شاہد ان دنوں فلمی دنیا کی ایک جانی مانی شخصیت اور فلم ساز تھے۔ وہ بھی آزاد خیالی کے حامی تھے افسانہ 'لحاف' کی وجہ سے عصمت پر فحش اور عریانی کا الزام لگا تھا۔ پھر بھی انہوں نے یہ رشتہ ہنستے ہنستے قبول کیا۔سینما کی زندگی میں کبھی کوئی رشتہ حائل نہیں ہوتا ہے عصمت نے اپنے جذبات کے اظہار میں کبھی لاج نہیں کی۔شاہد بھی ایک ایسی دنیا سے وابستہ تھے جہاں کی ہر کوئی چیز جائز مانی جاتی تھی۔ اس لیے شادی کے بعد دونوں نے آزادانہ زندگی گذاری۔ فلموں کے لیے لکھنا عصمت چغتائی کے لیے کوئی مشکل بات نہیں تھی ۔ یہاں ان کے اندر کی مصنفہ نے ان کی مدد کی۔ شفیق احمد لکھتے ہیں:

''وہ اردو ادب سے وابستہ ہونے کے علاوہ فلموں سے بھی وابستہ تھیں۔ انہوں نے کئی فلموں کی کہانیاں لکھیں اور کچھ فلموں کے مکالمے بھی اور دو فلمیں ڈائریکٹ کیں اور ایک فلم پروڈیوس بھی کی۔اس طرح وہ ایسی اردو ادیبہ تھیں جن کا اردو ادب میں ایک مقام رہا اور فلموں میں بھی۔حالانکہ ان کی تحریر کردہ فلموں کی تعداد زیادہ نہیں ہے لیکن ان میں کچھ فلمیں ایسی ہیں جو بہت کامیاب رہیں''۔

(شفیق احمد۔ادبی و فلمی شخصیات، 2015ء۔ص ۱۴۳)

عصمت چغتائی نے سب سے پہلے ۱۹۴۳ء میں کے۔امرناتھ کی ہدایت کاری میں بنی فلم ''چھیڑ چھاڑ'' کی کہانی لکھی اور مکالمے بھی لکھے۔یہ اُن کا پہلا فلمی تجربہ تھا اس کے بعد انہوں نے اپنے شوہر کے دوش بدوش فلمی کام میں ہاتھ بٹایا۔۱۹۴۱ء میں عصمت چغتائی نے اپنا پہلا ناول ''ضدی'' لکھا۔یہ ایک رومانی ناول ہے۔شاہد لطیف نے ۱۹۴۸ء میں اسی ناول پر ''ضدی'' نام کی فلم بنائی۔اس کا منظرنامہ اور مکالمے عصمت نے ہی لکھے۔یہ اپنے زمانے کی ایک کامیاب فلم ہے جس کے نمایاں کردار دیو آنند، کامنی کوشل اور پران تھے۔اس فلم کے لیے کشور کمار نے پہلی بار گانا گایا ہے۔اس فلم کے بارے میں پریم پال اشک لکھتے ہیں:

''۱۹۴۸ء میں بامبے ٹاکیز کے جھنڈے تلے اردو کی ممتاز افسانہ نگار عصمت چغتائی کے ناول ''ضدی'' پر مبنی اسی نام سے ایک فلم آئی تھی۔اس فلم میں کردار نگاری ماحول اور بنیادی کہانی میں فنی امتزاج کوئی اعلیٰ سطح کا نہ تھا۔البتہ اس کے نغمات اور موسیقی غضب کی تھی۔کشور کمار بطور پلے بیک گلوکار اسی فلم کے ذریعہ فلمی دنیا میں داخل ہوئے تھے۔اس میں کامنی کوشل اور دیو آنند نے اداکاری کے عمدہ جوہر دکھائے تھے لیکن اس فلم میں ناول کی روح عنقا تھی''۔

(پریم پال اشک۔ہندوستانی سینما کے پچاس سال، ۲۰۰۰ء۔ص ۹۴۔۹۳)

۱۹۴۸ء میں ہی عصمت چغتائی نے شاہد لطیف کی ہدایت کاری میں بنی فلم ''شکایت'' کے لیے کہانی لکھی۔۱۹۵۰ء میں شاہد لطیف نے دلیپ کمار اور کامنی کوشل کو لے کر ایک اہم فلم بنائی جس کا نام ''آرزو'' ہے۔عصمت چغتائی نے اس فلم کی کہانی کے ساتھ ساتھ اس کے مکالمے بھی تحریر کیے۔یہ اپنے وقت کی ایک کامیاب فلم ثابت ہوئی۔اس فلم کا ایک گانا جو بہت مشہور ہوا تھا جو طلعت محمود کی آواز میں تھا۔

اے دل مجھے ایسی جگہ لے چل جہاں کوئی نہ ہو اپنا پرایا مہرباناں، مہربان کوئی نہ ہو

اس کے بعد عصمت نے جن فلموں کی کہانیاں، منظرنامے اور مکالمے لکھے ان کے نام اس طرح ہیں۔''بزدل'' ۱۹۵۱ء ''شیشہ'' ۱۹۵۲ء ''فریب'' ۱۹۵۳ء ''دروازہ'' ۱۹۵۴ء ''سوسائٹی'' ۱۹۵۵ء ''لالہ

رخ'' ۱۹۵۸ء اور'' سونے کی چڑیاں'' ۱۹۵۸ء ، یہ فلم بھی ایک کامیاب فلم تھی۔ ۱۹۶۷ء میں شاہد لطیف فلم'' جواب آئے گا'' بنا رہے تھے تو ان کا اچانک انتقال ہوا۔ پھر اس کی ہدایت کاری کا ذمہ عصمت چغتائی نے اپنے کندھوں پہ لے لیا۔ ۱۹۷۳ء میں انہوں نے ہدایت کار ایم۔ ایس۔ سیتھو کی فلم'' گرم ہوا'' کی کہانی تحریر کی۔ اس فلم کے مکالمے اور نغمے کیفی اعظمی نے لکھے۔ یہ کہانی ایک ایسے مسلم خاندان کی ہے جس کے کچھ افراد تقسیم کے بعد پاکستان چلے جاتے ہیں۔ سلیم مرزا اس بات پر بضد ہے کہ وہ ہندوستان میں ہی رہے گا یہی اس کا وطن ہے لیکن یہاں سلیم مرزا کی زندگی کا دائرہ تنگ کیا جاتا ہے اس پر کبھی غداری اور کبھی جاسوسی کا الزام لگایا جاتا ہے۔ اس طرح ہمیں سلیم مرزا کی شکل میں ان بہت سے مسلمان گھرانوں کی مصیبت کا پتہ چلتا ہے۔ جنہوں نے تقسیم کے بعد ہندوستان میں رہنا مناسب سمجھا۔ تقسیم ہند کے موضوع پر تمام فلموں میں'' گرم ہوا'' کو ایک اہم مقام حاصل ہے۔ اس زمانے کے مسلم ہندوستانیوں کے درد و کرب کو بہت ہی مؤثر انداز میں پیش کیا گیا۔ سلیم مرزا کا کردار بلراج ساہنی نے ادا کیا اور ایسا کردار نبھایا کہ اصل اور نقل میں فرق کرنا مشکل ہو جاتا ہے۔ عصمت چغتائی کو اس فلم کے لیے بہترین کہانی کار کا فلم فیئر ایوارڈ سے نوازا گیا۔ اس فلم کے بارے میں زین شمسی رقم طراز ہے:

> '' گرم ہوا میں تقسیم کے بعد پیدا ہوئے بحران سے مختلف سوالات کو اٹھایا گیا۔ آخر کوئی مسلمان اپنا وطن چھوڑ کر پاکستان کیوں جائے' صرف مقام کی بات نہیں ہے بلکہ روزگار' کاروبار' گھر' زمین' سماج کو ایک ساتھ اس لیے چھوڑ دے کہ وہ مسلمان ہے؟ اس فلم کا کردار سلیم (بلراج ساہنی) سوال اٹھاتا ہے کہ میں نے پاکستان مانگا تھا؟ جس نے مانگا تھا اور جس نے بنایا وہ جائے میں کیوں جاؤں''۔
>
> (زین شمسی۔ اردو دنیا۔ فروری ۲۰۱۳ء۔ ص ۳۴)

ہدایت کار شیام بینیگل کی ایک اہم فلم'' جنون'' ۱۹۷۹ء میں پردہ سیمین کی زینت بنی یہ ایک انگریزی کہانی پر مبنی فلم تھی جس کا اسکرپٹ کیفی اعظمی نے تیار کیا تھا اور مکالمے عصمت چغتائی نے تحریر کیے۔ اس فلم میں انہوں نے ایک مسلم خاتون کا کردار بھی نبھایا۔ اس سے پہلے انہوں نے کبھی کسی تھیٹر اور فلم میں کام نہیں کیا تھا۔ کردار میں ایسی جان ڈال دی کہ لگتا نہیں کہ یہ ان کی پہلی فلم تھی۔ اس کے علاوہ عصمت چغتائی نے دو دستاویزی فلمیں بنائی جن کا نام'' مائی ڈریم'' اور'' علی سردار جعفری'' ہیں۔ ان کی لکھی ہوئی کہانیاں بہت ہی چست ہوتی تھیں۔ مکالمے کرداروں کے عین مطابق لکھتی تھیں جس کردار کے لیے لکھا اس کو ابھارنے میں کامیاب ہوگئی۔

● شافعہ بانو

معاصر اردو افسانوں میں خواتین کے مسائل

معاصر اردو افسانہ کے بارے میں کہا جاتا ہے کہ اس کی ابتدا جدیدیت کے زیر اثر ۱۹۷۰ء میں ہوئی۔ معاصر افسانہ دراصل وہ افسانہ ہے جو کسی تحریک یا رجحان سے وابستہ نظر نہیں آتا ہے۔ بلکہ معاصر افسانہ نگاروں نے وابستگی اور اجنبیت سے اجتناب کر کے زندگی، معاشرہ اور کائنات سے اپنی وابستگی کا اظہار کیا ہے۔ معاصر افسانہ نگاروں کے موضوعات متنوع اور مختلف ہوتے ہیں۔ جن موضوعات کو وہ اپنے افسانوں میں اُٹھاتے ہیں، اُن کا تعلق آج کے دور کے انسان اور گردونوح کی فضا سے ہوتا ہے۔ اس کے ساتھ ہی معاصر افسانوں میں خواتین کے مسائل کو بھی بڑی اہمیت دی جا رہی ہے۔ چونکہ عورت قدرت کی ایک ایسی شاہکار تخلیق ہے جو خود ایک خالق کی حیثیت رکھتی ہے۔ اپنی بے لوث محبت، ایثار، خدمت اور رنگارنگ شخصیت کے سبب اس دنیا کے چمن کو سیراب بھی کر رہی ہے اور فروغ بھی دے رہی ہے۔ اگر زمانۂ قدیم پر نظر دوڑائی جائے تو پتہ چلتا ہے کہ عورت کو بے انتہا ذلت کی نگاہ سے دیکھا جاتا تھا۔ مختلف ملکوں اور مختلف مذاہب میں اس کی نوعیت مختلف تھی، اس کی بے حرمتی اور بے جا ظلم و زیادتیاں ہر ملک اور ہر قوم میں روا تھیں۔ یونان، روم، چین، عرب اور مغربی ممالک کے ہر مذہب میں عورت مظلوم، محکوم اور لونڈی رہی تھی۔ پھر آہستہ آہستہ وقت بدلا اور سماجی تقاضے بدلے تو عورت کی زندگی میں بھی تبدیلیاں رونما ہوئیں۔ ادب میں پہلی بار عورتوں کے وجود اس کے حقوق اور تحفظ کی پامالی پر یعنی عورتوں کے مسائل پر لکھا گیا۔ اس سلسلے میں پہلی تانیثی کتاب A Vindication Of The Right OF The Women منظرِ عام پر آئی۔ جس کی مصنفہ میری وال سٹون کرارفٹ تھیں۔ اس میں مصنفہ نے خواتین اور ان کے مسائل پر کھل کر بات کی اور پھر آہستہ آہستہ یہ آواز ایک تنظیم اور تحریک کی شکل اختیار کرتی گئی اور یہ سلسلہ ہنوز جاری ہے۔

اُردو افسانوی ادب میں بھی خواتین کے مختلف مسائل کو اُجاگر کرنے کی کوشش ابتدا سے ہی کی گئی ہے۔ مثال کے طور پر پریم چند کے افسانے 'نئی بیوی' اور 'کفن' میں عورت پر ہو رہے ظلم و جبر اور تشدد کی اصل اور حقیقی منظر کشی کی گئی ہے۔ اس کے بعد ترقی پسند دور میں 'انگارے' میں رشید جہاں، عصمت چغتائی اور سعادت حسن منٹو وغیرہ نے خواتین کے مسائل پر افسانے قلم بند کئے۔ بعد کے قلم کاروں نے بھی اس روایت کو آگے بڑھاتے ہوئے افسانوی ادب کا ایک طویل سفر طے کیا اور آج عصرِ حاظر میں معاصر افسانہ نگار خواتین کے

مختلف مسائل، ان کی سماجی، سیاسی و معاشی حالت پر قلم آزمائی کر رہے ہیں اور خواتین کے مسائل کو سامنے لانے کی سعی کر رہے ہیں۔ جن میں عبد الصمد، ذکیہ مشہدی، قمر جہاں، واجدہ تبسم، شائستہ فاخری، اقبال مجید، ترنم ریاض، ساجد رشید وغیرہ کے نام قابل ذکر ہیں۔ اس مختصر سے مضمون میں تفصیل کی گنجائش نہیں ہے۔ اس لئے چند معاصر افسانوں پر اکتفا کر کے خواتین کے مسائل کی نشان دہی کی جائے گی۔

''دیوی'' عبد الصمد کا ایک ایسا افسانہ ہے جس میں عورتوں کے مسائل پر روشنی ڈالی گئی ہے۔ 'روپ کنول' اس کہانی کا مرکزی کردار ہے۔ روپ کنول ایک پڑھی لکھی لڑکی ہے۔ جو کہ خود شوہر کے ساتھ ستی ہونے کا اعلان کر دیتی ہے اور تمام لوگ اس کو ستی ماتا کے روپ میں تسلیم کرتے ہیں اور اس کو دیوی کا درجہ دیتے ہیں اس کی پوجا وغیرہ کرتے ہیں۔ 'روپ کنول' تمام عمر ساس اور سسر کے ظلم کے سبب ستی ہونے کا اعلان کرتی ہے اور اس ظلم کے سبب اس کے اندر نرمی اور معصومیت ختم ہو جاتی ہے۔ دیوی بننے کی جو وجہ ہوتی ہے وہ اس کا انتقام ہے۔ اس کے دکھوں کا خاتمہ اور سماج کے منہ پر احتجاج بھرا طمانچہ مارنے کا موقع وہ ہاتھ سے جانے نہیں دینا چاہتی تھی۔ ظالم ساس کو ہاتھ جوڑ کر پوجتے ہوئے دیکھ کر اس کے دل میں سکون پیدا ہوتا ہے۔ یہاں پر عبد الصمد نے اس کہانی میں وحشیانہ ظلم و جبر کے خلاف عورت کا احتجاج 'دیوی' کے روپ میں دکھانے کی بھرپور کوشش کی۔ انہیں اس سماج سے سخت چڑ ہے جو عورتوں کو غلام بنائے رکھنے پر کمربستہ ہے اور ان پر بے جا ظلم کرتے ہیں۔ اگرچہ یہ افسانہ ظالم طبقے کے مسائل پر مبنی بہت سے موضوعات کا احاطہ کئے ہوئے ہے لیکن جو خیال ابھر کر سامنے آیا ہے وہ خواتین کی زندگی اور ان سے متعلق مسائل ہیں۔ اس افسانے میں عورتوں کی مظلوم زندگی کی تصویرکشی نہایت ہی خوبصورت انداز میں کی گئی ہے۔

معاصر افسانہ نگاروں میں ذکیہ مشہدی بھی ایک خاص مقام رکھتی ہیں۔ ذکیہ مشہدی نفسیات کی طالب علم رہی ہیں۔ اس لئے انہیں خواتین کی نفسیات پر ملکہ حاصل ہے وہ جس طرح خواتین کی نفسیات کی ترجمانی کرتی ہیں اس کی مثال خال خال ہی نظر آتی ہے۔ عورت ہونے کے ناطے وہ عورت کے سماجی جبر و استحصال سے بخوبی واقف ہیں اور چاہتی ہیں کہ مرد بالادستی والے سماج کے خلاف آواز بلند کی جائے۔ عورت کے بنیادی مسائل، اس کی جنسی کیفیات اور آرزوؤں، اُمنگوں کے علاوہ سماج میں اس کے بہتر مقام پر خاصا زور دیتی ہیں۔ ذکیہ مشہدی کے نزدیک مرد کی عیاش طبیعت اکثر عورت کو دھوکہ دیتی ہے اور اس کے ساتھ بے وفائی کرتی ہے۔ اس سلسلے میں ذکیہ مشہدی کا افسانہ ''چرایا ہوا سکھ'' بہترین مثال ہے۔ اس افسانے میں دو شادی شدہ مرد و عورت کی کہانی بیان کی گئی ہے۔ اجیت اور اپیتا کی خوشگوار زندگی میں مسز کھنہ جیسی جنس زدہ عورت داخل ہو جاتی ہے تو اجیت نام کا مرد جو اپنی بیوی اپیتا سے بے پناہ محبت کرتا ہے۔ مگر جب مسز کھنہ ان کی کرایہ دار بنتی ہے تو وہ اسے اپنی طرف مائل کر لیتی ہے۔ کیونکہ مسز کھنہ کے شوہر اپنے دفتری کاموں کے سلسلے میں اکثر ٹور پر رہتے ہیں۔ ان کے پاس اتنا وقت نہیں کہ وہ اپنی جوان بیوی کی جنسی خواہشات کو پورا کر سکیں۔ اس لئے مسٹر کھنہ کی غیر موجودگی میں اجیت وہ سارے کام انجام دیتا ہے جو کھنہ کے ذمہ تھے۔ اس افسانے سے ایک اقتباس ملاحظہ فرمائیں:

''آیئے بھئی کیا سوچ رہے ہیں؟'' کھڑکی کا پردہ اٹھا۔ مسز کھنہ ناک کی لونگ جگمگائی۔ اجیت اندر داخل ہوا۔ کمرے کی ہر چیز میاں بیوی کے نفیس ذوق اور آرام طلب مزاج کی غماز تھی اس نے ایک نظر مسز کھنہ پر ڈالی۔ وہ بے نیازی سے بالوں میں برش پھرا رہی تھیں تقریباً بیک لیس چولی سے اُس کی سہنری کمر جھانک رہی تھی۔ اجیت پر پھر وہی دورہ پڑا۔ جی چاہا انہیں چھوکر دیکھے۔ کچھ لوگ اصلی نہیں معلوم ہوتے۔ تخیل کا واہمہ محسوس ہوتے ہیں۔'' آپ کی خاطر میں نے امیتا کو تنہا ہی بھیج دیا۔''اجیت'' ''آپ کی خاطر'' پر زور دیتا ہوا بولا۔'' (چرایا ہوا سکھ، مشمولہ: بیسویں صدی میں خواتین کا اردو ادب، صفحہ ۳۱۰)

اس افسانے میں ذکیہ مشہدی نے مرد کو عیاش، دغاباز اور بے وفا قرار دیا ہے پوری کہانی میں دو عورتوں کا کردار جن میں ایک نیک اور باوفا بیوی کا کردار ہے اور دوسری بدچلن اور جنس زدہ ہے مگر عورت کو بد چلنی کی راہ پر مرد ہی گامزن کرتا ہے۔ دوسری طرف اجیت جیسا عیاش اور بے وفا مرد ہے جو اپنی سیدھی سادی اور حسین بیوی سے دغا کرتا ہے۔ اس افسانے کے ذریعے ذکیہ مشہدی نے بڑی بے باکی سے عورتوں کے اہم مسائل کو سامنے لایا۔ کہانی بالآخر مرد اور عورت کے جسمانی اختلاط پر ختم ہو جاتی ہے۔ انہوں نے اپنے افسانوں میں اُن تمام سماجی قدروں کو نشانہ بنایا جن کی وجہ سے خواتین کا استحصال کیا جا رہا ہے۔

قمر جہاں بھی معاصر افسانہ نگاروں میں ایک منفرد مقام رکھتی ہیں۔ انہوں نے بھی عورتوں کے مختلف مسائل پر لکھا۔ عورتوں کی ذہنی کشمکش کی مرقع کشی میں انہیں مہارت حاصل ہے۔ دراصل اس کی بنیادی وجہ یہ ہے کہ عصری منظر نامے میں تعلیم یافتہ برسر روزگار خواتین کو بیک وقت خارجی اور داخلی دونوں محاذوں پر جس طرح مقابل ہونا پڑ رہا ہے اور جس کرب ناک صورتِ حال سے دوچار ہو کر ان کا سکون درہم برہم ہو رہا ہے اس کا نہ صرف گہرا مشاہدہ قمر جہاں کو ہے بلکہ عمیق تجربات سے بھی انہیں آئے دن گزرنا پڑتا ہے۔ چنانچہ اس ذہنی کشمکش، تصادم اور حیات و کائنات کے کربناک ماحول اور فضا کو خونِ جگر سے سینچ کر انہوں نے کہانی جنم دی ہے۔ اپنے افسانوں میں انہوں نے موجودہ دور کی عورت کے مسائل اور اس کی الجھنوں کو منظرِ عام پر لایا ہے جیسے ان کا ایک افسانہ ''آج کی عورت'' جس میں انہوں نے ایسی عورت کی کہانی پیش کی جو سرکاری ملازمت کرتی ہے۔ ایک کالج لائبریرین کے عہدے پر کام کرتی ہے۔ جس میں انہوں نے دکھایا کہ آج کی عورت دوہری ذمہ داری نبھا رہی ہے اور اس صورت میں اُس کی حالت قابل رحم ہے۔ لیکن مرد بالادستی والے سماج کے پاس انصاف والی آنکھیں نہیں ہیں۔ افسانہ ''آج کی عورت'' کی ابتدا مصنفہ نے جس طرح سے کی ہے وہیں سے ایک ملازم پیشہ عورت کی بھاگ دوڑ اور اس کے انتشار زدہ ذہن کا پتہ چلتا ہے۔ مثلاً قمر جہاں نے اس افسانے کا آغاز ان الفاظ میں کیا ہے:

''اُس نے دونوں بچوں کو ٹفن دے کر اسکولی بس پر سوار کیا اور پھر جلدی

سے آ کر منا کے لئے دودھ تیار کرنے لگی۔ دودھ پاٹ میں ڈال کر جلدی جلدی ٹھنڈا کیا۔ پھر دودھ کی بوتل بچہ کے ننھے منے ہاتھوں میں تھما کر خود باتھ روم میں گھس گئی۔ دو ہی منٹ میں باتھ روم سے نکل کر بیڈروم میں آئی اور ہینگر پر لگی ہوئی ساڑی اپنے جسم کے گرد لپٹتے ہوئے آئینہ کے سامنے جا کھڑی ہوئی۔ جلدی جلدی ہلکا سا میک اپ کیا۔ بچہ کے قریب آئی۔ ایک پیار بھرا بوسہ اس کی پیشانی پر دیا اور تیزی سے سیڑھیاں اترنے لگی۔ چلتے چلتے رسٹ واچ پر نظر ڈالی اور یہ محسوس کرتے ہوئے کہ گھڑی کی سوئی بڑی تیزی سے آگے بڑھ رہی ہے۔ وہ بھی گھڑی کی سوئی کی رفتار سے بھاگنے لگی۔ یہ روز روز کی بھاگ دوڑ بھی کیسی عجیب ہوتی ہے۔ وہ ہر روز سوچتی ہے کہ وقت سے پہلے ہی تیار ہو کر گھر سے نکل جائے گی لیکن ہر روز کچھ نہ کچھ ایسا ہو جاتا ہے کہ تاخیر ہو ہی جاتی ہے اور اس وقت اُسے احساس ہوتا ہے کہ نوکری کرنے والوں کے لئے کبھی کبھی پانچ منٹ بھی کتنے قیمتی ہوتے ہیں۔'' (مشمولہ، بہار میں اردو افسانہ نگاری، مرتبہ: وہاب اشرفی اور احمد حسین آزاد (بہار اردو اکادمی ۱۹۸۹ء صفحہ ۶۸۱)

اس کہانی میں قمر جہاں نے عصر حاضر کی عورت کی جو بھاگ دوڑ دکھائی ہے وہ اس بات کا سراغ فراہم کرتی ہے کہ مردانہ سماج کے وضع کردہ اصولوں اور روایات کے خلاف اگر چہ عورت نے بغاوت کا اعلان کر دیا ہے لیکن اس بدلے میں اُسے بہت سی اُلجھنوں اور دقتوں کا سامنا کرنا پڑ رہا ہے اور وہ آئے دن ذمہ داریوں کے بوجھ تلے دبتی چلی جا رہی ہے۔

الغرض ان چند معاصر افسانہ نگاروں کی کہانیوں کے مطالعے سے یہ بات واضح ہو جاتی ہے کہ قدیم دور کی عورت اور جدید دور کی عورت میں بہت فرق آ چکا ہے۔ آج کی عورت اگر چہ سیاسی، سماجی اور معاشی طور پر ترقی پزیر اور خود کفیل ہو چکی ہے اور وقت پڑنے پر مصیبتوں کا مقابلہ کرنے کی ہمت و طاقت اس میں پیدا ہو گئی ہے، خود اعتماد اور خودداری جیسے بیش بہا جذبات بھی پیدا ہو گئے ہیں، تعلیم یافتہ ہے، بچوں کی پرورش و پرداخت بخوبی کر سکتی ہے، یعنی آج کی عورت زندگی کے کسی بھی شعبے میں مرد سے پیچھے نہیں ہے لیکن اس کی ذمہ داریوں کا بوجھ بڑھ گیا ہے، اس کے مسائل اور اس کے استحصال اور اجبار کے نئے طریقے اس کے سامنے ہیں۔ معاصر افسانوں میں عورت موضوع بنی ہوئی ہے۔ اردو معاصر افسانہ نگار عورتوں کی تبدیل ہوتی ہوئی دنیا، ان کے موضوعات پر سب سے زیادہ توجہ دے رہے ہیں اور ان کے مسائل کی تصویر کشی بہتر طور پر کر رہے ہیں۔

◀◀ ● ▶▶

● عروسہ فاروق

ممتاز شیریں کی افسانوی کائنات

ممتاز شیریں اردو ادب کے افق پر ایک ایسا درخشندہ ستارہ ہے جو نہ صرف ایک بہترین افسانہ نگار ہے بلکہ ایک معتبر نقاد، کامیاب مترجم اور قابلِ تحسین مدیر کے حیثیت سے بھی جانی جاتی ہیں۔انہوں نے اپنے ادبی سفر کا آغاز ۱۹۲۲ء سے شروع کیا ہے۔اپنے ہم عصروں کی بہ نسبت انہوں نے بہت کم لکھا ہے۔ان کے افسانوں کے دو مجموعے''اپنی نگریا''(۱۹۴۷ء)اور''میگھ ملہار''(۱۹۶۲ء) میں شائع ہو چکے ہیں۔انہوں نے مغربی ادب کا گہرائی سے مطالعہ کر کے جدید تکنیک کا استعمال کیا،شعور کی رو، آزاد تلازمہ خیال ان کے افسانوں میں جا بجا نظر آتا ہے۔

ممتاز شیریں کا پہلا افسانہ''انگڑائی''رسالہ ساقی ۱۹۴۳ء میں شائع ہوا۔اس افسانے سے ممتاز شیریں ادبی حلقوں میں بحیثیت افسانہ نگار کے طور پر سامنے آئیں۔بقول محمد حسن عسکری:

> ''ممتاز شیریں اردو کے ان چند لکھنے والوں اور لکھنے والیوں میں سے ایک ہیں جن کی تعریف ہی ان کی شہرت سے شروع ہوتی ہے۔انہیں مشہور ہونے کے لیے انتظار نہیں کرنا پڑا بلکہ پہلے ہی افسانے کے بعد ادب کے شائقین کی توجہ اپنی طرف مبذول کر لی۔''[۱]

ان کا پہلا افسانوی مجموعہ''اپنی نگریا''محمد حسن عسکری کے دیباچے کے ساتھ مکتبہ جدید لاہور سے شائع ہوا۔اس مجموعے میں چھ افسانے''آئینہ''، انگڑائی، گھنیری بدلیوں میں، اپنی نگریا، رانی اور شکست شامل ہیں۔

ممتاز شیریں نے اپنی بیشتر کہانیوں میں عورت کی کامیاب ازدواجی زندگی کو موضوع بحث بنا کر پیش کیا ہے۔انہوں نے عموماً زندگی کے خوشگوار لمحات کی عکاسی کی ہے۔ان کے یہاں ترقی پسندی کے تمام عکس صاف نظر آتے ہیں۔ممتاز شیریں نے عورت کو گھر کی زینت بنا کر پیش کیا ہے۔افسانہ''آئینہ''اس کی بہترین مثال ہے۔متذکرہ افسانے میں ماضی اور حال کا بہترین امتزاج ملتا ہے۔افسانے میں بوڑھی''نانابی''کا کردار خوبصورت انداز سے پیش کر کے افسانے میں مشرقی عورت کو برتا گیا ہے۔اس افسانے میں اس بات پر زور دیا گیا ہے کہ شوہر جیسا بھی ہو بیوی محبت کرنے والی، وفادار اور اطاعت گزار ہونی چاہئے،شوہر کتنے بھی ظلم و

جبر کیوں نہ کرے بیوی پھر بھی مسکرا کر پیش آنی چاہیے۔کہانی کا مرکزی کردار ایک وفادار بیوی (نانابی) ہے۔وہ اپنے شوہر کی فرمابردار ہونے کے ساتھ ساتھ شوہر کے تمام ظلم و جبر کو بہ آسانی اور خوشی خوشی برداشت کرتی ہے۔وہ اپنی زندگی کا مقصد صرف شوہر سے والہانہ محبت، وفاشعاری اور خدمت گزراری سمجھتی ہے۔افسانے میں عورت کی ہمدردی اور جذبہ کو انتہائی موثر طریقے سے بیان کیا گیا ہے۔افسانے میں نانابی کو اس کا شوہر شراب کی حالت میں ہر روز پیٹتا ہے لیکن وفاشعار زہرہ اُف تک نہ کرتی بلکہ اسے شوہر کا حق جان لیتی ہیں:

> ''شراب کے نشہ میں چور آدھی رات کو آتے اور جیور کے لیے تکھا جا کرتے ۔کبھی ہاتھ روک لیتی تو بس شامت ہی آجاتی ۔اتنا مارتے اتنا مارتے ،لاتوں سے گھونسوں سے ،لکڑے کہیں دیکھ پاتے تو اس سے بھی دھڑک پیٹتے۔'' (افسانہ آئینہ)

نانابی میں مشرقیت کوٹ کوٹ کر بھری ہوئی ہے۔کہیں پر بھی احتجاج کی آواز نہیں ہے۔اتنے ظلم و جبر کے بعد بھی وہ کسی سے کوئی شکایت نہیں کرتی اور ہمیشہ معاف بھی کرتی اور عزت سے بھی پیش آتی ہیں۔دراصل افسانہ شوہر کے مرتبے اور شادی شدہ زندگی کی اہمیت پر روشنی ڈالتا ہے۔شادی ایک مقدس بندھن ہے۔ایک بار بندھ گیا پھر موت ہی دونوں کو الگ کرسکتی ہے۔مصنفہ نے اس بات کو مدِنظر رکھ کر افسانے کا تانا بانا پیش کیا ہے۔افسانہ حال سے شروع ہوتا ہے جہاں پروین (منھی) آئینے میں اپنا عکس دیکھتی ہے، حال سے اچانک رشتہ ٹوٹ کر پروین کے خیالوں سے ہی افسانہ ماضی کی اور رخ کرتا ہے جہاں ہمیں نانابی اور اس کی روداد سے ہمکنار کرایا جاتا ہے۔اور آخر پر افسانے کو پھر حال میں لاکر پروین پر ہی اختتام کرایا جاتا ہے۔نانابی پروین کی اناتھی اور اسے طرح طرح کی کہانیاں سنایا کرتی تھیں۔ایک دن نانابی نے اسے اپنی رودادِ قلب سنائی جو اس نے اس سے پہلے کسی اور کو نہیں سنائی تھی۔

> ''نانابی! تم سچ میں کتنا دکھ اٹھائی ہو۔کیسا خراب تھا تمہارا آدمی۔تمہیں یوں مار کر تمہارے اچھے اچھے زیور چھین لیتا تھا؟ کیسا خراب آدمی۔تمہیں اس کی صورت دیکھ کر نفرت ہوتی تھی نا؟''
>
> ''کیا بتاؤں تمہیں وہ کیسا تھا، کیسا ہنس مکھ تھا، بیابانکا سجیلا جوان! گھٹا ہوا بدن، چوڑا چکلا سینہ۔اور صورت کا تو کیا کہنا،'' (افسانہ آئینہ)

افسانے کے اقتباس سے احساس ہوتا ہے کہ ظلم و جبر کی انتہا کو پہنچ کر بھی نانابی کو اپنے شوہر سے کوئی شکایت نہیں تھی۔ظلم سہ کر بھی وہ اپنے شوہر کی عزت کرتی تھی اور انہیں شہزادہ کہہ کر پکارتی تھی۔دراصل موصوفہ نے نانابی کے کردار کے ذریعے یہ دکھانے کی کوشش کی ہے کہ عورت کی لاج وشرم اپنے شوہر سے محبت کرنے

میں پنہاں ہیں۔مزکورہ افسانے کی تعریف کرتے ہوئے خود افسانہ نگار اپنا اظہارِ خیال یوں کرتی ہیں؛

''میں آئینہ کو اپنا بہترین افسانہ سمجھتی ہوں یہ افسانہ ایک شدید تخلیقی امنگ کے تحت لکھا گیا ہے۔یہ افسانہ خاص طور سے مجھے اس لیے پسند ہے کہ اس میں زندگی کی ٹریجڈی ہے۔''۲

ممتاز شیریں کے مطابق ازدواجی زندگی کی سیڑھی صرف عورت کی وجہ سے کھڑی اور ٹھہری ہوتی ہے۔اگر عورت اس رشتے سے ایک قدم پیچھے ہٹا لے تو اس میں کچھ باقی نہیں رہے گا۔انہوں نے عورت کے مقابلے میں زیادہ درجہ مرد کو دیا ہے۔عورتوں کو بنیادی حیثیت نہ دیتے ہوئے ان کو زندگی کی نشوونما کے لیے لازمی جز قرار دیا ہے۔ان کی افسانوں کی قراءت سے معلوم ہوتا ہے کہ ازدواجی محبت اور ازدواجی زندگی ممتاز شیریں کا پسندیدہ موضوع رہا ہے۔

انسانی نفسیات کا ایک پہلو یہ ہے کہ ہر انسان زندگی کے مختلف ادوار میں مختلف چیزوں کا خواہش مند رہتا ہے، جو چیز بچپن میں پسند آتی ہے بلوغت کی عمر تک آتے آتے اس چیز سے انسان کبھی کبھی نفرت بھی کرنے لگتا ہے۔غرض یہ کہ انسان کی پسند ناپسند زندگی کی نشوونما کے ساتھ ساتھ بدلتی رہتی ہے۔اردو میں بیشتر ایسے افسانے اور ناول ہیں جن میں لڑکیوں کی ابتدائی بلوغت میں ہونے والی تبدیلیوں کو موضوع بنایا گیا ہے،ممتاز شیریں کا افسانہ''انگڑائی''اس کی بہترین مثال ہے۔

افسانے میں گلنار ابتدائے بلوغت سے اپنی استانی مس فنانس سے جذباتی طور پر وابستہ ہو جاتی ہے جسے حسن عسکری نے''ہم جنسی میلان'' کا نام دیا ہے۔گلنار بلوغت کے پہلے دور میں اپنی ہی جنس کی طرف مائل ہو جاتی ہے لیکن ذہنی شعور کے بعد وہ مخالفِ جنس کی طرف مائل ہو جاتی ہے۔افسانے میں ماضی اور حال کو دکھایا گیا ہے۔حال میں گلنار پرویز کی محبت میں گرفتار ہو جاتی ہے لیکن گلنار ماضی کو بار بار یاد کرتی ہے اور مس فنانس سے لگاؤ اسے ذہنی انتشار میں مبتلا کرتا ہے۔ممتاز شیریں کا کمال یہ ہے کہ انہوں نے گلنار کی شخصیت کو منجمد بنا کر نہیں بلکہ اس کی شخصیت کو فعال بنا کر پیش کیا ہے۔افسانے میں گلنار کی شخصیت جس طرح نشوونما پاتی ہے وہ ایک فطری امر ہے جسے ممتاز شیریں نے فنی چابکدستی سے پیش کیا ہے۔حسن عسکری کے اس قول کو مدِ نظر رکھ کر افسانہ اس بات کی تصدیق خود کرتا ہے کہ گلنار''ہم جنسی میلان'' کے مرض میں مبتلا ہے۔

''گلنار! نہ جانے تم مس فنانس پر مرتی ہو وہ کون سی ایسی حسین ہیں کہ بلکہ انہیں بدصورت بھی کہا جائے تو بے جا نہ ہوگا۔جی چاہتا ان چڑیلوں کے منہ نوچ لوں۔انہیں کیا معلوم کہ وہ مجھے کیسی حسین نظر آتی تھیں؛''(افسانہ انگڑائی)

افسانے میں ہم جنسی اور مخالفِ جنس دونوں طرح کے جذبات کو برانگیختہ کیا گیا ہے۔بقولِ ڈاکٹر فوزیہ اسلم:

''جب عمر بلوغت کی حدود میں داخل ہوتی ہے تو گلنار کے خارج میں ہونے والی تبدیلیاں داخل میں ایک انگڑائی لے کر اس کے سارے نفسیاتی تناظر کو تبدیل کر دیتی ہیں اور اس کی توجہ ٹیچر یعنی ہم جنسی سے ہٹ کر پرویز یعنی جنسِ مخالف کی طرف مبذول ہو جاتی ہے''۔ ۳

ڈاکٹر فوابیہ اسلم کے اس قول میں کوئی شک نہیں کہ ہم جنسی سے جنس مخالف کا سفر طویل کرتی ہیں۔ممتاز شیریں نے افسانے میں اس بات کو یوں اجاگر کیا ہیں؛

''پھر جیسے دماغ میں خیالات سے یکلخت خالی ہو گیا ہو۔اور ان کی جگہ پرویز! پرویز! پرویز! اور میں ایک حسین دنیا میں جا پہنچی ،جذبات کی ایک رنگیں دنیا ،ہاں نہایت حسین ،کالج اور مس فنانس والی دنیا سے کہیں زیادہ حسین!'' (افسانہ انگڑائی)

افسانہ انگڑائی کی قابلِ تحسین بات یہ ہے کہ افسانہ کوئی بناوٹی کہانی کو پیش نہیں کرتا ہے بلکہ کہانی حقیقی زندگی پر مبنی ہے۔ممتاز شریں نے گلنار کے کردار میں جو تبدیلی پیدا کی ہیں وہ بناوٹی یا خارجی نہیں ہے بلکہ داخلی تبدیلی ہے، جو حقیقت سے لبریز ہیں۔

افسانہ''گھنیری بدلیوں میں'' کا موضوع ازدواجی زندگی ہے۔افسانے کا مرکزی کردار''نجمہ'' جو شادی کے کئی سال گزرنے کے بعد بھی اپنے شوہر سے بے پناہ محبت کرتی ہے۔شوہر کا ہر کام خوش اسلوبی سے انجام دیتی ہے۔لیکن جمیل کی دفتری زندگی اور مطالعے کے شوق نے نجمہ کو بے حد پریشان کیا ہے۔جمیل نجمہ کے لیے فرصت کے لمحات نہیں نکال پاتا پھر بھی نجمہ شوہر سے شکایت کیے بنا خود سے روٹھ جاتی اور خود ہی مان بھی جاتی ہے۔جمیل کی بے رخی اور نجمہ کی پریشانی سے کہانی کا دائرہ وسیع سے وسیع تر ہو جاتا ہے۔آخر کار اس کشمکش میں مبتلا رہنے کے بعد نجمہ پر مایوسی کا عالم چھا جاتا ہے اور جمیل اسے اپنے بانہوں میں بھرتا اور پیار کرنے لگتا ہے۔اس طرح سے نجمہ کی ساری شکایتیں دور ہو جاتی ہیں۔افسانے میں شروعات سے آخر تک نجمہ کے خیالوں کا تسلسل برقرار رکھا ہے۔نجمہ اپنے شوہر سے جو چاہتی ہے وہ دنیا صرف خوابوں اور خیالوں تک محدود تھی۔مصنفہ نے نجمہ کی کشمکش کو افسانے کے آخر تک فنی چابکدستی سے قائم و دائم رکھا ہے جس میں مصنفہ کامیاب ہوتی دکھائی دیتی ہیں۔

''نجمی! میری جان'' اور وہ اس کے سینہ میں منہ چھپا کر پھوٹ پھوٹ کر روئے گی اتنا کہ اس کا دل پگھل کر آنکھوں کے رستے بہہ جائے جمیل اس کا سر اپنے سینے سے لگا کر اسے تسلی دے گا'' (افسانہ گھنیری بدلیوں میں)

افسانے میں نئی بات یہ ہے کہ ایک بچہ ہونے کے باوجود بھی نجمہ اپنے شوہر سے ایسے محبت کرتی

ہے جیسے شادی کی ابتداء اب ہو چکی ہو۔ دراصل ذمہ داریوں کے بوجھ تلے بیوی اور شوہر کی محبت میں کمی آجاتی ہے اور بچہ ہونے کے بعد ساری توجہ بچے کی اور چلی جاتی ہے، لیکن موصوفہ نے افسانے میں اس کے برعکس دکھانے کی کوشش کی ہے۔ عورت ہمیشہ اپنے شوہر کی توجہ اور محبت چاہتی ہے، اس کے عوض وہ شوہر کے سارے کام خوشی خوشی کرتی ہیں۔ افسانے کی نجمہ اس کی بہترین مثال ہے۔

نجمہ ایک فعال کردار ہے جس کی خواہشات شادی کے بعد بھی ویسی ہی رہتی ہے جیسے کہ ابتدائی دور میں تھی۔ اس حوالے سے ممتاز شیرین خود ''اپنی نگریا'' کے دیباچے میں یوں لکھتی ہیں؛

> ''گھنیری بدلیوں میں' اپنی نگریا اور انگڑائی بڑی حد تک آٹو گرافک ہیں، اس میں موضوع الگ ہیں، ''گھنیری بدلیوں میں'' میں کوئی خاص موضوع نہیں ہے۔ اس میں میاں بیوی کی محبت ہے اور یہ کہ شدید محبت کی وجہ سے بیوی شوہر کی معمولی مصروفتیں بھی اپنی رقیب معلوم ہونے لگتی ہیں، اس افسانے میں جو خاص بات ہے وہ اسکا پیش کرنے کا انداز ہے'' ۴

افسانہ ''رانی'' ایک نچلے طبقے کے میاں بیوی کی داستان محبت ہے۔ افسانہ رانی ممتاز شیریں کے دوسرے افسانے ''گھنیری بدلیوں میں'' کے بالکل برعکس ہے۔ متذکرہ افسانے میں بیوی اپنے شوہر کی توجہ کو ترستی ہے جبکہ افسانہ رانی میں بیوی اپنے شوہر کے بیمار ہونے پر دل و جان سے خدمت کرتی ہے اور بدلے میں شوہر کی توجہ اور محبت پاتی ہے۔ افسانے کی تکنیک کے حوالے سے ابو بکر عباد اپنی تصنیف ''ممتاز شیریں، ناقد، کہانی کار'' میں یوں اظہارِ خیال کرتے ہیں؛

> ''رانی میں دو طرح کی تکنیک استعمال کی گئی ہے۔ ایک واحد غائب کا بیانیہ، دوسری ہجوم کی گفتگو کی تکنیک'' ۵

افسانہ ''کفارہ'' ممتاز شیریں کا آٹو بیوگرافک افسانہ ہے جس میں انہوں نے اپنے ذاتی تجربے کو موضوع بنایا ہے۔ اپنے شہر سے دور مصنفہ نے ایک مردہ بچے کو جنم دیا تھا۔ افسانے کا عنوان ''کفارہ'' ایک بہترین اور موثر عنوان ہے، کفارہ جو مذہبی فریضہ ہے، کوئی گناہ ہونے کے بعد کفارہ ادا کیا جاتا ہے جس سے گناہ باقی نہیں رہتا ہے۔ افسانے میں اس بات پر زور دیا گیا ہے کہ عورت کے لیے سب سے زیادہ خوشی کا مرحلہ اس وقت ہوتا ہے جب وہ ماں بن جاتی ہے۔ معاشرے میں عورت کا ماں نہ بننا گناہ عظیم سمجھا جاتا ہے۔ افسانے میں ان ہی باتوں کو سامنے لانے کی سعی کی گئی ہے۔ افسانے میں بچے کی موت کا المیہ پیش کیا گیا ہے، دراصل موصوفہ نے اس تجربے کو بچے کی موت کے المیہ سے زیادہ ماں کی خواہش کا المیہ پیش کیا ہے کہ کس طرح بچے کی موت کے ساتھ ماں کے ارمان بھی قتل ہو جاتے ہیں۔ کفارے کا ہر لفظ اس کی بہترین مثال ہے:

''ساری ویرانی اور بنجرپن ساری تنہائی میرے اپنے اندر تھی سارا درد کرب پھر جاگ اٹھا یہ درد بڑا اذیت دہ تھا بہت......زیادہ......اذیت دہ......'' (افسانہ کفارہ)

بچے کی موت کے بعد کہانی کا ایک ایک لفظ کردار کی بے چینی و بے قراری کی عکاسی کرتا ہے۔ اس المناکی سے ہر وہ عورت دوچار ہوتی ہے جو ماں ہو کر بھی ماں نہیں بن پاتی ہے۔ افسانے میں بچے کی پیدائش سے ماں کی عظمت کا احساس ہوتا ہے، جس طرح ماں کے بنا بچہ ادھورہ رہتا ہے ٹھیک اسی طرح بچے کے بنا عورت کو سسرال میں وہ مقام حاصل نہیں ہوتا ہے جس کی اصل میں وہ حقدار ہوتی ہے اور اسے ہمیشہ اس بات کا خدشہ رہتا ہے کہ کہیں اسے بانجھ کہہ کر شوہر اپنے گھر نکال نہ دے۔

اصل میں مذکورہ افسانہ اُن سینکڑوں عورتوں کی داستان ہے جو ماں بننے سے قاصر رہتی ہیں اور ساتھ ہی ساتھ سماج کے پدرانہ نظام پر ایک گہری چوٹ ہے جس نے عوتوں کے لیے ایسے قوانین نافض کیے ہیں۔

مجموعی طور پر شوہر کو خوشی وسکون عطا کرنا ممتاز شرین کے نزدیک ازدواجی زندگی کا حاصل ہے۔ خوشحال ازدواجی زندگی ان کے افسانوں کا غالب موضوع رہا ہے۔ ان موضوعات کے ساتھ ساتھ ان کے یہاں افسانوی تکنیک کا تنوع ملتا ہے۔ مغربی علوم وفنون کا گہرائی سے مطالعہ کر کے انہیں افسانوں میں برت کر ایک کامیاب اور نمائندہ فنکار کی حیثیت سے ادبی دنیا کی افق پر چھاتی رہیں۔

◂◂ ● ▸▸

حوالہ جات:

۱؛ محمد حسن عسکری دیباچہ ''اپنی نگریا'' مکتبہ جدید لاہور، ۱۹۴۸۔ ص ۹

۲؛ ممتاز شریں قند خصوصی نمبر ۴ ۱۹۷۔ مشمولہ: خورشید زہرہ عابدی، ترقی پسند افسانے میں عورت کا تصور، اردو گھر انجمن ترقی اردو ہند، دہلی، ۱۹۸۷۔ ص ۱۸۶۔۱۸۵

۳؛ ڈاکٹر فوزیہ اسلم، اردو افسانے میں اسلوب اور تکنیک کے تجربات۔ ایجوکیشنل پبلشنگ ہاؤس، دہلی۔ ۲۰۰۹۔ ص ۲۶۸

۴؛ ممتاز شیریں، میرے افسانے (اپنی نگریا)، ۱۹۴۸۔ مکتبہ جدید لاہور نومبر ۱۹۴۷۔ ص ۲۳۹۔

۵؛ ابوبکر عباد، ممتاز شیریں: ناقد، کہانی کار۔ ایجوکیشنل پبلشنگ ہاؤس، دہلی۔ ۲۰۰۶ء۔ ص ۹۱۔